Haller · Ponys aus Irland

**Martin Haller**

# Ponys aus Irland

## Die Connemaras

Müller Rüschlikon Verlags AG, CH-6330 Cham

Umschlagbilder: Herbert Lehmann, Zürich und Wien.

ISBN 3-275-01058-1

1. Auflage 1994


Satz: Vaihinger Satz + Druck, D-71665 Vaihingen an der Enz,
Druck: Rung-Druck, D-73033 Göppingen.
Bindung: Karl Dieringer, D-70839 Gerlingen.
Printed in Germany.

# Inhalt

# Vorwort

Das Connemara Pony entstand im Westen der »grünen Insel« Irland in relativer Abgeschiedenheit. Sein Vorfahre, das berühmte irische Hobby, war im Mittelalter ein begehrtes Reitpferd und ein wichtiger Handelsartikel. Das eigentliche Connemara späterer Tage genoß bis etwa zur Mitte unseres Jahrhunderts nur nationale Bedeutung. Seither hat es jedoch durch die zunehmende Verbreitung des Reitsportes, und da besonders des sogenannten Freizeitreitens, weltweit einen beachtlichen Zuwachs an Popularität erfahren.

Heute werden Connemaras rund um den gesamten Erdball gezüchtet und in den verschiedensten Sparten des Pferdesportes erfolgreich eingesetzt. Man schätzt die Qualitäten dieser robusten kleinen Pferde von Finnland bis Neuseeland, in ganz Nordamerika und neuerdings sogar in Afrika. Diese Tatsache hatte auch weitreichende Auswirkungen auf das Zuchtgeschehen in Irland sowie auf Handel und Tourismus zwischen der Provinz Galway und dem Rest der Welt.

Bislang gab nur drei englisch-sprachige Bücher der bekannten Expertin Pat Lyne zum Thema Connemara Pony, sowie ein längst vergriffenes Bändchen von Ursula Bruns. Daher sah ich mich veranlaßt, diese Lücke zu schließen und für den deutschsprachigen Leserkreis ein Sachbuch zu verfassen. Manches wird vielleicht schon aus der englischen Literatur bekannt sein, manches nicht die Zustimmung jener Leser hervorrufen, die sich ebenfalls mit der Rasse beschäftigen. Es war jedoch nicht immer leicht, die Quellen, meine persönlichen Erfahrungen und die Lehrmeinungen unter einen Hut zu bringen.

Doch wie jeder Autor hoffe auch ich, daß meine Bemühungen erfolgreich waren und es mir im vorliegenden Buch gelungen ist, möglichst viel Information in unterhaltsamer und spannender Form zu bieten.

Martin Haller

Tullagha House, Irland,
im März 1994

# Vorwort

Wenn mein Freund Martin Haller ein Buch über Connemara-Ponys schreibt, dann veranlassen ihn dazu mehrere Gründe:
Da ist einmal seine uneingeschränkte Begeisterung für die Connemaras und seine niemals nachlassende Überzeugung vom liebenswerten Charakter, der Einsatzbereitschaft, Robustheit und vielseitigen Leistungsstärke dieser Ponys. Alle, die jemals Kontakt mit einem (oder mehreren) dieser irischen Ponys gehabt haben, wissen, daß diese Begeisterung und Überzeugung zu Recht bestehen.
Zum anderen verleiht Martin Haller seiner Überzeugung gerne Ausdruck und möchte sie weitergeben. Wer ihn persönlich kennt, weiß, daß er dies mit ganzem Herzen tut und dabei stets hofft, neue Anhänger für die Sache der Connemaras zu gewinnen.
Schließlich ist da seine Neugier, den Dingen auf den Grund zu gehen, man könnte fast sagen, mit wissenschaftlichem Interesse zu recherchieren, um Neues zu entdecken oder unbekannte Aspekte zu beleuchten.
Mit diesem Buch – dessen Herausgabe wohl eine Notwendigkeit war – ist es ihm gelungen, seine persönlichen, für den Leser nachvollziehbaren Erfahrungen mit fundiertem Fachwissen und der erforderlichen Sachlichkeit zu kombinieren und weiterzugeben.
Ich bin davon überzeugt, daß alle jene Leser, die des Autors Begeisterung für die Ponys aus der Connemara teilen oder sich eventuell begeistern lassen wollen, dieses Buch schätzen werden. Es vermittelt neue und wichtige Aspekte der Geschichte, Zucht und Haltung der Connemaras und des Sportes mit ihnen. Diejenigen Leser, die nicht mit Sicherheit ausschließen können, sich mitreißen und begeistern zu lassen, mögen auf der Hut sein: Die Liebe zu Pferden, besonders aber zu Connemara-Ponys, ist äußerst ansteckend und könnte sehr leicht durch dieses Buch übertragen werden.

Univ. Prof. Dr. Manfred Maier
Präsident des Verbandes
der Pony- und Kleinpferdezüchter
in Österreich
Wien, im Mai 1994

# Einleitung

Den Wert einer Pferderasse feststellen zu wollen, ist ein kleinliches, fast immer auch unmögliches Unterfangen. Zieht man die absolute, meßbare sportliche Leistung heran, so wird man bemerken, daß sich die Natur kaum an Stutbücher oder Rassenstandards hält. Es gibt Sieger in den schwersten Bewerben, die laut ihrer Herkunft oder Abstammung nicht einmal die Qualifikationen schaffen dürften. Dann gibt es auch Pferde, die aussehen »wie eine Million Dollar« und, wie man auf Englisch so schön sagt, »are bred in the pink« – also ein tolles Pedigree haben. Trotzdem versagen sie und fristen ein anonymes, erfolgloses Dasein.

Der Wert eines Pferdes, und noch weit mehr der einer ganzen Rasse, ist bestenfalls als Resultat der Summe aller verschiedenen Eigenschaften zu sehen, die mit großer Wahrscheinlichkeit auftreten.

Als zukünftiger Besitzer eines Pferdes steht man mit dem Kauf eines geeigneten Tieres meist vor dem ersten großen Problem. Wie alt, wie groß, wie weit ausgebildet, – zu diesen und anderen Fragen geben Experten und solche, die es gerne wären, in Wort und Schrift hinreichend Auskunft. Dem Züchter stehen noch zusätzliche Probleme ins Haus, denn er muß der Marktlage ebenso wie der Rentabilität seines Betriebes Rechnung tragen, Fragen, die mit der klugen Wahl der Zuchtrichtung eng verbunden sind. Für einen reiterlichen Anfänger wäre es unklug, würde er sich ein heftiges, charakterlich problematisches Tier zulegen. Ebenso falsch würde ein zukünftiger Züchter handeln, wenn er beispielsweise im Mittelgebirge Rennpferde züchten wollte. Es scheint also nötig, sich mit den spezifischen Eigenschaften der Pferderassen auseinanderzusetzen, will man in eine Wechselwirkung mit diesen liebenswerten Vierbeinern treten.

Es ist erstaunlich, wie viele Bücher zum Thema »Pferd« der Buchhandel anbietet, aber noch weit bemerkenswerter ist die Tatsache, daß wenige Reiter oder Züchter von den vielfältigen Angeboten Gebrauch machen. Im Falle der Connemara Ponys war die bis dato erhältliche deutschsprachige Information eher dürftig, was als Entschuldigung gelten mag.

Das vorliegende Buch beschäftigt sich mit den verschiedensten Aspekten, wie der Geschichte, den bedeutendsten Blutlinien, den Nachzuchtländern, aber auch mit den Charakteristika der Rasse. Es soll dem interessierten Leser gewissermaßen einen Überblick verschaffen, eine Basis, von der aus es möglich ist, selbständig weiter an der Vertiefung des Wissens zu arbeiten.

Als meine Frau und ich beschlossen, erneut mit der Pferdezucht zu beginnen und uns diesmal ganz den Connemaras zu verschreiben, wußten wir über diese Pferde nur das, was in den diversen englischen und deutschen Rassenlexika zu finden war, also wenig. Trotzdem waren wir von der ersten Begegnung an sicher, daß diese die idealen Pferde für uns wären; kaum eine züchterisch vertretbare Form der Meinungsbildung, das gebe ich gerne zu. Daß wir bislang keine großen Schlappen erlitten haben und mehr denn je von den Qualitäten dieser Rasse überzeugt sind, war in erster Linie Glück. In zweiter Linie mag etwas Instinkt mitgespielt haben, aber weit mehr die Tatsache, daß Connemaras schlichtweg besonders robuste, vielseitige und angenehme Pferde sind, die zu besitzen und zu züchten ein reines Vergnügen ist. Die Bilanz, die wir aus der Summe ihrer Eigenschaften ziehen können, spricht eindeutig für die liebenswerten Ponys aus Westirland!

Martin Haller

Tullagha House, Irland,
im März 1994

# Kapitel I

## Die Landschaft

Bei der Betrachtung von Pferden und deren Eigenschaften wird ein wesentlicher Aspekt zumeist vergessen: Die Pferderassen sind weitgehend Produkte ihrer Scholle! Auf den marschigen Niederungsweiden gedeihen schwere, rumpfige Warm- und Kaltblüter, trockene Steppen bringen zähe, kleine Typen hervor, in Gebirgsregionen findet man vorwiegend bedächtige, trittsichere Ponys. Die geographischen Eigenheiten einer Landschaft formen das Pferd; Klima, Boden, Pflanzenwuchs und Haltungsform nehmen großen Einfluß auf Charakter und Gestalt. Dazu kommen noch die genetischen Voraussetzungen, wie Ausgangs- und Kreuzungsrassen, sowie die durch den Menschen vorgenommene Selektion auf bestimmte Merkmale.
Wenden wir uns daher vorerst der Landschaft zu, die zur Heimat der Connemaras wurde und durch ihre Eigenheiten zur Ausprägung vieler für diese Ponys typischer Merkmale führte.
Die Grafschaft Galway erstreckt sich westlich des Mittellaufes des Shannon bis zum Atlantik, im Norden von County Mayo, im Süden von County Clare und im Osten von Roscommon, Offaly und Tipperary eingerahmt. Die Grafschaft bildete mit einigen anderen bis in das zwölfte Jahrhundert das Königreich Connaught, das zusammen mit den Reichen von Ulster, Leinster, Munster und Meath die damaligen politischen Machtblöcke darstellte. darstellte.
Heute versteht man unter der Connemara jenen Teil von Co. Galway, der im Osten vom Lough Corrib, im Norden vom Killary Harbour, dem längsten Fjord Europas, und im Süden von der Galway Bay begrenzt und im Westen unablässig von den Wogen des Atlantiks umspült wird.
Die Küste ist stark von kleinen Buchten und Einschnitten durchsetzt, unzählige Felsen und Inseln sind ihr vorgelagert, an einigen Stellen trifft man auch weite, flache Sandstrände an. In küstennahen Gebieten, besonders im Süden der Connemara, findet man öde, steinige und spärlich bewachsene Weideflächen, die von endlosen Trockensteinmauern in unregelmäßige Felder unterteilt werden, manchmal aber auch überhaupt nicht durch Menschenhand verändert sind und sich in einem pittoresken Urzustand befinden. Das Hinterland wird von weiten Torfmooren und steinigen Hügeln geprägt, die kahl, wild und einsam wirken. Im klimatisch milderen Norden und im Gebiet um die Seen Corrib und Mask ist das Gesicht der Connemara etwas freundlicher, Baumbestand und Graswuchs sind

üppiger und die Gegend erinnert stellenweise an den Balkan, da auch hier »südländische Gewächse«, wie Rhododendron, Palmen und Fuchsien gedeihen. Unter den zahlreichen Bergen ragen die sogenannten Twelve Bens heraus, zwölf kahle, düstere Quarzitkegel, deren höchster 744 m über das Meer aufragt.

Viele kleine Seen und Teiche lockern die windgepeitschte Weite der Täler und Moore auf, die gesamte Landschaft hat einen zwar vielfältigen Charakter, zeigt sich aber dem Betrachter durchwegs unwirtlich, karg und von herber Schönheit, weniger bezaubernd, eher faszinierend.

Ursula Bruns hat die Connemara sehr gefühlvoll geschildert:

»Das wasserreiche, bergige Land ist oft in berückende Pastellfarben getaucht: zartblau sind dann Wasser und Himmel, dunstig rotviolett die Berge, sanftgrün die Wiesen und Hänge – darüber, vom Wasser reflektiert, strahlendes Licht und am Himmel Wolken, die vor dem Wind des Atlantiks mit großer Geschwindigkeit dahinsegeln.«

Dieser archaische Landstrich hat neben dem spärlich wachsenden, wenig fetten Gras und einigen Sträuchern und Heidekräutern den Weidetieren kaum etwas zu bieten, trotzdem gedeihen hier neben den Ponys auch kleine, struppige Rinder und unzählige Schafe, die einer zähen, schwarzköpfigen Rasse angehören. Alle diese Tiere sind durch die strenge Auslese zu ausgezeichneten Futterverwertern geworden, die auch mit der spärlichen Kost ein Auslangen finden. Obwohl die Vegetation einen dürftigen Eindruck macht, ist sie von der Zusammensetzung her für die Entwicklung der Tiere optimal, denn der Gehalt an Mineralen und Salzen ist hoch und ausgewogen. Durch die Aufnahme von Seetang, der stark jodhaltig ist und auch andere, noch nicht genau analysierte Komponenten enthält, erhöht sich die Vitalität der Ponys, eine seltene Besonderheit, die man auch bei

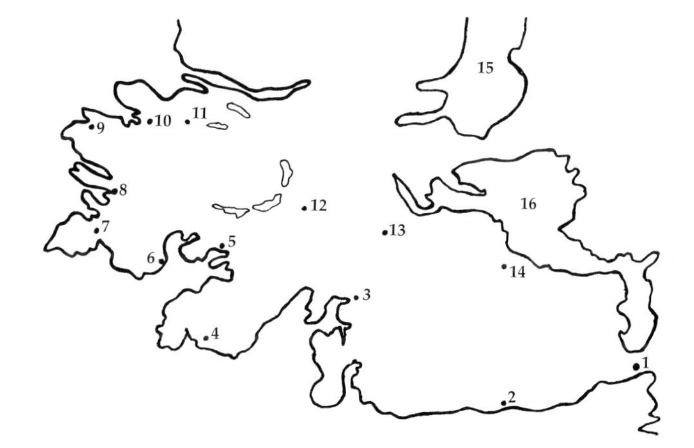


*1 Galway*
*2 Spiddle*
*3 Screebe*
*4 Carna*
*5 Cashel*
*6 Roundstone*
*7 Ballyconneely*
*8 Clifden*
*9 Cleggan*
*10 Letterfrack*
*11 Kylemore*
*12 Recess*
*13 Maam Cross*
*14 Oughterard*
*15 Lough Mask*
*16 Lough Corrib*

den Shetland Ponys beobachten kann. Der Seetang wird in getrockneter Form sogar an Rennpferde verfüttert, weil man inzwischen seine stimulierende Wirkung erkannt hat.
Im Winter kann es wohl zu Engpässen in der Nahrungsversorgung kommen, dann sind die Bestände auf Zufütterung angewiesen, besonders wo die Besatzdichte hoch ist. Früher war die Versorgung mit Rauhfutter nicht immer möglich, die schwachen und kränklichen Tiere wurden Opfer der Umstände.

*Stuten in Süd-Connemara*

Etwa auf dem Längenmeridian des Städtchens Oughterard verläuft die Grenze zwischen dem Kalkstein-Untergrund Zentralirlands und dem Granit und Quarzit der eigentlichen Connemara, das Hauptzuchtgebiet der Ponys liegt somit in der geologisch ärmeren Region.
Ein weiterer Hauptfaktor bei der Ausbildung der ungeheuren Robustheit der Ponys ist das Klima. Die jahreszeitlichen Schwankungen sind gering, die Jahresmittel liegen aber insgesamt relativ niedrig, im Winter sinken die Temperaturen selten unter den Gefrierpunkt, steigen dafür im Sommer aber nicht wesentlich über 16 Grad Celsius an. Dafür ist der nordatlantische Golfstrom verantwortlich, der Irland und England gewissermaßen umspült und für konstante Meerestemperaturen um zehn Grad sorgt. Die Sonne scheint täglich kaum mehr als ein paar Stunden, dafür regnet es an über 250 Tagen im Jahr, hauptsächlich im Winter, die Jahresniederschlagsmenge liegt bei 2.500 mm. Vom Atlantik weht beinahe ständig ein frischer Wind, der sich häufig zum Sturm steigert. Gegen all diese Unbill, die weniger in der Kälte als vielmehr in der dauernden Unwirtlichkeit liegt, haben die Tiere keinen nennenswerten Schutz. Ställe sind weitgehend unbekannt und die halbwild lebenden Ponys würden sich auch gar nicht ohne weiteres einfangen und aufstallen lassen. Als Schutz dient ihnen ein überhängender Felsen, eine Bodensenke oder eine Mauer; dementsprechend unempfindlich sind sie gegen naßkühle Witterung.
Der steinige oder moorige Boden erzieht die Ponys zu einer unglaublichen Trittsicherheit und läßt sie instinktiv Gefahren erahnen und meiden. Connemaras haben, selbst wenn sie außerhalb ihrer Heimat geboren werden, eine Abneigung gegen sumpfigen und daher trügerischen Boden, während sie das Überwinden natürli-

*Die Connemara – eine Landschaft von herber Schönheit*

cher Hindernisse, wie Steinwälle, Abhänge oder Furten gewissermaßen mit der Muttermilch in sich aufnehmen. Ihr Springvermögen ist legendär und die Veranlagung dafür scheint ebenfalls genetisch bedingt zu sein, kaum ein Connemara ist nicht wenigstens durchschnittlich springbegabt. Gefördert wird diese Eigenschaft durch die Notwendigkeit, vom frühesten Fohlenalter an die Steinmauern zu überwinden, um von einer Weide in die nächste zu gelangen.

## Die Verwendung

prägt neben dem Klima und der Landschaft des Zuchtgebietes den Charakter einer Rasse. Die natürlichen Gegebenheiten stellen die Rahmenbedingungen dar, innerhalb welcher eine Population ihre Grundform ausbildet. Darüber hinaus tritt beim domestizierten Pferd der zusätzliche Faktor menschlicher Auslese oder Zucht für einen oder mehrere bestimmte Zwecke auf. Nahezu alle nordeuropäischen Ponys oder Kleinpferde sind uralter Herkunft und entwickelten sich teils aus bodenständigen Urformen, teils unter dem Einfluß anderer Formen, die vom Menschen absichtlich eingekreuzt wurden, um bestimmte Merkmale zu erhalten. Daneben fand von jeher eine gewisse züchterische (künstliche) Selektion statt, die ebenfalls auf erwünschte Merkmale abzielte.

Beim Connemara finden wir eine erstaunliche Vielseitigkeit vor. Ich greife hier etwas vor und schildere kurz die Aufgaben der Typen, die wesentlich zur Entstehung der Rasse beitrugen. Der hauptsächliche Verwendungszweck der keltischen Ponys war der leichte Zug, daneben wohl auch das Reiten. Die spanische Komponente kann als vorzügliches Reitpferd gesehen werden. Die aus der Verschmelzung beider hervorgegangenen Kleinpferde wurden in erster Linie als bäuerliche Allzweckpferde verwendet, wobei dem Tragen von Lasten, dem Ziehen von Fuhrwerken und Ackergerät und dem Reiten wohl gleichermaßen Bedeutung zukam. Die Unwegsamkeit Westirlands machte die Verwendung von schweren Fuhrwerken unmöglich, der Transport von Gütern jeglicher Art blieb auf kleine Mengen beschränkt, gerade so groß oder schwer, daß sie von einem Pony entweder getragen oder gezogen werden konnten. Für den Saumdienst verwendete man einen primitiven Packsattel aus Holz, an dem beiderseitig je ein großer Weidenkorb befestigt wurde. War die begleitende Person entweder sehr jung oder alt, so mußte auch sie hinter der eigentlichen Ladung getragen werden. Als Alternative bot sich der *slide-car*, eine Art Zugschlitten an, ein uraltes und sehr primitives Transportmittel, das in Asien, Nordamerika und den gälischen Gebieten Großbritanniens verwendet wurde. Der slide-car ist ein simpler Travoi aus zwei langen Stangen, die mit einer kleinen Ladefläche aus Holz verbunden sind und über den Boden gezogen werden. Mit zwei einfachen Holzrädern versehen, wird der slide-car zum Karren, wie er nahezu unverändert noch heute in Irland anzutreffen ist.

Die Bestellung der Ackerflächen mit Pferden war von relativ geringer Bedeutung, da die Felder meist sehr

*Torf-Transport in Körben*

klein waren und Bodenbeschaffenheit und Klima einen intensiven Getreideanbau nicht zuließen. Die extensive Ackerwirtschaft machte den Einsatz schwerer Pferdegespanne unnötig, abgesehen davon, daß man sich derartige Tiere nicht hätte leisten können. Leichte, einscharige Pflüge und kleine Eggen konnten auch von kompakten, wendigen Ponys gezogen werden, die zudem durch ihr geringes Gewicht weniger Schaden an der Scholle anrichteten.

Neben dem Gütertransport spielte schon immer auch das Reiten eine große Rolle, da andere Fortbewegungsmittel kaum zur Verfügung standen. Bis in das 20. Jh. waren manche Gebiete oder Gehöfte nur zu Fuß oder mit dem Pony erreichbar. Da die meisten Kleinbauern nur wenige Ponys besaßen oder am Hofe halten konnten, trugen die Tiere zuweilen nicht nur einen Reiter, sondern deren zwei, nämlich den Farmer und seine Frau.

Alle geschilderten Verwendungen lassen die Notwendigkeit eines kräftigen, knapp mittelgroßen und vor allem eminent verläßlichen Pferdes erkennen. Ein feuriges Tier hätte im rauhen Terrain mehr Nachteile denn Vorteile gebracht, denn rasche, unsichere Bewegungen wären nicht nur kräfteraubend, sondern sogar gefährlich gewesen. Ein großes, massiges Pferd war aufgrund fehlender Trittsicherheit und Beweglichkeit ungeeignet, zudem hätte es nicht vom kargen Weideland leben können. Außerdem erfordert die Kontrolle eines schweren Wirtschaftspferdes mehr Kraft, als von Kindern, Frauen oder alten Personen aufgebracht werden kann, die in Irland stets zu Arbeiten mit dem Pferd herangezogen wurden.

Der Einsatz als Reitpferd, sei es zu kriegerischen Zwecken oder als Transportmittel, erforderte jedoch eine gewisse Schnelligkeit und Manövrierbarkeit, die ein intelligentes, kooperatives und leichtfüßiges Tier erforderlich machten. Alle diese Erfordernisse flossen über viele Jahrhunderte in die Selektion der Connemaras ein, sodaß ein Typ entstand, der als ideale Weiterführung seiner Ausgangsrassen gesehen werden kann.

## Das Connemara Pony

stellt keine ausgesprochen homogene Rasse dar, es kommen Typschwankungen vor, obwohl viele Exemplare den iberischen Einfluß deutlich erkennen lassen. In den letzten Jahrzehnten wurde eine weitgehende Verbesserung der Reitpferdepoints und auch eine gewisse Vereinheitlichung erreicht, aber noch immer gibt es neben den »modern« anmutenden Ponys auch solche der alten Schläge, wenn auch nur mehr selten. Die züchterischen Bemühungen seit den 20er Jahren dieses Jh. und die gezielte Einkreuzung von englischem Vollblut, Irish Draught und Araber um die Mitte unseres Jahrhunderts haben aus dem knapp mittelgroßen, manchmal etwas unansehnlichen Connemara ein gefälliges, an der Obergrenze des internationalen Ponymaßes von 148 cm stehendes Tier gemacht. Die Linien sind länger und harmonischer geworden, Schulter und Kruppe weisen eine gute Winkelung auf, die Fundamente haben an Korrektheit zugenommen, was auch auf verbesserter Pflege beruhen kann. Der Bewegungsablauf ist flüssig und regelmäßig, wenn auch nicht immer ganz

*Stute – Sliabh na mBau Cailin*

befriedigend, was Schwung und Raumgriff im Trab anlangt. Man darf aber nicht vergessen, daß diese Ponys seit Jahrtausenden wild und halbwild leben und nicht die brillanten Gänge hochedler Reitponys entwickeln konnten. Die Stärken liegen eindeutig im Galopp und über dem Sprung, hier zeigen sich Kraft, müheloser Raumgewinn und phänomenale Trittsicherheit sowie natürliche Bascule und lässige Elastizität.

*Hengst – Spinway Corsaire*

Der Rassenstandard des irischen Stutbuches schildert das ideale Connemara Pony folgendermaßen:

**Höhe:** Das Stockmaß des Zuchtponys beträgt 133 bis 148 cm.

**Farben:** Grau (weiß), schwarz, braun, falb, manchmal gestichelt oder fuchsfarben, palomino und isabell mit dunklen Augen.

**Typ:** Kompaktes, gut ausbalanciertes Reitpony von guter Tiefe und Substanz, genügend Raum für das Herz, auf kurzen Beinen über viel Boden stehend.

**Kopf:** Ausgewogener Ponykopf mittlerer Länge, breit zwischen den großen, freundlichen Augen. Ponyohren, gut ausgeprägte Ganaschen, relativ tiefe, aber nicht derbe Kiefer.

**Vorhand:** Kopf gut angesetzt, der Kamm sollte nicht übermäßig ausgeprägt sein. Hals nicht zu tief aufgesetzt. Viel vor dem Sattel. Klarer Widerrist; gute, schräge Schulter.

**Rumpf:** Tiefer Rumpf mit starkem Rücken, der etwas lang sein darf, aber gute Rippenwölbung und starke Nieren aufweisen soll.

**Beine:** Gute Länge und Stärke des Oberarmes, klare Karpalgelenke und kurze Röhren, mit flachen Knochen von 18 bis 21 cm Umfang. Die Ellbogen sollen frei sein, die Fesseln mittellang, die Hufe wohlgeformt, mittelgroß, hart und korrekt gestellt.

**Hinterhand:** Stark und muskulös, dabei eher lang, gut entwickelte Unterschenkel und starke, tiefliegende Sprunggelenke.

**Bewegungen:** Freie, leichte und gerade Bewegungen, ohne hohe Knieaktion, aber aktiv und raumgreifend.

**Charakteristik:** Gutes Temperament, Härte, Ausdauer, Intelligenz, Gesundheit, Trittsicherheit, Springvermögen, geeignet für Kinder und Erwachsene. Soweit die Wunschliste der Connemara Pony Breeders´ Society, die sich auch auf einige andere Ponyrassen unverändert übertragen ließe, aber das Problem mit Standards ist eben, daß sie nur grobe Anhaltspunkte liefern können. Ein hoher Prozentsatz der Rasse kommt in den meisten Punkten den Anforderungen recht nahe, Abweichungen ergeben sich bei den Köpfen, die manchmal eher »pferdig« wirken und in den Beinen, die etwas leichter und/oder länger sein können, als erwünscht. Manchmal sieht man auch ungenügend ausgeprägte Ristformationen. Typmäßig liegt das Connemara zwischen Pony und Pferd, nur selten trifft man auf extrem kleine, wirklich ponyhafte Individuen, was sich aus der Geschichte der Rasse erklären läßt; doch mehr davon später. Neben den guten Reiteigenschaften, die besonders im Spring- und Vielseitigkeitssport zu hervorragenden Leistungen befähigen, kommt in allen Sparten der Nutzung das gute Temperament zum Tragen. Egal ob als Sportpony, Jagdpferd oder Freizeitgefährte, ein Connemara wird immer willig und leistungsbereit die gestellten Anforderungen zu erfüllen trachten. Bei zeitweiser Neigung zur Heftigkeit unter dem Reiter, die sich aber nur in Ausnahmefällen zu echtem Durchgehen steigert, sind sie im Handling stets einfach und kooperativ. Selbst kaum an den Menschen gewöhnte Jungtiere lassen sich sehr bald problemlos verladen, satteln oder beschlagen, wenn man sie ruhig und bestimmt behandelt.

Die Robustheit der Connemaras steht der anderer, vergleichbarer Rassen wie Highland, Dales, Fell, New Forest oder

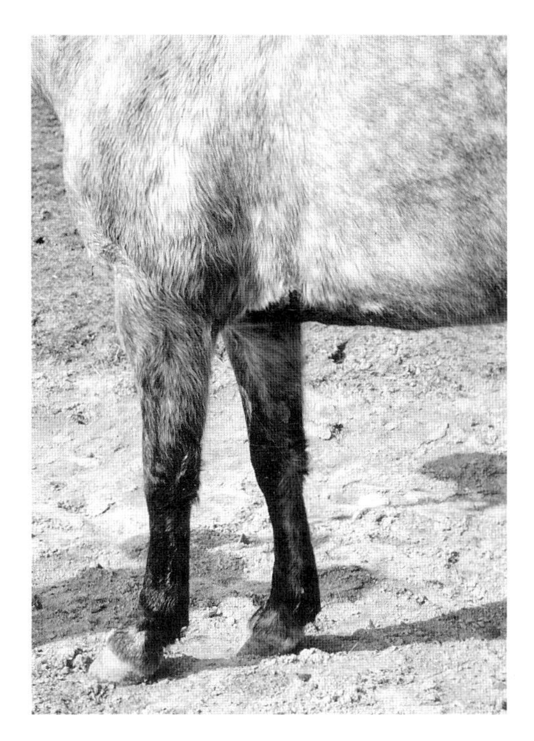

*Das Connemara-Pony zeichnet sich durch äußerst robuste Extremitäten aus.*

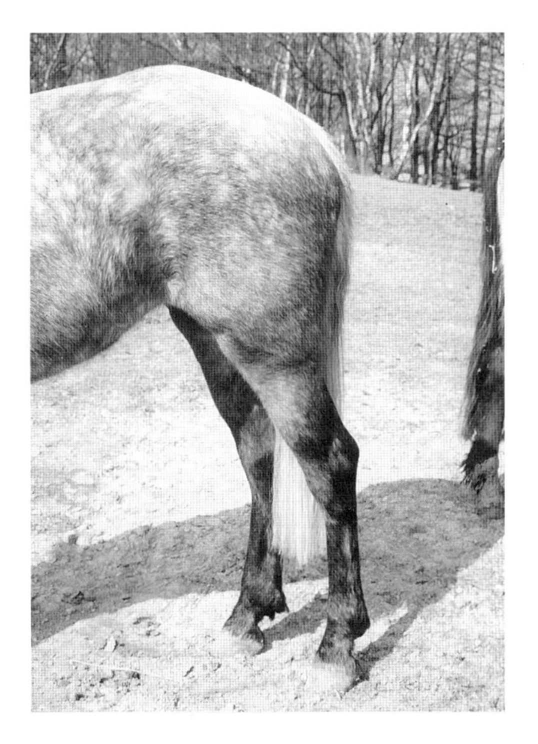

Isländer in nichts nach. Beinprobleme sind nahezu unbekannt, selbst starke Beanspruchung ruft nur selten Schäden an den Extremitäten hervor. Eine gewisse Neigung zu Atemwegserkrankungen ist allen irischen Pferden eigen, die ihre Heimat verlassen, und ist auf den Klimawechsel in Verbindung mit unsachgemäßer Haltung zurückzuführen. Pferde, die an eine staub- und allergenfreie Umwelt gewöhnt sind, reagieren oft sehr sensibel auf Änderungen ihrer Lebensbedingungen, besonders in Verbindung mit gesteigerten körperlichen Anforderungen. Von der reinen Meeresluft in einen muffigen Stall und anschließend gleich auf ein paar Turniere, das hat schon manchen erstklassigen irischen Hunter ruiniert.

Ein Sprichwort besagt, daß »Connemaras wie Ponys zu halten, aber wie Pferde zu reiten seien«. Das trifft den Nagel auf den Kopf und weist auf die Mittelstellung dieser Rasse zwischen Pony und Warmblut hin.

## Die Farben

Ein altes Sprichwort sagt, daß ein gutes Pferd keine Farbe hat; damit ist gemeint, daß die Färbung des Fells keine Rolle bei der Beurteilung der Qualität eines Pferdes spielen sollte.

Dennoch haben viele Standards für die verschiedensten Rassen eine Anzahl von erlaubten oder erwünschten Farben festgelegt, die somit als typisch gelten. Manche Farben kommen aufgrund bestimmter Umstände, wie Selektion, Abstammung von dominant vererbenden Pferden oder Einkreuzung rassenfremder Tiere häufiger vor als andere. Der Kenner kann aus ihnen gewisse Rückschlüsse ziehen, wird sich aber hüten, diese überzubewerten.

Bei den Connemaras hat sich im Laufe der Jahrhunderte die Farbverteilung etwas geändert, was auf die oben erwähnten Gründe zurückzuführen ist.

Schenkt man zeitgenössischen Berichten Glauben, so waren in früheren Jahrhunderten Falben sehr häufig, die damals *yellow ponies*, also gelbe Ponys genannt wurden und wegen ihrer besonderen Härte sehr geschätzt waren. Die Verbreitung dieser noch heute als besonders typisch und attraktiv geschätzten Farbe läßt sich unschwer erklären. Sowohl die iberischen, als auch die zentral- und nordeuropäischen Ahnen der Connemaras waren häufig Falben. Die gelbliche oder graubraune Fellfarbe in Kombination mit einem Aalstrich, dunklen Beinen und dunklem Langhaar ist zumeist ein Hinweis auf die alte, primitive Herkunft einer Rasse. Unter den modernen Connemaras findet man noch rund 20 % Falben, die zwar bei Käufern großen Anklang finden, von den Züchtern aber mit Vorsicht eingesetzt werden, denn sie tragen einen Erbfaktor in sich, der bei den Nachkommen zur unerwünschten Isabellfarbe mit blauen Augen führen kann.

Am weitaus häufigsten sind heute Schimmel, die keine Farbe im eigentlichen Sinn darstellen. Die Schimmelung ist ein vorzeitiges Vergreisen, wodurch die Pigmenteinlagerung in das Haar verhindert wird. Wenn dieser Vorgang und mit ihm die Färbung des Haares nicht mehr stattfindet, wird das Haar weiß. Schimmel kommen bekanntlich dunkel zur Welt, meist braun, schwarzbraun oder fuchsfarbig, und werden bei jedem Haarwechsel etwas heller, ein Prozeß, der von Pferd zu Pferd verschieden lange dauern kann. Je weißer ein Schimmel mit fortschreitendem Alter wird, desto dunkler wird seine Haut, denn der Melanin genannte Farbstoff verbleibt in ihr, anstatt in das Haar zu gelangen. Manche Schimmel werden nicht reinweiß, sondern behalten einen Rest von Pigmentierung in Form kleiner Tupfen (Fliegenschimmel) oder eines grauen oder braunen Moirées (Grauschimmel, Braunschimmel).

Die Schimmelung wird von Federico Tesio in seinem berühmten Buch »Die Zucht des Rennpferdes« als Krankheit bezeichnet, die allerdings keine Auswirkung auf die Leistungsfähigkeit des Pferdes hat. Interessanterweise wird sie häufig in die Mendel´schen Gesetze der Vererbung miteinbezogen, was aber nicht richtig ist, denn sie ist weder dominant noch rezessiv, sondern wird einfach mit einer gewissen Häufigkeit vererbt. Etwa 60 % der Connemaras sind heutzutage grau oder weiß. Dieser große Prozentsatz ist auf den spanischen Einfluß, aber auch auf die orientalische Blutzufuhr zurückzuführen. Da auch Schimmel Träger des verdünnenden Erbfaktors sein können, kommen unter ihren Nachkommen hin und wieder blauäugige Isabellen vor, besonders in der Anpaarung mit Falben.

Füchse sind unter den Connemaras selten, man schreibt sie der Einkreuzung von Welsh Cobs zu, aber auch der Berberhengst Awfully Jolly, der in Westirland verwendet wurde, hatte diese Farbe. Manche Ponys kommen als Füchse zur Welt und bleiben relativ lange so, später bekommen sie nach

und nach immer mehr weiße Haare und werden schließlich stichelhaarig oder zu Schimmeln. Ein Beispiel hierfür ist der berühmte Hengst Thunderbolt, der als Dunkelfuchs registriert wurde und heute als hochbetagter Patriarch weiß ist. Sohn eines stichelhaarigen Hengstes und einer grauen Stute, brachte er wieder einen leicht gestichelten, fuchsfarbigen Sohn in Cocum Camelot, welcher aber so zu bleiben scheint.

Dunkle Farben, also Braun aller Schattierungen und Schwarz, machen zusammen mit der seltenen Fuchsfarbe etwa 20 % des Bestandes aus. Man meint, daß viele der dunklen Ponys auf die eingekreuzten Vollblüter oder die früher verwendeten Cobs und Hackneys zurückgehen, was manchmal auch durch Exterieur und Interieur bestätigt scheint. Tatsächlich stehen viele dunkle Connemaras mehr im Typ eines kleinen Pferdes oder Sportponys als ihre andersfarbigen Artgenossen. Jedoch darf man nicht vergessen, daß Torfbraun eine der ältesten Fellfarben des Pferdes überhaupt ist, und daher auch im Connemara nicht notwendigerweise auf Fremdblut hinweist. Ein Verdacht in dieser Richtung kann nur durch das Studium des Pedigrees erhärtet werden.

Da auch die längst ausgestorbenen schottischen Galloway Ponys, die durchwegs braun oder schwarz waren, in Irland ihre Spuren hinterließen, könnten auch sie für diese Farben mitverantwortlich zeichnen. Die seltenen Rappen führt der Hippologe Jasper Nissen auf früh erfolgte Einkreuzungen von altfriesischem Blut zurück. Friesische Händler und Seefahrer brachten ihre begehrten Pferde seit Menschengedenken in viele nordeuropäische Länder, so wahrscheinlich auch nach Irland. Einen Hinweis darauf findet man in der englischen Literatur (Richardson, Fell Ponies), wo eine inzwischen ausgestorbene Rasse schwarzer Ponys in Irland erwähnt wird.

Isabellen oder Palominos, die im Französischen sehr nett auch *café au lait* (Milchkaffe) genannt werden, sind nicht allzu selten und in Kombination mit dunklen Augen sehr geschätzt.

Die blauäugigen Isabellen, auch Blueeyed Creams (BECs.) genannt, kommen durch ein Zusammentreffen zweier rezessiver, verdünnender Erbfaktoren über die Elterntiere zustande. Das im Englischen *Dilute gene* genannte farbverdünnende Gen wird von Palominos, Falben, BECs. und manchen (hellgeborenen) Schimmeln übertragen und heute durch züchterische Maßnahmen eingedämmt. Die Verwendung der sogenannten harten Farben Braun und Schwarz sowie von erwiesenermaßen unbedenklichen Schimmeln wird in der Connemarazucht stark propagiert, BECs. werden zur Zucht nicht zugelassen. Noch vor wenigen Jahrzehnten wurde diese attraktive Farbe nicht als nachteilig angesehen, man schrieb solchen Ponys sogar besondere Qualitäten zu. In früheren Jahrhunderten schätzte man blauäugige Isabellen als Prunk- und Paradepferde und bemühte sich um deren Zucht. Die Fürstenhäuser Europas richteten eigene Gestüte zu diesem Zweck ein, die deutschen, spanischen und englischen Blauaugen waren begehrte Tiere. In der modernen Connemarazucht stellen sie einen unerwünschten Risikofaktor dar, da man solche Tiere nur als Sport-, nicht aber als Zuchtpferde verkaufen kann. Die

Angst, solche Ponys zu erhalten, hat auch die züchterische Verwendung von Falben sehr eingeschränkt, was schade ist. Das von der irischen Zuchtorganisation propagierte »Herauszüchten« der BECs. wäre nur dann möglich, wenn man alle möglichen Träger des Dilute genes, das wären rund 60% des Bestandes, aus der Zucht ausschlösse.

Die nachstehende Tabelle, vom englischen Hippologen Dr. Wynne Davies erarbeitet, zeigt, welche Farben in Kombination mit anderen zustande kommen können (entnommen aus dem dänischen Stutbuch).

| Albino mit Palomino-eltern | Albino | Albino mit anders-farbigen Eltern | | | | | | | | |
|---|---|---|---|---|---|---|---|---|---|---|
| Albino mit anders-farbigen Eltern | Albino | Albino | Palomio | | | | | | | |
| Palomino | 50% Albino<br>50% Palomino | 50% Albino<br>Palomino<br>Falbe<br>Dkl. Falbe | 25% Albino<br>25% Fuchs<br>50% Palomino | Falbe | | | | | | |
| Falbe | 50% Albino<br>Falbe<br>Palomino | 50% Albino<br>Palomino<br>Falbe<br>Dkl. Falbe | 25% Albino<br>alle Farben außer Schimmel | 25% Albino<br>alle Farben außer Schimmel | Dunkel-Falbe | | | | | |
| Dunkel-Falbe | 50% Albino<br>Palomino<br>Falbe,<br>Dkl. Falbe | 50% Albino<br>Palomino<br>Falbe<br>Dkl. Falbe | 25% Albino<br>alle Farben außer Schimmel | 25% Albino<br>alle Farben außer Schimmel | 25% Albino<br>alle Farben außer Schimmel | Fuchs | | | | |
| Fuchs | 100% Palomino | Palomino<br>Falbe<br>Dkl. Falbe | 50% Palomino<br>50% Fuchs | alle Farben außer Albino und Schimmel | alle Farben außer Albino und Schimmel | Fuchs | Dunkel-Brauner | | | |
| Dunkel-Brauner | Palomino<br>Falbe<br>Dkl. Falbe | Palomino<br>Falbe<br>Dkl. Falbe | Palomino<br>Dkl. Falbe<br>Fuchs, Br.<br>D. Brauner | alle Farben außer Albino und Schimmel | alle Farben außer Albino und Schimmel | Fuchs<br>D. Brauner<br>Brauner<br>Rappe | Fuchs<br>D. Brauner<br>Brauner<br>Rappe | Rappe | | |
| Rappe | Palomino<br>Falbe<br>Dkl. Falbe | Palomino<br>Falbe<br>Dkl. Falbe | alle Farben außer Albino und Schimmel | alle Farben außer Albino und Schimmel | keine Falben Albinos Schimmel | Fuchs<br>D. Brauner<br>Brauner<br>Rappe | Fuchs<br>D. Brauner<br>Brauner<br>Rappe | Fuchs<br>D. Brauner<br>Rappe | Brauner | |
| Brauner | Palomino<br>Falbe<br>Dkl. Falbe | Palomino<br>Falbe<br>Dkl. Falbe | alle Farben außer Albino und Schimmel | alle Farben außer Albino und Schimmel | alle Farben außer Albino und Schimmel | Fuchs<br>D. Brauner<br>Brauner<br>Rappe | Fuchs<br>D. Brauner<br>Brauner<br>Rappe | Fuchs<br>D. Brauner<br>Brauner<br>Rappe | Fuchs<br>D. Brauner<br>Brauner<br>Rappe | Schimmel |
| Schimmel | 50% Schi.<br>Palomino<br>Falbe<br>Dkl. Falbe | 50% Schi.<br>Palomino<br>Falbe<br>Dkl. Falbe | alle Farben mindestens 50% Schimmel | alle Farben mindestens 50% Schimmel | alle Farben mindestens 50% Schimmel | alle Farben mindestens 50% Schimmel | 50% Schi.<br>alle Farben außer Albino | 50% Schi.<br>alle Farben außer Albino | 50% Schi.<br>alle Farben außer Albino | alle Farben<br>75% Schimmel |

# Kapitel II

## Die Entwicklungsgeschichte und Domestikation des Pferdes

Kein Fachbuch über Pferde ist komplett ohne eine kurze Einführung in die Geschichte dieser Tiergattung. Üblicherweise sind die Darstellungen der sich über einen Zeitraum von rund 55 Millionen Jahre erstreckenden Evolution der Equiden (= Pferde) recht umfangreich und ermüdend. Daher möchte ich hier versuchen, diesen Vorgang gewissermaßen im Zeitraffer zu schildern.

## Vor rund 65 Millionen Jahren

fingen die Kontinente an, sich ihrer heutigen Form anzunähern und ihre Plätze auf dem Globus einzunehmen. Die ersten lebendgebärenden Tiere (Plazentalier) traten auf den Schöpfungsplan und lösten die Saurier ab. Im Eozän, das vor rund 53 Mio. Jahren begann, entwickelten die Pflanzen- und Tierarten aufgrund der günstigen klimatischen Verhältnisse zahlreiche neue Varianten. Viele Pflanzenfresser, deren einzige Waffe gegen die Fleischfresser in der Tarnung oder der Flucht lag, wandelten ihre weichen Füße langsam in harte Horngebilde um, die in weiterer Folge zu Hufen wurden. Sie werden deshalb Huftiere (Ungulaten) genannt. 1847 nahm der britische Zoologe Richard Owen die Einteilung in Paarhufer (Anissodactyla) und Unpaarhufer (Perissodactyla) vor. Die Equiden zählen, da ein Huf ja ebenfalls eine ungerade Zahl darstellt, zur letzteren Gruppe.

Vor rund 50 Mio. Jahren lebte im Schatten der Wälder ein kleines Tier (37 cm Schulterhöhe), dem der Name **Eohippus** gegeben wurde. Eohippus war der Urahn unserer heutigen Pferde und ein Laubfresser. Seine Vorderläufe wiesen vier, die Hinterläufe drei Zehen auf, die ihm ein sicheres Laufen auf weichem Boden ermöglichten. In seiner Gesamterscheinung war er einem kleinen Tapir, mit dem er ja stammesgeschichtlich verwandt ist, nicht unähnlich. Zum Ende des Eozäns, vor rund 36 Mio. Jahren, entstand durch die veränderte Umwelt der **Mesohippus**. Riesige Fluten hatten die Urwälder teilweise zerstört und Grasflächen geschaffen, die ein schnelles Lauftier begünstigten. Mesohippus wies nur mehr drei Zehen an jedem Bein auf, war etwas größer als seine Vorläufer (52 cm) und hatte eine geradere Wirbelsäule, die ausdauernden Lauf begünstigt. Bis in das darauffolgende Miozän entwickelte sich ein **Miohippus** genanntes Tier, dessen seitliche Zehen eine weitere Reduktion erfuh-

*Die Wanderwege aus Amerika nach Asien und Europa. Die Beringstraße genannte Meerenge zwischen Alaska und Sibirien war bis vor etwa 12 000 Jahren für Mensch und Tier passierbar.*

ren, während seine Größe leicht anstieg (70 cm). Die nächste Veränderung trat mit **Parahippus** ein, noch immer klein (80 cm), aber schon deutlich pferdeähnlicher, wies er erstmals deutliche Parallelen in Gebiß- und Skelettstruktur mit dem modernen Pferd auf. Der Übergang vom Miozän zum Pliozän, etwa 10 Mio. Jahre zurückliegend, sah die Entwicklung des Parahippus zum größeren **Merychippus** (90 cm), der bereits ein Steppentier war. Gebiß und Beine hatten schon große Ähnlichkeit mit denen von Equus, dem Pferd. Besonders wichtig ist der sich aus dem Merychippus entwickelnde **Pliohippus**, der Welt erster echter Einhufer. Größer als alle seine Vorstufen (115 cm), besiedelte er Nord- und Mittelamerika und schickte seine Nachkommen über jene Landbrücke, die nach ihrem Einbruch zur heutigen Beringstraße wurde, nach Eurasien. Er zeugte die gesamte Gattung der Pferde in der Alten Welt, starb in Amerika jedoch aus.

## Die Urrassen

des Pferdes liefern seit geraumer Zeit Stoff für wissenschaftliche Diskussionen. Die zentrale Frage lautet: Gab es vor der Domestikation schon deutlich ausgeprägte Rassen des Pferdes, oder entwickelten sich alle heute bekannten Rassen aus einem Urtyp?
Juliet Clutton-Brock, eine Mitarbeiterin des British Museum meint, daß es durchaus möglich gewesen sein kann, aus einer geographisch differenzierten Urform alle heutigen Rassen zu züchten. Sie gibt aber zu, daß die Grabungsfunde – teilweise ihre eigenen – von noch nicht domestizierten Pferden relativ große Variationen zeigen.
Um die Jahrhundertwende war der schottische Zoologe Prof. J. Cossar Ewart, den wir später noch näher kennenlernen werden, der Ansicht, daß drei Unterarten existierten, ein sogenannter Plateautyp, ein Steppentyp und ein Waldtyp.

Typ 1

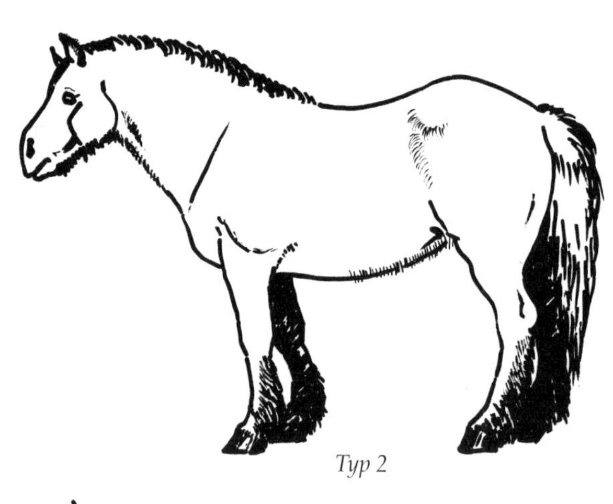
Typ 2

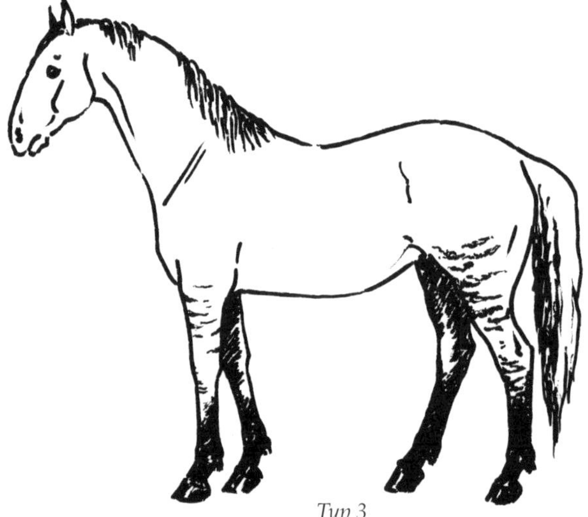
Typ 3

Die heute wohl am häufigsten vertretene Theorie ist die von Speed/Skorkowski/Ebhardt, die genaue Untersuchungen an Zähnen und Knochen vornahmen und zu folgendem Schluß kamen: Es gab vor der Domestikation des Pferdes durch den Menschen vier deutlich unterscheidbare Formen. Diese stellten sich folgendermaßen dar:

**TYP 1:**
Primitives Pony von rund 120 bis 125 cm Stockmaß, breiter, gerader Kopf mit kleinen Ohren und kräftigen Kiefern. Beheimatet im Nordwesten Europas, daher unempfindlich gegen Kälte und Nässe. Fell und Langhaar als Witterungsschutz gut ausgebildet. Dem Exmoor Pony ähnlich oder identisch.

**TYP 2:**
Großes Primitivpony von rund 140 bis 150 cm Stockmaß oder größer; großer, konvexer, derber Kopf. Kräftig und phlegmatisch, dabei sehr unempfindlich gegen Kälte und leichtfuttrig. Seine Heimat war das gesamte Nord-Eurasien. Mit dem heutigen Highland Pony vergleichbar.

**TYP 3:**
Mittelgroßes Steppenpferd, schlank und schmal, rund 150 cm hoch oder größer; langer, leicht konvexer Kopf mit langen Ohren, schmaler Hals, abfallende Kruppe. Als Bewohner Zentralasiens dünn behaart und hitzeresistent, schnell und ausdauernd. Der Vorfahre der turkmenischen Pferde.

**TYP 4:**
Vorläufer der arabischen Rassen, aber wesentlich kleiner als diese heute sind, zirka 120 cm hoch. Feiner, harmoni-

scher Körperbau, mit kleinem, konkavem Kopf, hochgetragenem Schweif und Hals. Graziöse Bewegungen. Verbreitungsgebiet Südwestasien, daher hitzeunempfindlich und fein behaart. Ähnlich oder identisch dem Kaspischen Pony.

Es ist aufgrund der Erfahrung, daß sich Lebewesen ständig den veränderten Umweltbedingungen anpassen (Theorie von Charles Darwin) anzunehmen, daß die »Urpferde« innerhalb ihres riesigen Verbreitungsgebietes verschiedene Typen hervorbrachten. Es ist ebenso wahrscheinlich, daß sie sich an den Randzonen ihres Verbreitungsgebietes vermischten und so weitere Unterformen bildeten. Für unser Thema sind besonders das Pony vom Typ 1 und das Großpferd vom Typ 3 bemerkenswert.

Das Pony vom Typ 1 war im gesamten westeuropäischen Raum verbreitet. Es lebte in großen Herdenverbänden und durchstreifte auf jahreszeitlichen Wanderungen die Heide- und lichten Waldgebiete. Da es ständig in neue Gebiete vorstieß, entwickelte es große Intelligenz und Vorsicht, die wir heute noch als die ponytypische Pfiffigkeit vorfinden. Das üppige Langhaar mit doppelseitiger Mähne und dichtbehaarter Schweifwurzel (Ponyglocke) bot Schutz gegen Regen und Wind, das doppelschichtige Winterfell mit Unterwolle und hartem Deckhaar schützte optimal gegen Kälte und ließ keine Feuchtigkeit an die Haut. Bei einer Größe von rund 120 bis 130 cm Stockmaß war der bullige Körper auf optimale Verwertung minderwertiger Nahrung und Kälteresistenz ausgerichtet. Die charakteristische Farbe war torfbraun mit Aufhellungen an

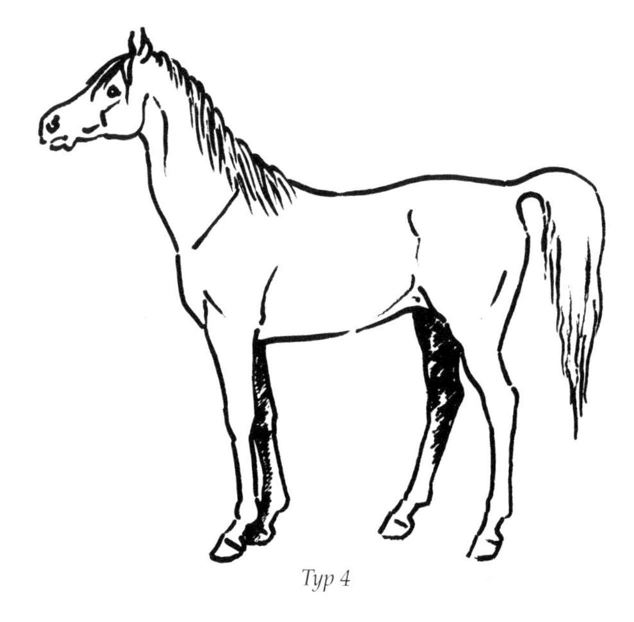

*Typ 4*

der Körperunterseite und am Maul, wie wir sie noch beim Exmoorpony finden.

Das Ramskopfpferd bevölkerte eine langgestreckte Zone von Zentralasien über Nordafrika bis Spanien. Es war an einen trockenen Lebensraum angepaßt, hatte ein dünnes Fell und spärliches Langhaar. Der schmale, lange Schädel wies ein schwächeres Gebiß auf, die Größe lag zwischen 145 und 165 cm, die Körperform war gestreckt, sehnig und hager. Der Futterreichtum der gemäßigten Klimazone machte Wanderungen unnötig, das Ramskopfpferd wurde zu einem ortstreuen Tier, das in sehr lockeren Verbänden lebte und auf sich selbst angewiesen war. Deshalb war es wohl etwas aggressiver als andere Formen und hatte eine große Individualdistanz, wie wir sie heute noch beim Andalusier und Connemara finden. Durch Anpassung an bergige Geländeformen entwickelte sich ein beachtliches Springvermögen und ein hoher, sicherer Gang. Das Erbe dieses Typs ist im Turkmenen, Berber und Andalusier zu finden. Der wohl reinste Vertreter ist das grau- oder gelbfalbe portugiesische Sorraia Pferd. In Spanien müssen die beiden Formen 1 und 3 aufeinandergetroffen sein, denn hier finden wir im Norden einen typischen Vertreter des Urponys im sogenannten Garrano und im Süden das Sorraia als typisches Ramskopfpferd.

*Neolithische Pferde- und Reiterdarstellung (Spanien, 4000 v. Chr.)*

## Die Domestikation

des Pferdes dürfte früher erfolgt sein als gemeinhin angenommen, möglicherweise schon etwa um 10.000 vor Christi Geburt. Mit großer Sicherheit war sie um 4.000 – 3.000 v. Chr. schon ziemlich verbreitet. Welches Volk zuerst auf die Idee kam, sich in irgendeiner Form des Pferdes zu bedienen, wissen wir nicht genau, obwohl eine Vielzahl von Theorien existiert, auf die hier nicht näher eingegangen werden kann.

Es ist wahrscheinlich, daß man Rinder, Rentiere und später auch Pferde anfänglich als »wandelnde Fleischreserve« hielt und durch die daraus resultierende Vertrautheit mit diesen Tieren erkannte, daß man sie auch anders nutzen könne. Eine recht plausible Theorie sagt, daß man zuerst Rinder, Rentiere und Wildesel als Zug-, Reit- und Lasttiere verwendete; solcherart mit der Zähmung und Ausbildung dieser Tiere vertraut, konnte der Mensch ohne allzu große Probleme den Übergang zum charakterlich schwierigeren Pferd wagen.

Im Falle der Skythen wurden sogar von demselben Volk unmittelbar auf-

*Iberische Vase, ca. 2000 v. Chr., Detail einer Jagdszene, auf der neben Wild, Jägern und angepflockten Pferden auch ein Reiter abgebildet ist.*

*Mesolithische Malerei, auf der domestizierte Pferde zu sehen sind (Canforas, Spanien; ca. 5000 v. Chr.)*

einanderfolgend Rentier und Pferd verwendet. Die Skythen bewohnten die Steppengebiete nördlich des Schwarzen Meeres und waren die Nachfahren einer frühen Kultur, die nach der Form ihrer Grabhügel »Kurgan-Kultur« genannt wird. Hier knüpft die Geschichte der asiatischen Reitervölker an die der Kelten an, die letztlich als die klassische irische Bevölkerung gelten und somit in direktem Zusammenhang mit der Geschichte unserer Pferderasse, dem Connemara Pony, stehen.

## Iberischer Einfluß

Das Connemara weist in vielen äußeren und inneren Merkmalen eine überraschende Ähnlichkeit mit Pferden iberischer Herkunft auf. Diese Übereinstimmung geht so weit, daß man manche Connemaras für kleine Andalusier halten könnte – sie kommen einem beinahe »spanisch« vor. Neben gemeinsamen äußeren Merkmalen weisen sie auch ein ähnliches Interieur auf. Das Connemara ist ausgesprochen willig und lernfähig und daher leicht auszubilden und hat eine hohe Leistungsbereitschaft, die man am besten mit »frommes Feuer« bezeichnet. Alle diese Charakteristika weisen darauf hin, daß die Rasse nicht ausschließlich auf vorgeschichtliche Waldponys oder keltische Ponys des zentraleuropäischen Schlages zurückgeht. Es muß also noch eine andere Komponente geben, die auf der iberischen Halbinsel zu suchen ist.

Werfen wir einen kurzen Blick auf die frühe Verbreitung der iberischen Pferde! Noch vor dem Ende der Steinzeit, etwa um 3.000 v. Chr., wanderten hamitische Stämme in Spanien ein und vermischten sich mit der ligurischen Urbevölkerung. Diese langschädeligen Menschen waren schlank, hochgewachsen und temperamentvoll und kamen aus Nordafrika. Der Wiener Gelehrte Leopold Adametz brachte 1920 ein heute wenig beachtetes Werk über die Hamiten und ihre Wanderungen heraus, in dem er die Haustiere dieses Volkes sehr genau verfolgt und beschreibt. Da die Hamiten kriegerische Nomaden waren, beruhte ihre Kultur auf der Viehzucht (man beachte die Parallele zu den Skythen und Kelten), sie führten ihre charakteristischen, langhörnigen Rinder in das heutige Spanien, Frankreich, Ägypten, ja sogar nach England, Schottland und Wales ein, wie Adametz beweist. Dr. Schäfer sieht ihren Einfluß auch in Irland und hält eine erste Befruchtung irischer Pferde durch iberische Ramskopfpferde aufgrund hamitischer Handelsbeziehungen für wahrscheinlich. Auf die afrikanischen Stämme, auch Iberer genannt, folgten phönizische Seefahrer, die ebenfalls ausgedehnte Handelsfahrten bis England

*Urrasse Soraia (Foto: S. Thompson)*

*Exmoor-Pony*

und Irland durchführten. Das hamitische Erbe ist bis heute in den Spaniern, Berbern, Tuareg und Äthiopiern, aber auch in den Westengländern und Iren zu erkennen. Somit wäre auch die auf den römischen Schriftsteller Tacitus (55 bis 120 n. Chr.) zurückgehende Behauptung erklärbar, daß die ursprüngliche Bevölkerung Britanniens aus Iberern (Spanier oder aus Spanien kommende Afrikaner) bestanden hätte. Auch Grabungsfunde beweisen, daß es bereits sehr früh Handelsbeziehungen zwischen Irland und Afrika gab, es könnten also durchaus auch Pferde aus dem Süden nach Irland gelangt sein.

Möglicherweise hatten, neben anderen Völkern in ganz anderen Regionen, auch die Hamiten oder Iberer bereits Pferde gezähmt und mit nach Spanien und den britischen Inseln gebracht. Man kann Spanien und Norwestafrika über einen langen Zeitraum als ökologische und kulturelle Einheit bezeichnen, die auf hippologischem Gebiet möglicherweise ein Gegengewicht zu den Steppenvölkern Asiens darstellte. Ruy d´Andrade meint dazu, daß schon im Neolithikum in ganz Spanien die Reitkunst hochentwickelt war und die weitere Verbreitung der sogenannten Glockenbecherkultur auf der Überlegenheit dieser ersten Kavallerie der Menschheit beruhte. Durch die spätere Einwanderung keltischer Stämme nach Spanien entwickelte sich die keltiberische Kultur, die über rege Handelsbeziehungen erneute und kräftigere Impulse nach Irland ausschickte.

Zusammenfassend kann man sagen, daß die Vorfahren unserer Rasse aus der jahrhundertelangen Vermischung von südiberischen Ur-Andalusiern, europäischen Primitivponys und ori-

*Keltenpony, Bosniake × Araber*

entalisierten Keltenponys entstanden. Der frühe Einfluß der uralten Rasse Sorraia, welcher später durch weitere Importe iberischer Edelpferde verstärkt wurde, war wohl entscheidend für die heutige Ähnlichkeit zwischen Connemara und Andalusier.

## Das Volk aus dem Dunkel

nennt Gerhard Herm, Autor des Buches »Die Kelten«, jene Menschen, über deren genaue Herkunft wenig bekannt ist. Fest steht, daß die Kelten indo-europäischen Ursprunges waren und möglicherweise durch eine Verschmelzung der nach Westen wandernden Skythen mit in Mitteleuropa ansässigen Völkern entstanden. Es bestehen wesentliche Übereinstimmungen zwischen den Kulturen der Skythen und der Kelten. Die Ornamentik beider Völker ist sehr ähnlich, ebenso die aristokratische Sozialstruktur und – für uns besonders wichtig – die intensive Verwendung und religiöse Verehrung des Pferdes.

Die keltischen Volksgruppen begannen ungefähr um das sechste vorchristliche Jahrhundert eine gemeinsame Kultur und weitverzweigte Handels- und Wirtschaftssysteme aufzubauen. Sie waren hervorragende Eisenschmiede und damit standen ihnen bessere Waffen zur Verfügung als ihren Zeitgenossen. Auch die künstlerischen Ausdrucksformen erreichten um die Mitte des letzten Jahrtausends vor Christus hohe Perfektion, etwa ab diesem Zeitraum spricht man von »den Kelten« als einer genau definierbaren Nation. Eine Besonderheit aller keltischer Stämme

*Epona, die keltische Göttin, auf einer Stute mit Fohlen. Ein Symbol für Fruchtbarkeit und Reichtum. Bronzegruppe aus Frankreich (Alise St. Reine), gallisch-römisch.*

war ihr rastloses, kämpferisches Wesen. Klar, daß sie Pferde und Vieh als Lebensgrundlage betrachteten und das Pferd sogar in den Mittelpunkt ihrer Religion rückten. Die keltische Fruchtbarkeitsgöttin Epona war eine Pferdegottheit, deren Spuren noch heute oft in Sagen und religiösen Bräuchen zu finden sind.

Die Hippologen werden nicht müde, das englische Exmoor Pony als direkten Nachfahren oder zumindest genaues Ebenbild der keltischen Pferde darzustellen. Es steht außer Zweifel, daß man im Exmoor Pony ein sehr ursprüngliches Tier vorfindet, das eine Restpopulation des bereits erwähnten Typ 1 darstellt. Die Kelten standen aber mit den Reitervölkern der südrussischen Steppen in Kontakt, die ihrerseits weite Wanderungen in östlicher und westlicher Richtung unternahmen

*Keltische Figur eines edlen, möglicherweise importierten Pferdes (Freisen, BRD).*

und als begabte Pferdeleute an der Verbesserung ihres Zuchtmaterials großes Interesse gehabt haben müssen. Es liegt daher nahe, die keltischen Ponys nicht einfach als homogene Rasse des Typ 1 zu sehen, sondern als Produkte einer Kreuzungszucht mit Pferden anderer Gebiete. Der Einfluß östlicher Edelpferde machte aus dem ursprünglich vorhandenen Pony ein schnelleres, eleganteres Tier, eben das Keltenpony.

Der keltische Stamm der Briganter spaltete sich um die Mitte des vorchristlichen Jahrtausends im Laufe seiner Wanderung von Zentraleuropa nach Westen in Gruppen auf. Ihr Hauptteil siedelte im heutigen englischen Yorkshire, zwischen den ebenfalls keltischen Parisiern und Votadinern, ein weiterer Teil in Wexford, im Süden Irlands, und eine kleine Gruppe im äußersten nordwestlichen Zipfel Spaniens, in Galizien. Von den Römern Brigantium genannt, heißt heute der Seehafen dieser Region La Coruna. Genau auf halbem Wege zwischen Wexford und Brigantium liegt die französische Bretagne, und dort siedelten die Veneter, ein weiterer keltischer Stamm. Sie waren hervorragende Seefahrer und begabte Händler und man darf annehmen, daß die Veneter für regelmäßigen Nachschub erstklassiger galizischer Pferde nach Irland und England sorgten.

Es ist bekannt, daß die keltische Kampfweise eng mit der Verwendung von Pferden und Streitwägen verbunden war. Cäsar beschreibt uns in seinem berühmten Buch »Über den Gallischen Krieg« recht eindrucksvoll, wie geschickt die Wagenlenker waren und wie gut trainiert Roß und Mann in den Kampf gingen. Nun war für die Kelten eine Schlacht selten ein Gemetzel bis zum bitteren Ende aller Beteiligten, so zu kämpfen zwangen sie erst die Römer, denen jeder Sinn für Humor

*Keltisches Zuggeschirr – nach einer Rekonstruktion des Royal Scottish Museum.*

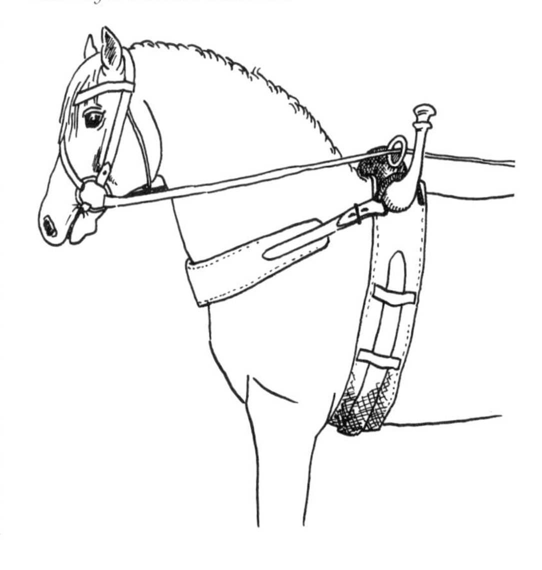

*Kelte mit Streitwagen (Foto: Dr. Phil Joh. Neugebauer)*

fehlte. Untereinander kämpften sie weit lieber auf eine vorwiegend rituelle Art, indem sie zuerst die Feinde in Angst und Schrecken versetzten, dann unter den Gegnern einige würdig oder wertvoll erscheinende auswählten und diese dann im Zweikampf die Sache ausmachen liessen. Die Streitwagen waren kaum aktiv am Kampf beteiligt, sie dienten gewissermaßen als Taxis für die Krieger, die sie zum Ort des Geschehens brachten, dort durch den Lärm der Räder und die Pferde den Feind beeindruckten und dann abseits auf die Rückkehr der Kämpfer warteten, um ihnen entweder zu rascher Flucht oder triumphaler Heimkehr zu verhelfen. Für solche Transporteinsätze genügte es, einen einigermaßen befahrbaren Untergrund zu haben, zudem waren die keltischen Wagen leicht und sehr elastisch, Reparaturen konnten rasch und mit einfachem Werkzeug durchgeführt werden. Wir sehen, daß das Pferd weniger eine Waffe war, als vielmehr ein strategisches Transportmittel. Seine Bedeutung war deshalb nicht geringer, und wie aus vielen Quellen hervorgeht, stand es im Mittelpunkt der keltischen Kultur und Religion.

In Spanien existierten schon in keltischer Zeit zwei Pferderassen, eine im Norden und eine davon klar unterscheidbare im Süden. Der nördliche Typ war ein relativ kleines Pony des uralten europäischen Schlages, während der südliche eine ebenso antike Primitivrasse mit deutlicher Ähnlichkeit zum Berber darstellte. Der südiberische Urahn des Andalusiers ist heute noch im Sorraia Pferd anzutreffen, der nordiberische Asturcon existiert noch in geringer Zahl als Asturisches Pony, in Nord-Portugal finden wir im Garrano ebenfalls eine uralte, eingesessene Rasse. Man darf annehmen, daß sich die Populationen vermischten oder Exemplare aller auf dem Handelswege weiter in den Nor-

den gelangten, so auch nach Irland. Die englische Expertin für iberische Rassen, Sylvia Loch, sieht in Sorraia und Garrano zwei auf der iberischen Halbinsel aufeinandertreffende Urformen, deren Kreuzungsprodukt das Asturische Pony ist.
Der deutsche Hippologe Dr. Michael Schäfer schreibt hierzu zusammenfassend: »Die Kelten betrieben bald einen schwunghaften Handel mit iberischen Pferden. Dieser hat die möglicherweise schon früher vereinzelt nach Britannien gelangten iberischen Pferde derart vermehrt, daß hier schon in frühgeschichtlicher Zeit eine Rasse entstehen konnte, die sich ganz wesentlich von den übrigen Ponyschlägen Britanniens, Skandinaviens und Nordeuropas unterschied.«
Die nordspanischen Asturcones, aber auch die Sorraias weisen eine Fähigkeit auf, die ihnen schon im Altertum große Beliebtheit einbrachte: sie konnten Paß und Tölt gehen. Diese bequemen Gangarten, die wir heute an einer Reihe von Rassen wieder vermehrt schätzen, ermöglichen ein erschütterungsfreies Reiten. Römer, Griechen und Gallier ritten gerne spanische Tölter, wie aus den Schriften des Plinius d. Ä. (23 bis 79 n. Chr.) hervorgeht. Dieser adelige Römer und Militärschriftsteller lebte und diente als Offizier auch in Spanien und Afrika und kannte die Verhältnisse sehr genau. Er schreibt: »Die galizischen und asturischen Stämme des Nordens züchten Pferde, die sie Thieldones nennen. Diese kleine Rasse, von uns Asturcones genannt, trabt nicht, vielmehr hat sie einen eigenen, bequemen Gang, der dadurch ensteht, daß die Tiere abwechselnd ein Beinpaar bewegen.«
Dies ist wohl die älteste Erwähnung des paßgehenden spanischen Pferdes, das als Genette später so berühmt wurde. In Irland wurde es zum hochgeschätzten Hobby, dem Reitpferd der Bogenschützen und Schildknappen. Dieses war den berühmten spanischen Genetten sehr ähnlich und beinahe ebenso begehrt wie diese, führte es doch einen erheblichen spanischen Blutanteil. Man könnte es als den »irischen Vater« unserer heutigen Connemaras bezeichnen.

## Die dunkle Zeit

möchte ich den Abschnitt zwischen dem Beginn der Zeitrechnung und dem Ende des ersten Jahrtausends nennen. Wir wissen recht wenig über die Entwicklung der Pferdezucht in Irland während dieser Periode. Als gesichert kann man annehmen, daß die keltische Kultur trotz der beginnenden und immer rascher um sich greifenden Christianisierung in vielen Lebensbereichen erhalten blieb. Es gab keinen abrupten, traumatischen Wechsel vom »finsteren Heidentum« zum »strahlenden Christentum«, vielmehr vollzog sich eine allmähliche Durchdringung der keltischen Naturreligion mit immer stärkeren christlichen Motiven und Bräuchen, die ihrerseits wieder der gälischen Gedankenwelt angepaßt wurden. Das Pferd, einst eine zentrale Figur der keltischen Kultur, geriet zunehmend in den Hintergrund, auch wenn wir seine einstige Bedeutung noch in diversen Bräuchen, Sagen und Gestalten erkennen.
In der ersten Hälfte des nachchristlichen Jahrtausends waren die westlichen Gebiete Schottlands und die ihnen vorgelagerten Inseln wiederhol-

*Hengst- und Stutfohlen in Österreich*

*Bei Spiddal*

*Bei Loughrea*

*Stute – Oaklands One Fine Day*

ten Überfällen der Scoten ausgesetzt gewesen. Die Scoten waren ein keltischer Stamm aus der nordöstlichen Ecke Irlands und ein ziemlich wilder, angriffslustiger Haufen. Sie eroberten ein Gebiet, das als Galloway bezeichnet wurde und zwischen dem Hadrianswall und Ayrshire lag, angrenzend an die Stammesgebiete der Briganter und Votadiner. Am Hadrianswall hatten über längere Zeiträume auch friesische Reiterregimenter (Cuneus Frisiorum) der römischen Besatzungsmacht gestanden. Vermutlich brachten sie ihre kräftigen, dunklen Pferde hierher, die auch in der Zucht der Fell- und Dales Ponys eine Rolle gespielt haben dürften.

Die Galloway genannten Ponys oder Kleinpferde aus der gleichnamigen Region nördlich des Walls erlangten einige Jahrhunderte später weitreichende Berühmtheit. Man schrieb ihnen im wesentlichen die gleichen Qualitäten zu wie den irischen Hobbys, und auch sie waren hauptsächlich Paßgänger. Ihre Kraft, Trittsicherheit und Ausdauer waren legendär, ebenso ihre Schnelligkeit. Die Beschreibungen der Galloways und Hobbys sind absolut gleichlautend, mit einem Unterschied: die Galloways waren durchwegs dunkelbraun oder schwarz. Eine nur recht halbherzig und selten vorgebrachte Theorie besagt, daß der Name der Region Galloway (und ihrer Pferde) von der westirischen Stadt Galway herrühren könnte. Wenn dem so ist, wäre eine Verbindung zwischen den Pferden beider Regionen wahrscheinlich. Die dunkle Farbe der schottischen Variante wäre durch die Einkreuzung dunkler Friesenpferde erklärbar. Der Hippologe Jasper Nissen sieht hierin auch die Wurzel der dunklen, etwas derberen Connemaras, die hin und wieder auftreten. Die Galloways wurden seit etwa 1800 mit Clydesdales verkreuzt, da man sie für schwere landwirtschaftliche Arbeiten zu leicht fand. Ab 1850 setzte ein rasches Aussterben ein, seit etwa 1900 gibt es keine Pferde dieses Typs mehr. Das Connemara Pony hätte um ein Haar das selbe Schicksal erlitten! Aufgrund des regen Verkehrs zwischen der Provinz Galloway und dem Norden Irlands läßt sich vermuten, daß ein Austausch von Pferden stattfand. Die keltischen Truppen schätzten gutes Pferdematerial, und wenn es in der Umgebung des Hadrianwalls ein durch friesischen Einfluß verbessertes Pony gab, warum sollten die Scoten es nicht in ihre Heimat mitgenommen haben? Im umgekehrten Falle könnten sie möglicherweise ihre bewährten Hobbys mitgebracht haben, die sich hier, mit den dunklen Pferden friesischer Prägung verpaart, zu den vorzüglichen Galloways späterer Tage entwickelten.

Die schriftlichen Quellen aus dem frühen Mittelalter betreffend irische Pferde sind leider äußerst rar. Dent und Goodall stellen in ihrer »History of British Native Ponies« die Theorie auf, daß Pferde – Ponys im heutigen Sinne – so häufig und alltäglich waren, daß man gar nicht daran dachte, über sie zu berichten. Wie schade für uns!

## Am äußersten Rand

der bekannten Welt, auf der kleinen Insel Irland in ihrer relativen Abgeschiedenheit, währten die alten Kulturen länger an als auf dem Kontinent, wo ein überregionaler Krieg auf den

nächsten folgte. Dazu kam noch ein Phänomen: Irland hat wie kein anderes Land die Gabe, Neuankömmlinge oder Eroberer zu assimilieren, gewissermaßen in sich aufzusaugen. Nichts und niemand kann hier lange »fremd« bleiben, sodaß selbst in kriegerischer Absicht gekommene Normannen und Engländer bald irischer wurden, als es die Iren selbst waren.

Die Römer, die im benachbarten England während eines halben Jahrtausends recht deutliche Spuren hinterließen, schafften es nie bis Irland. Ebenso blieben die Germanen vorerst aus, einzig die Christianisierung brachte etwas Abwechslung, aber auch sie verlief hier eher durch friedliche Missionierung, denn durch das Schwert.

Die Wikinger kamen in drei Wellen nach Großbritannien, allerdings erfaßte nur die erste auch Irland. Zweifellos waren die Nordmänner imstande, auch Pferde in ihren Schiffen über See mitzubringen, tatsächlich war es üblich, sich nach erfolgter Landung sofort beritten zu machen und landeinwärts vorzudringen. Warum dies in Irland kaum geschah, ist unklar, möglicherweise waren die örtlichen Stammesfürsten so bereitwillige Söldner, daß man es nicht nötig hatte, die eigene Haut – und damit auch die eigenen Pferde – zu riskieren. Jedenfalls besetzten die nordischen Krieger sämtliche Häfen – oder gründeten

*Oben: Ein Hobby*
*(Schnitzerei in Bunratty, Westirland, 16. Jh.)*

*Mitte: Altes gelbes Pony (Foto: S. Lehmann)*

*Unten: Irish Draught*

neue – und drangen in ihren Drachenbooten soweit ins Inland vor, wie es die Schiffbarkeit der Flüsse zuließ. Sie hinterließen aber nur geringe Spuren, was unser Thema anbelangt. Die Ausrüstung eines nordischen Reiters umfaßte schon längst auch Sattel und Steigbügel, die eine wesentlich bessere Kampfweise ermöglichten. Doch noch um 1180 gibt uns Gerald de Berry, alias Giraldus Cambrensis, seines Zeichens Erzbischof von Brecon in Wales, ein genaues Bild der irischen Reiterei. Giraldus war nicht nur Seelenhirte, sondern auch Spion für König Heinrich II. von England und hatte neben seiner »Reise durch Wales« auch die Werke »Topographie Irlands« und »Wie man Irland erobern kann« verfaßt. Er schrieb:

»Die Reiter tragen gefärbte Wollhosen, die auch zugleich Strümpfe sind. Beim Reiten verwenden sie keinen Sattel, Reithosen oder Sporen. Doch sie treiben und lenken ihre Pferde mit einem gebogenen Stock, den sie in der Hand halten. Sie verwenden Halfter, die zugleich Gebiß und Zaum sind und den Pferden das Grasen ermöglichen. Sie reiten nackt und ohne Rüstung in den Kampf.« Mit dem vorletzten Satz könnte gemeint sein, daß man nur einfache Trensen, aber keine Kandaren kannte, denn solche Gebisse verwendete man in Irland schon viel früher. Das Fehlen einer Rüstung zeigt, wie lange man hier an der keltischen Kampfweise, welche größtmögliche Beweglichkeit einer starken Panzerung vorzog, festhielt. Wir wissen aus Quellen, daß die keltischen Krieger tatsächlich fast nackt in den Kampf fuhren oder ritten. Sättel verachteten sie als verweichlichend und man darf annehmen, daß die irischen Reiter

*Irischer Reiter (aus »Topographie Irlands« von Gerald de Berry, ca. 1180).*

ähnliches noch zu Giraldus´ Zeit dachten. Noch einige Jahrhunderte später trugen die berittenen Krieger der grünen Insel nur lederne Kürasse und schließlich kamen von hier stets vorzügliche leichte Reitereien, aber keine formidablen Ritter.

Die Betonung des iberischen Einflusses auf die irische Pferdezucht, von der vorkeltischen Zeit bis in das Mittelalter, ist nicht nur für die charakteristischen Merkmale des Connemaras von Bedeutung. Im Irish Draught Horse, dem kräftigen Wirtschaftspferd, finden wir ganz ähnliche Charakteristika, allerdings erhielt es durch Selektion, bessere Aufzucht und den Einfluß normannischer und walisischer Pferde mehr Masse und Größe. Im Jahre 1169 erfolgte die erste anglo-normannische Invasion unter Richard de Clare, genannt Strongbow. Sie bereitete die spätere Kolonisation unter Henry II.

vor, der seinen Hof in der Normandie unterhielt, wo seit Willhelm dem Eroberer kräftige Streitrösser für die gefürchtete normannische Kavallerie produziert wurden. Der normannische Einfluß war in Ost-Irland besonders deutlich, das auf den kalkreichen Wei-

*Welsh Cob*

degründen ideale Aufzuchtmöglichkeiten für starkknochige Pferde bietet. Das Draught Horse präsentiert sich als mittelgroßes, aktives Pferd mit räumender, runder Trabaktion, einem leicht geramsten Kopf, schräger Kruppe und klaren Beinen. In vielen Exemplaren ist der iberische Einfluß erkennbar, wenn er auch von der größeren Masse und Derbheit etwas überlagert wird. Dennoch sind die Rassen Connemara und Draught in vieler Hinsicht einander sehr ähnlich. Bemerkenswert ist, daß auch das Draught über ein ausgezeichnetes Springvermögen und leichte Bewegungen verfügt. Während die Vorfahren der Connemaras im kargen Westen unter anhaltendem iberischem Einfluß gezüchtet wurden, entwickelte man in den fruchtbaren Gebieten des Ostens unter normannischem Einfluß eine kräftigere Version des selben Typs. Beide Rassen lassen sich mit gutem Erfolg verkreuzen, was die Verwandtschaft beweist, das Produkt ist ein harmonischer Cob.

Wissenschaftliche Arbeiten (Ridgeway, Windisch, Jackson, Thurneysen) bewiesen es: Die keltische Kultur dauerte in Irland noch lange an, nachdem sie im übrigen Europa durch die Römer und andere Aggressoren schon längst zerstört worden war. Damit blieb auch die Bedeutung des Pferdes in der Bevölkerung der grünen Insel auf einem weit höheren Stellenwert als anderswo. Hier wurden Pferde als Persönlichkeiten verehrt, sie hatten Individualcharakter und waren Gegenstand von Liedern und Gedichten. Kein Wunder, wenn man bedenkt, daß sie die gesamte Geschichte der Kelten entscheidend mitgestaltet hatten. Etwas von dieser Verehrung floß auch in die mittelalterliche Sagenwelt und die Romantik des Rittertums ein. Sogar der Erzengel Gabriel bekam in der irischen Phantasie ein Roß verpaßt, es hieß Brian und »...war schnell wie die Schwalbe im Frühling, schnell wie der Märzwind, so schnell wie ein Blitzstrahl und fast so schnell wie der Tod«. Scheinbar ergibt sich in der geschichtlichen Kontinuität der irischen Pferde ein Loch, nämlich zwischen dem Ende der Handelsbeziehungen der beiden brigantischen Volksgruppen in der Eisenzeit und jenen spätmittelalterlichen Berichten, die wieder vermehrt auf das Vorhandensein spanisch geprägter Pferde hinweisen. War der Einfluß iberischer Pferde in diesem Zeitraum erloschen?

Ich glaube das nicht, und zwar aus zwei Gründen:

1) Während des Mittelalters wurden die Handelsbeziehungen zwischen Irland und Spanien kaum unterbrochen, sodaß ein ständiger Nachschub spanischer Edelpferde in die irische Zucht einfloß. Matthew Kenny erläuterte vor der Pferdezuchtkommission um 1900: »Die alte, irische Mähre war klein, hatte klare Beine und war zäh. Die Rasse wurzelte in den zahlreichen spanischen Hengsten, die im 16. Jh. nach Irland kamen. Es gab über viele Jahrhunderte regelmäßige Handelsbeziehungen zwischen dem Süden und Westen Irlands und Spanien. Irland exportierte Wolle, Leder und Butter und bekam dafür Wein, Tuch, Pferde und Gewürze.«

Die spanischen Genetten waren Nachkommen der ebenfalls Paß und Tölt gehenden Sorraias und wurden zur begehrtesten Rasse Europas, so sehr, daß man eine Zeit lang ihren Export verbot. Sie behielten ihre Vormachtstellung bis in das beginnende 18. Jahrhundert, als man sich vermehrt dem englischen Vollblut zuwandte.

Michael Schäfer beschreibt sie folgendermaßen:

»Die echten Genetten, die aufgrund starker Verkreuzung mit anderen Rassen in Spanien nur noch in Resten zu finden sind, unterschieden sich wesentlich von den heutigen Tieren mit ihrem hohen, fuchtelnden Gang, dem massiven Hals und ebensolchem Rumpf auf allzu leichtem Fundament. Die ursprünglichen und relativ kleinen Andalusier besaßen eine ovale Rippenwölbung, einen gutaufgesetzten Reitpferdehals und einen mittelhohen, doch sehr weit nach hinten rei-

*Genette heute: Lusitanohengst*

chenden Widerrist, der den langen Rücken kürzer erscheinen ließ. Die Kruppe war leicht abfallend, der Schweifansatz tief, die Schulter schräg und die Röhren verhältnismäßig lang, wodurch eine ziemlich hohe Aktion entstand. Den Kopf zeichnete ein besonders langer Gesichtsschädel aus, mit manchmal geradem, manchmal leicht konvexem Profil, der im Gegensatz zum mehr stumpfmäuligen, ramsnasigen Tundrenpony-Kopf stets in ein kleines, spitzes Maul auslief.
Diese spitzere Maulpartie wurde durch die besondere Stellung der Schneidezähne bewirkt, die sich zwar nicht ganz so stark wie beim Araber zu einem Rupfgebiß spezialisiert hatten, aber auch dem ausgeprägten Beißzangengebiß der Nordponys nicht mehr glichen.
Die ursprüngliche Farbe war goldfalb, mit dunklen Mähnen und Schweifen und manchmal bis zu den Karpal- und Sprunggelenken hinauf dunklen Beinen. Häufig waren die Beine stark gebändert, auch Aalstrich und dunkle Streifen an Widerrist, Hals und Stirn kamen vor. Äußerlich unterschied sich das andalusische Pferd also wesentlich von den Arabern und von den torfbraunen oder weißlich-grauen Nordponys.«
Zwei irische Häfen, die mit den spanischen Handelshäfen in ständigem Kontakt standen, waren Limerick und Galway, beide an der westlichen Atlantikküste. Galway ist die heimliche Hauptstadt des Westens, emsig, quirlig und bunt. Ihr Gepräge ist nahezu südländisch, besonders bei schönem Sommerwetter vermeint man sich in eine Mittelmeeratmosphäre versetzt. Es ist aber auch das Tor zur Connemara und der Schluß liegt nahe, daß sich gerade hier die reichen Handelsherren mit den begehrten Genetten eindeckten. Limerick liegt auf derselben Route und sogar noch etwas näher zu Spanien. Es scheint zweifellos so, daß der gesamte Westen Irlands die vorzüglichen Genetten kannte und auch wußte, wie man sie bekommen konnte.
2) Der zweite Grund war der, daß man in Nordspanien, just mitten in Galizien, einen der wichtigsten Wallfahrtsorte Europas findet, nämlich Santiago de Compostela. Hier soll der Leichnam des Hl. Jakobus d. Ä. nach dessen Enthauptung durch Herodes Agrippa in einem steuerlosen Boot angeschwemmt worden sein. Der Wallfahrtsort geht auf vorchristliche, mystische Religionen zurück, das christliche Element floß erst im 9. Jh. ein. Wem die Pilgerfahrt nach Jerusalem zu beschwerlich, die nach Rom aber zu minder war, der zog nach Santiago de Compostela, entlang der sogenannten Sternenstraße über die Pyrenäen oder auf dem Seewege. Für die Pilger von den britischen Inseln war letzterer üblich, denn man hatte mit La Coruna – wir kennen es von den Brigantern – einen bequemen Hafen zur Hand. Allerdings lag der heilige Schrein noch weitere 60 km auf unwegsamen Bergpfaden entfernt, sodaß man sich der leichtfüßigen Asturcones oder Genetten bediente, um den Rest des Weges zurückzulegen. Viele der unzähligen Pilger waren wohl von der Qualität der gemieteten oder gekauften Paßgänger rasch überzeugt. So manche wohlhabende Witwe, mancher reiche Handelsherr wird wohl auf dem Rückweg zum Hafen beschlossen haben, sich nicht endgültig von seinem wackeren Roß zu trennen, son-

dern es mit nach Hause zu nehmen. Man kennt diese »Liebe auf den ersten Blick« von Reiterurlauben im Ausland, auf denen unweigerlich einige Teilnehmer das ihnen zugeteilte Tier erwerben, da es genau das ist, wonach sie schon so lange suchen. Hier spielen wohl die Urlaubsstimmung und auch die Müdigkeit des Mietpferdes eine große Rolle. Wir müssen uns mit der unwahrscheinlichen Tatsache anfreunden, daß genau in der Gegend, aus der die keltischen Kriegspferde nach Irland kamen, tausend Jahre später ein Heiligtum entstand, das regen Zuspruch bei den inzwischen christianisierten Bewohnern der Inseln Nordwesteuropas fand.

Obwohl das irische Hobby eine so bedeutende Stellung einnahm, gibt es überraschend wenige mittelalterliche Quellen, die es uns näherbringen könnten. Eine der besten Darstellungen entstammt dem Manuskript des Bischofs Trevor von St. Asaphs mit dem Titel »Une Histoire du Roy Richard d´Angleterre« (British Museum). Hier wird uns Arthur McMorough, der König von Leinster, vor der Schlacht mit dem Herzog von Gloucester im Jahre 1399 geschildert:

»Er hatte ein Pferd ohne Sattel, das war so edel und gut, daß es ihn 400 Kühe gekostet hatte. Es gibt wenig Geld im Land, sodaß die Menschen üblicherweise Rinder als Währung verwenden. Als er den Berg herabritt, galoppierte es so schnell, daß ich nie zuvor in meinem Leben weder Hase, noch Hirsch, noch Schaf oder ein ähnliches Tier mit

*Treffen zwischen Art McMurrough und dem Earl of Gloucester, Juni 1399. (Royal Irish Academy)*

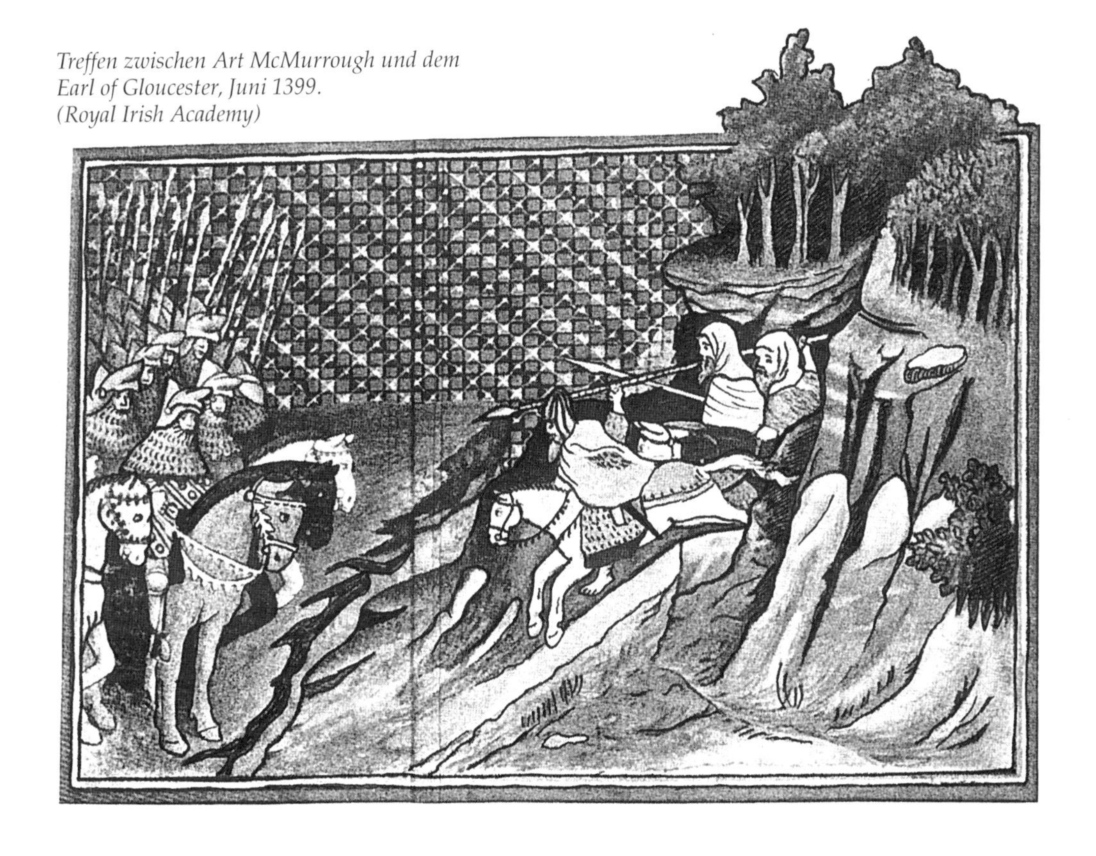

solcher Schnelligkeit gesehen habe. In der Hand hatte Arthur einen langen, schweren Wurfspeer, den er mit großer Geschicklichkeit warf.«
Ein stolzer Preis für ein Pferd, dessen bildliche Darstellung es als kleinen Schimmel zeigt, der neben den normannischen Streitrössern fast wie ein Spielzeug wirkt. Und dennoch, wenn dieses Tier aus einer edlen spanischen Zucht stammte, in der iberischen Reitweise ausgebildet war und als Hengst ein wertvolles Zuchtpotential darstellte – mußte es einem spätkeltischen Häuptling nicht eine Herde Kühe wert gewesen sein? Spätere Erwähnung finden wir in einem interessanten Briefwechsel von 1498 zwischen Heinrich VII. und dem Herzog von Ferrara, der seinen Einkäufer Biasio um Hobbys geschickt hatte und berichtete:
»Biasio ist nun von Irland zurück, mit einigen Paßgängern, die hoffentlich gut und couragiert sind; aber durch die gegenwärtigen Unruhen und Kriege unter den wilden Iren selbst herrscht derzeit großer Mangel an guten Pferden!«
Der Tonfall hat sich geändert, plötzlich ist von einem Pferdemangel die Rede. Was war in den Anfängen der Neuzeit vorgefallen, das die berühmten Hobbys auf einmal zur Mangelware werden ließ?

## Die Neuzeit

beginnt für uns mit einer Bestandsaufnahme. Was war aus Irland, seinen spanisch beeinflußten Pferden und aus seiner rauflustigen keltischen Bevölkerung geworden?
Die Pferdezucht Irlands war Privatsache ohne Einflußnahme von oben, wie etwa in England durch Heinrich VIII. oder in Spanien durch das Herrscherhaus. Zwar unterhielt auch der irische Adel Gestüte, man weiß zum Beispiel, daß die Herzöge von Kildare und Ormond & Ossory bis in das 16. Jahrhundert große Zuchtbetriebe besaßen, aus denen viele Pferde den Weg nach England fanden. Doch der Aufstand gegen das englische Joch von 1594 verschlechterte die Lage der irischen Landwirtschaft so nachhaltig, daß am 9. Mai 1630 der Herzog von Ormond an den Grafen Dorchester schrieb: »In diesem Land gibt es nichts mehr, das man seiner Lordschaft zum Geschenk machen könnte. Besonders die hübschen Hobbys, die es einst hier gab, sind fast gänzlich verschwunden.«
Etwas früher, um 1570, hatte Edmund Campion in seiner »Historie of Ireland« noch geschrieben, daß »...sie Pferde haben, von Gängen so weich, vom Laufe wunderbar schnell, weshalb sie von ihnen großen Vorrat anlegen. So finden sie darin in Zeiten der Not großen Frieden und Sicherheit. Diese Zucht, so sagt Rafael Volateran, kam zuerst von Asturien, einem Gebiet zwischen Galizien und Portugal, weshalb man sie Asturcones nannte, ein Name, der jetzt rechtmäßig den spanischen Genetten gebührt. Ich hörte von einem Edelmann, der für so ein Pferd hundert Kühe, Pachtland für fünf Pfund und ein Nest Jagdfalken jährlich und auf die Dauer von sieben Jahren, zurückwies ».
Ab dem 17. Jh. gab es mit England eine Besatzungsmacht, die ein neues Sozialsystem begründete, nämlich das der Landpächter. Die Engländer schlugen unter dem Lord-Protektor Cromwell 1649 einen weiteren irischen Aufstand blutig nieder. Allein der Westen blieb

einigermaßen verschont, eine Tatsache, die für uns von Bedeutung sein wird. Die englischen Besatzer rissen alles Grundeigentum an sich und englische Adels- und Unternehmerfamilien wurden als neue Herren eingesetzt. Diese verpachteten kleine Parzellen an gälische Pächter und kassierten dafür horrenden Pachtzins, woraus begreiflicherweise eine weitere Verarmung der unterdrückten Landbevölkerung resultierte.

In dieser düsteren Periode wurde der äußerste Westen, das alte Königreich Connaught, das im wesentlichen die heutige Grafschaft Galway umfaßte, zu einer Zuflucht für die gälische Bevölkerung. Völlig ausgeblutet, erhielt sich die Region mit großer Zähigkeit am Leben und wurde nach der Restauration unter begüterten Familien aufgeteilt, die wirtschaftlich dachten und handelten. Sie trugen zur Wiedererstarkung der Provinz wesentlich bei, nicht zuletzt, weil sie ihren eigenen Vorteil darin erkannten.

Die Pferdezucht litt unter der allgemeinen Armut der Landbevölkerung und unter dem völligen Fehlen irgendwelcher Regulative oder wenigstens Vorbilder. Das Connemara Pony jedoch konnte aufgrund der Isolation der westlichen Regionen, gewissermaßen in einer Nische, weiterexistieren. Natürlich besaßen die Pachtherren als Angehörige einer Oberschicht auch Zuchtpferde, zumeist Hengste, die sie auch ihren Pächtern hie und da zur Verfügung stellten. Aber es waren wiederum spanische oder orientalische Hengste und somit der Stutenbasis nicht blutsfremd. Von der Existenz zweier solcher Hengste in einem späteren Zeitraum weiß man, es waren offenbar beides Berber oder Araber.

*Colonel Robert Martin*

Den einen hatte Colonel Martin von Ross etwa um 1835 importiert, den anderen Mitchell Henry von Kylemore etwa zwei Jahrzehnte später. Zeitgenössische Berichterstatter äußerten sich teils kritisch, teils positiv über diese Einkreuzungen fremden Blutes, und es ist heute kaum mehr festzustellen, ob sie wesentliche Vor- oder Nachteile brachten. Ihre tatsächliche Auswirkung wird aber gering gewesen sein, da die Mehrzahl der Stuten ohnehin von freilebenden Hengsten gedeckt wurden.

Im Jahre 1842 schrieb Professor Low ein Buch über die Haustierrassen der Britischen Inseln. Darin nimmt er sehr

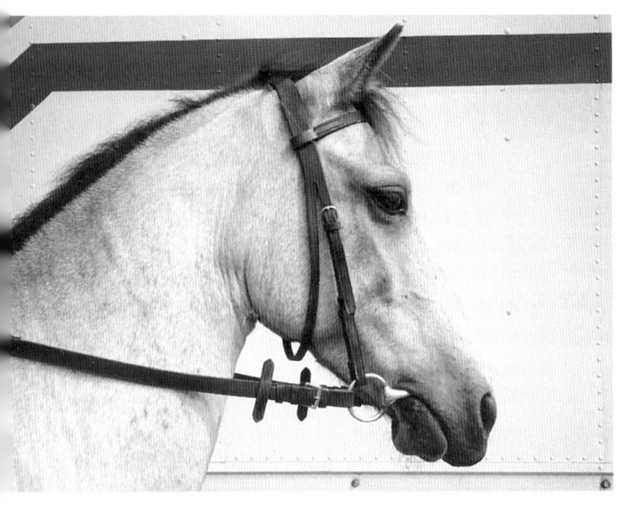

konkreten Bezug auf die Ponys der Region Connemara:
»Die Pferde Spaniens sollen wesentlich zu den gemischten Rassen der Britischen Inseln beigetragen haben. Aber es ist weitgehend unbekannt, daß eine Rasse von spanischer Herkunft, fast oder gänzlich rein, in diesem Land in beachtlicher Anzahl existiert. Sie bevölkert den Distrikt Connemara der Provinz Galway. Der Tradition gemäß wurden von den Schiffen der spanischen Armada vor der Westküste Irlands 1588 etliche Hengste und Stuten gerettet. Sie vermehrten sich in dem rauhen und einsamen Landstrich, in den sie gebracht wurden. Aber man braucht die Tradition gar nicht zu beanspruchen, um ihre Herkunft zu beweisen, denn alle ihre Merkmale sind typisch spanisch.
Sie sind zwischen 12 und 14 Hand hoch (ca. 122 bis 142 cm Stockmaß), üblicherweise von der dominanten Fuchsfarbe der andalusischen Pferde, (hier wird wohl Falbe mit Fuchs gleichgesetzt, Anm. d. Verf.), von zarten Gliedern und mit der Form des Kopfes, welche charakteristisch für die spanische Rasse ist. Sie müssen wild und vernachlässigt in diesem Land aus Fels und Sumpf herumlaufen, und man sieht sie oft in Herden zwischen den rauhen Kalksteinfelsen herumgaloppieren, aus welchen das Land besteht.

*Oben: Connemara-Hengst*

*Mitte: Connemara-Stute*

*Unten: Exmoor-Pony-Hengst*

*Sorraia – Stute (Foto: S. Thompson)*

Wenn man sie fangen will, was üblicherweise mit drei oder vier Jahren geschieht, treibt man sie in die Sümpfe und halftert sie. Sie sind außerordentlich hart, aktiv und trittsicher und bewahren den eigentümlichen Paßgang der Genetten. Man kann sich jedes Tier aussuchen, wenn sie einmal in den Sümpfen sind, und die einzelnen kosten fast nichts.
Es muß als bemerkenswert gesehen werden, daß sie den Charakter ihrer Rasse so lange bewahrt haben, in einem Land, das so verschieden von dem ihrer Herkunft ist. Sie sind nur kleiner als die Originalrasse geworden, etwas runder in der Kruppe (damit könnte auch abfallender gemeint sein, Anm. d. Verf.), und im Naturzustande sind sie mit zottigem Haar bedeckt, ein Effekt des feuchtesten Klimas in Europa. Wegen der völligen Vernachlässigung der Auswahl der Elterntiere sind viele dieser kleinen Pferde extrem häßlich, aber noch immer ganz im Originaltyp. Es wäre wünschenswert, wenn die Gentlemen von Irland dieser bemerkenswerten Rasse ihre Aufmerksamkeit schenkten, denn sie könnte die heute so begehrten Galloways hervorbringen. Durch den Import andalusischer Hengste könnte eine wunderbare Wandlung der Rasse bewirkt werden, die damit zu einem wichtigen Wirtschaftsfaktor ihres Heimatdistriktes würde.«
Wir finden also noch einmal und relativ spät einen konkreten Hinweis auf das spanische Erbe der Pferde Westirlands und ihre reine oder fast reine Abstammung. Mit der Erwähnung der Armada hat uns der gute Professor allerdings ein wichtiges Stichwort gegeben, an dem wir nicht einfach vorbeigehen können. In verschiedenen Gegenden Großbritanniens und auch in Irland wird immer wieder ein Zusammenhang zwischen den gestrandeten spanischen Rössern und den lokalen Rassen hergestellt. Diese romantische Version von den edlen Hengsten, die das rettende Land erreichten und fortan segensreich die örtlichen Ponystuten beglückten, kann getrost in das Reich der Fabel verwiesen werden. Sie wird zwar immer wie-

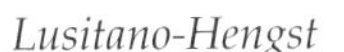

*Lusitano-Hengst*

der zitiert, von ernsthaften Autoren auch ebensooft widersprochen, aber höchst selten wird ihr wirklich auf den Zahn gefühlt.
Es stimmt, daß im August 1588 zwischen 17 und 24 schwer angeschlagene spanische Schiffe in westirische Buchten einliefen, einige auf der Insel Mull und je eines auf Fair Isle und in Devon. Am 14. August waren die Reste der Armada noch unter einem geordneten Kommando gestanden und hatten sich südlich der Shetland-Inseln befunden. Vor ihrem beschwerlichen Heimweg entlang der atlantischen Westroute war ihre Lage alles andere als rosig. Die Mannschaft war auf einen halben Liter Trinkwasser pro Mann und Tag rationiert, für die an Bord befindlichen Pferde und Maultiere gab es gar kein Wasser mehr. Der Herzog von Medina Sidonia gab daher den Befehl an alle Kapitäne, die Tiere über Bord zu schicken. Ein neutraler Beobachter bestätigte, an diesem Tag einige Hundert der armen Kreaturen schwimmend oder tot treibend gesehen zu haben. Dies war weit vor der Nordostküste Schottlands, in der Nordsee und nicht im Atlantik! Doch selbst wenn sich ein spanischer Kapitän – was unwahrscheinlich ist – dem Befehl entzogen hätte, so hätte wohl kaum ein Pferd das überlebt, was noch an Stürmen im Atlantik auf die jämmerlichen Reste der stolzen Flotte lauerte. Ich bin der Meinung, daß ein spanischer Einfluß über Hengste von der Armada in der irischen Pferdezucht unwahrscheinlich ist.
Fassen wir zusammen:
Im gesamten Westen der grünen Insel existierte seit rund zwei Jahrtausenden eine relativ homogene, nur durch weiteren spanischen Einfluß geprägte Population von kleinen Pferden keltiberischen Typs. Wie uns die Aussage Professor Lows bestätigt, war diese im 19. Jh. noch vorhanden, wenn auch möglicherweise nicht mehr so zahlreich wie einst. Doch wir dürfen nicht vergessen, daß die Aussagen einzelner Personen, die aus akademischen Interessen an die Frage der Existenz dieser Pferde herangingen, nicht immer schlüssig sind. Deshalb sei hier auch ein anderer Zeitzeuge zitiert, der Dubliner Pferdehändler Thomas Meleady:
»Ich konnte in Belmullet (Nord-Mayo) früher jedes Jahr zehn gute Poloponys kaufen. Sie hatten Schultern wie Vollblüter und man konnte sie 30 Meilen reiten, ohne daß sie ermüdeten – noch bekamen sie jemals Hafer zu fressen. Heute sind sie verschwunden. Man nannte sie Achill Ponys. Die Verkreuzung der Ponys mit schottischen Pferden (Clydesdales) in Galway und Mayo hat die Zucht ruiniert. Und nicht nur dort, denn sie verkaufen die Fohlen nach Wexford und Wicklow, wo sie die dortige Zucht ruinieren. Die schottischen Pferde waren schwer und dickbeinig. Die Farmer ließen ihre guten Stuten für billiges Geld decken und bekamen dann weiche, nutzlose Fohlen mit haarigen Beinen. Es gibt in Mayo viele Stuten, die man nicht einmal in die Nähe solcher Pferde lassen sollte!«
Wir erkennen zweierlei aus dieser Aussage, die um 1897 vor einer Komission gemacht wurde und sich auf die Zeit nach 1860 bezieht. Der wirtschaftliche Ruin der Farmer war schuld am Niedergang der Rasse, die Kleinbauern waren gezwungen, anstatt auf Qualität nur auf Masse und Größe zu achten, um die Tiere besser vermarkten zu können. Und – das Hobby in

*Achill-Pony 1890*

seinen lokalen Spielformen war weit über die eigentliche Region Connemara hinaus verbreitet, also keinesfalls nur in West-Galway bekannt.
Doch das etwas pauschale Urteil unseres Dubliner Pferdehändlers hat einen kleinen Haken, denn etwa zur selben Zeit stellte ein schottischer Professor, über den wir noch mehr erfahren werden, die Existenz des guten, alten »yellow pony« erneut fest, und zwar in der Connemara. Ich schließe daraus, daß es außerhalb der Connemara fast im gesamten Verbreitungsgebiet des irischen Ponys eine deutliche Verschlechterung der Qualität gegeben hat, die durch planlose Verkreuzung mit zumeist kaltblütigen Wirtschaftspferden verursacht wurde. Möglicherweise blieben in ähnlich abgeschiedenen Gebieten wie der Achill-Halbinsel ebenfalls Restbestände des Hobbys erhalten. Daß sie nicht zur Wiedergeburt der Connemaras als eigentliche Rasse beitrugen liegt daran, daß man sich bei den späteren Stutbuchaufnahmen auf das Gebiet westlich Galways beschränkte und es niemandem eingefallen wäre, mit seinem Pony über hundert Kilometer oder mehr zurückzulegen, nur um es in ein Register einzutragen zu lassen. Umgekehrt war niemand in der Connemara daran interessiert, die Ponyzucht in wirtschaftlich konkurrenzierenden Gebieten zu fördern. Das Achill Pony war aber Realität, denn ich befinde mich im Besitz einer Aufnahme von 1890, die eines zeigt. Sie bestätigt, was 1897 die englische Reisende Mrs. M.B. Pattison von ihrer Tour der Achills berichtete:
»Wir trafen auf endlose Schlangen von

Ponys, beladen mit Torf in Körben oder in Platten, die aus dem Moor geschnitten und zum Dachdecken verwendet werden. Die Ponys wurden von Mädchen in malerischer Tracht geführt und manchmal saßen diese hinter der Ladung am Ende der Kruppe. Mit offensichtlich mühsamer Balance trabten sie die steilen, steinigen Straßen entlang. Sie verwendeten keine Zügel, nur ein kleines Stöckchen zum Lenken. Ein Mädchen ließ sein Pony niederknien und sprang hinter den Körben auf.« Es ist also nicht mehr als ein Zufall, wenn wir heute von Connemara Ponys sprechen und nicht von Achill Ponys. Seit der Beschreibung der Rasse reiner spanischer Herkunft durch Professor Low war ein gutes halbes Jahrhundert vergangen, ehe Mr. Meleady seine abfälligen Urteile gab. Der Zeit nach 1842 folgte eine relativ lange – etwa 70 Jahre – dauernde Periode der Unsicherheit, die geprägt war von wirtschaftlichen Katastrophen, Widersprüchen, Unverständnis und wohlmeinender Hilfe, die keine war. Dennoch entsprang aus gerade jenem Vortasten, das kaum etwas mit züchterischem Verstand oder Weitblick zu tun hatte, auf lange Sicht auch viel Positives!

# Kapitel III

## Die letzten 100 Jahre

**Das Congested Districts Board (CDB.)** war eine von 1891 bis 1923 bestehende Einrichtung zur Verbesserung der Lebensumstände der ländlichen Bevölkerung in den westirischen Provinzen. Als geistiges Kind des englischen Ministers Arthur Balfour sollte es die nach der großen Hungersnot von 1845 –1848 verschärfte Verarmung der gälischen Bevölkerung lindern. Obwohl in den Ansätzen durchaus positiv, war es den Vertretern des CDB. schon aufgrund ihrer räumlichen und sozialen Distanziertheit von den Krisengebieten oft unmöglich, wirklich durchgreifende Maßnahmen zu setzen. Doch in Summe waren die Bestrebungen des CDB. wohl als erfolgreich zu sehen; so ließ man Spinnräder an die Haushalte verteilen, verschenkte Sämereien und ermunterte die Bevölkerung ganz allgemein, von ihren alten Handfertigkeiten Gebrauch zu machen.

Mit der Einmischung dieser honorigen Gesellschaft in die Pferdezucht Westirlands wäre allerdings um ein Haar die uralte Ponyrasse Connaughts untergegangen.

Wie bereits festgestellt wurde, hatte das 19. Jahrhundert weder auf wirtschaftlichem noch auf züchterischem Gebiet eine Möglichkeit zur Verbesserung oder auch nur zur Erhaltung der Qualität der Connemaras geboten. Die Kleinbauern sahen sich gezwungen, alle Jungtiere, besonders aber die qualitätvollen, billig zu verschleudern. Sir Walter Gilbey veröffentlichte sein Buch »Ponies – Past and Present« im Jahre 1900 und beschrieb darin die Situation folgendermaßen:

»Die jungen Tiere wurden mit etwa sechs Monaten in Herden zusammengetrieben und landauf, landab verschleudert. Sie erzielten etwa zwischen 30 Shilling und drei Pfund pro Kopf. Viele wurden von den englischen Kohlebergwerksbetrieben gekauft.

Der Abfall in der Qualität ist dem ungeregelten Züchten und der Inzucht zu verdanken. In manchen Gebieten werden Hengste einfach in den Bergen ausgelassen, Kümmerlinge der schlimmsten Sorte...«.

Vor diesem Hintergrund ist es verständlich, daß das CDB. versuchte, die vorhandene Zucht möglichst rasch aufzuwerten und über eine Qualitätsverbesserung auch ein höheres Preisniveau zu erreichen. Zwei Typen von Pferden sollten aus dem heimischen Stutenmaterial mit Hilfe von Hengsten anderer Rassen entstehen, zum einen ein aktives Kutschpferd mit guter Trabaktion, zum anderen ein Polopony, das auch für die leichte Kavallerie geeignet sein sollte. Für beide Typen sah man gute Absatzmöglichkeiten in England, aber auch unter den

begüterten Schichten außerhalb der gälischen Gebiete Irlands.
Mit der Leitung der die Pferdezucht betreffenden Angelegenheiten wurde Frederick Wrench betraut, der in der Nähe von Dublin das berühmte Killacoona-Gestüt besaß und ein allseits geachteter und beliebter Mann war. Er war in den verschiedensten Körperschaften leitend tätig, so auch in der Polo Pony Society und der Royal Dublin Society und war ein begeisterter Anhänger des Hackney Pferdes sowie ein versierter Vollblutkenner.
Den Aufzeichnungen des Polo Pony Studbook ist zu entnehmen, daß er auch im Besitz von drei Connemara Stuten war, die als Biddy O´Hara, Firefly und Grace O´Malley eingetragen waren.
Diese Tatsache änderte aber nichts daran, daß er die Rettung des Connemaras in einer Verkreuzung mit englischen Rassen, insbesonders mit dem Hackney sah und sich für diese Maßnahme einsetzte, wenn auch mit den besten Absichten.
Der eingeschlagene Weg erwies sich größtenteils als falsch, denn wie wir später noch sehen werden, brachte die unüberlegte Fremdblutzufuhr mehr Nach- als Vorteile.
Man ging nicht leichtfertig an die Sache heran, aber mit der vorgefaßten Meinung, daß sich die Rasse Connemara nicht aus sich selbst heraus, oder nur mit einer geringen Zufuhr verwandten Blutes, regenerieren könne. Anerkannte Experten der Pferdezucht wurden konsultiert, so auch Sir Walter Gilbey, Mr. Burdett-Coutts, Lord Harrington und Sir George Wombwell, aber sie alle waren ja weder mit der tatsächlichen Herkunft noch mit den besonderen Lebensumständen der Ponys wirklich vertraut. Zudem waren sie am Höhepunkt der viktorianischen Ära als sozial und politisch erfolgreiche Repräsentanten der Oberschichte mit einem gerüttelt Maß an Selbstsicherheit gesegnet. Es kam ihnen wahrscheinlich gar nicht in den Sinn, daß ihre Vorgangsweise nicht von Erfolg gekrönt sein könnte. Hätte man doch mehr auf die mit der lokalen Situation vertrauten Pferdekenner aus der Connemara gehört!
Schließlich kam man zu dem Entschluß, keine Vollbluthengste zu verwenden, denn man verdächtigte sie der Neigung zu konstitutionellen Schwächen, sondern Berber, Hackneys, Halbblüter und Welsh Cobs. Ein interessantes Ergebnis, wenn man bedenkt, daß gerade der Hackney als relativ weiche Rasse galt, während der extrem leistungsgeprüfte Vollblüter schon immer ein Musterbeispiel für Härte war.
Diese Zuchtpolitik wurde nur widerwillig von den Farmern akzeptiert und sollte etwas später zu einem völligen Umdenken und damit zur Bewahrung der Rasse führen. Doch noch war es nicht soweit. Das CDB. stellte die beachtliche Summe von 60.000 Pfund zur Verbesserung der gesamten Pferdepopulation in den verarmten Gebieten zur Verfügung und errichtete in Shankhill, Co. Dublin, das Hengstdepot Chantilly. Hier wurden die Hengste außerhalb der Decksaison wieder aufgepäppelt, ein etwas seltsames Vorgehen, waren dieselben doch dazu gedacht, die unter härtesten Bedingungen lebenden und arbeitenden Ponystuten der Connemara und ähnlicher Gebiete zu »verbessern«. Doch welche Hengste kamen nun tatsächlich zum Einsatz?

*Golden Dan (Foto: S. Bachmann)*

*Shipton Dusky Petrel (Foto: Carol Gilson)*

*In der Connemara (Foto: H. Goldscheider)*

*Coosheen Finn*

## Hackneys

Mit der Verbesserung der Straßen und auch der Fuhrwerke gewann im 18. Jahrhundert das leichte, schnelltrabende Kutschpferd an Bedeutung und Popularität. Der Hackney war bereits damals eine durchgezüchtete und erprobte Rasse, die vornehmlich in Norfolk, Yorkshire und den flacheren Teilen der Midlands gezogen wurde. Von mittlerer Größe und elegantem Exterieur, waren diese Pferde mit einem spektakulären Trabvermögen ausgestattet, allerdings auch etwas »heiß« und von mangelhaftem Galoppiervermögen. Vor dem Wagen zwar schnell und ausdauernd, hatten sie die Tendenz, sich »aufzuziehen« und waren daher kaum für landwirtschaftliche Aufgaben geeignet, die größte Ruhe und Besonnenheit erfordern. Der bereits erwähnte Sir Walter Gilbey war nicht nur ein wichtiger Berater des CDB., sondern auch einer der führenden Hackney-Züchter Englands. Meine Annahme, daß er ein starkes persönliches Interesse an der Verwendung von Hackneyhengsten hatte, dürfte daher gerechtfertigt sein.

Das CDB. kaufte 41 Hengste der Rasse, von denen 18 zum Zuchteinsatz in der Connemara kamen. Bis auf drei von ihnen hinterließen sie keine nennenswerten oder genau definierbaren Resultate, wohl auch deshalb, weil sie fast ständig ausgetauscht wurden. Diese drei Hengste waren Lord Go Bang, Beau und Bursea Performer. Von ihnen verdient Lord Go Bang als einziger eine ausführlichere Erwähnung, denn er war im gesamten Gebiet des CDB. einer der meistverwendeten und weitest gereisten Hengste. Sein Pedigree war hervorragend, stammte er doch vom berühmten Lord Derby II, dem wohl bedeutendsten Vererber der Rasse um die Jahrhundertwende.

Lord Go Bang war ein Dunkelbrauner von rund 153 cm Stockmaß und wurde zwischen 1892 und 1903 eingesetzt, während dieser Zeit wechselte er achtmal die Deckstation und kam in vier Grafschaften zum Einsatz.

Die jährlichen Berichte aus den einzelnen Distrikten sowie die Aufzeichnungen der unabhängig vom CDB. arbeitenden Horse Breeding Commission des Vizekönigs geben Aufschluß über die Zweifel der Ponyexperten an der Veredelungspolitik. Ich zitiere nun ohne Angabe von Namen oder näheren Umständen einige zeitgenössische Aussagen aus der Connemara bezüglich Hackney:

»Käufer von außerhalb der Connemara verdammen den Hackney und rühren ihn nach eigener Auskunft nicht an. Sie sagen, wenn sie hierher kommen, wollen sie ein Pony kaufen und nicht ein Pferd.«

»Hackneys verweichlichen das Blut. Aus eigener Anschauung komme ich zum Schluß, daß ihre Aktion und die Art, wie sie bei der Arbeit aufgeregt werden, verhindern, daß sie eine ähnliche Ausdauer besitzen wie unsere Pferde.«

»Ich erkenne ein Hackneyfohlen sofort, es ist klein, plump und hat steile Fesseln. Einmal kaufte ich ein teures Fohlen aus einer Kreuzung und zog es drei Jahre lang auf. Dann fuhr ich mit ihm drei Meilen und dachte, es sei krank. Ich ließ es bei einem Farmer und gab ihm noch eine Chance, aber es gab immer wieder auf, sogar wenn man es schlug.«

Die Hackneys fanden also weder bei den Züchtern, noch bei deren Kunden ungeteilte Zustimmung, vielmehr war man sich instinktiv bewußt, daß die beiden Rassen nicht zusammenpassen würden und manche Züchter mieden daher die Hengste. Nach der Übernahme der Pferdezucht durch das Department of Agriculture (DoA.) im Jahre 1903 wurden die Hackneys auch nicht wieder aufgestellt.

## Welsh Cobs

Obwohl Puristen jegliche Art von Fremdbluteinkreuzung ablehnen und somit auch die Welsh Cob-Hengste in der frühen Connemarazucht kritisch betrachten, bedarf es in diesem Fall doch einer etwas genaueren Untersuchung.

Der Welsh Cob führt einen erheblichen spanischen Blutanteil und stammt aus dem recht rauhen Bergland von Wales, wo er schon immer als Wirtschaftspferd einer leistungsorientierten Selektion unterworfen war. Obwohl typmäßig deutlich vom Connemara unterscheidbar, weist er aber doch gewisse Parallelen zu ihm auf.

Schweifen wir ganz kurz in die Geschichte der Welsh Cobs ab und lesen wir, was der bekannte Experte Wynne Davies in seinem Standardwerk »Welsh Ponies and Cobs« dazu berichtet:

»Im Jahre 1188 befanden sich die Kreuzzüge in einer Krise, und als Teil einer Rekrutierungsreise unternahm Baldwin, der Erzbischof von Canterbury, zusammen mit Giraldus Cambrensis, dem Erzdiakon von Brecon, eine Tour durch Wales. Als Resultat davon schrieb Giraldus seine berühmten Werke »Itinerary through Wales« und »Description of Wales«. In Powys, dem zentralen Gebiet von Wales, fand Giraldus nach eigenen Worten »exzellente Gestüte nur für die Pferdezucht, die ihren Ursprung in einigen feinen, spanischen Pferden hatten, die Robert de Belesme, Graf von Shrewsbury in das Land gebracht hatte. Deshalb sind die Pferde aus diesem Gebiet bemerkenswert für ihre majestätischen Proportionen und ihre überraschende Schnelligkeit!« Die Vereinigung der spanischen Hengste mit den Welsh Mountain Stuten erbrachte das Powys-Pferd, den Welsh Cob, der vom 13. Jahrhundert an so viele Remonten für die englischen Armeen stellte.«

*Cannon Ball*

Die Parallelen in der Geschichte der beiden Rassen Connemara und Welsh Cob sind auffallend und erklären den positiven Einfluß, den einige Welsh

Hengste in Irland hatten. Die Einkreuzungen mit ihnen brachten nicht nur weit weniger katastrophale Resultate als jene mit den Hackneys, sie stellten sogar eine Bereicherung dar. Wie bereits erwähnt, war das vorhandene Zuchtmaterial geschwächt, obwohl die Härte des alten Schlages unzweifelhaft noch erkennbar war. Eine Infusion des ziemlich durchgezüchteten Welsh-Blutes konnte einen positiven Hybrideffekt ergeben – und genau das geschah auch!

Von den sieben vom CDB. importierten Welsh Cobs erlangte Prince Llewellyn über seinen Sohn Dynamite unsterbliche Bedeutung. Prince Llewellyn war ein Fuchs von rund 150 cm Stockmaß und wurde vor der Gründung des Welsh-Stutbuches geboren, etwa um die Mitte der 80er Jahre des vorigen Jahrhunderts. Er wurde vom CDB. in den Jahren von 1893 bis 1900 in den verschiedensten Gebieten aufgestellt und schließlich einem Mr. William Lyons aus der Gegend von Maam Cross zum Kauf angeboten. Dieser hatte verschiedenen Berichten zufolge eine besonders gute Herde von Connemaras und wird den Welsh Hengst wohl mit einigen seiner besten Stuten gepaart haben. Wir wissen nicht, wer die Mütter von Dynamite und dessen Sohn Cannon Ball waren, aber sie haben einen wesentlichen Teil zur Erhaltung der Rasse beigetragen!

Prince Llewellyn war schon in England ein recht erfolgreicher Beschäler gewesen; es war überhaupt das Bestreben des CDB., nur erprobte Hengste anzukaufen. Neben Dynamite wurde auch der in England geborene und gekörte Hengst Welsh Tommy (Pr. Llewellyn – Welsh Mountain Stute) aufgestellt sowie der weniger bekannte Hengst Powder – (Pr. Llewellyn – Connemarastute). Dynamite war ein kräftiger Fuchs mit herausragendem Trabvermögen und ein Seriensieger auf allen lokalen Ausstellungen und bei den ländlichen Trabrennen. Er wurde zu Lebzeiten eine Berühmtheit und sein Ruhm reichte sogar über den Atlantik. Dies brachte seinem Besitzer John Lyons ein verlockendes Angebot von 100 Pfund ein und Dynamite setzte seine Siegesserie in Amerika fort. Sein Halbbruder Powder bewies sich längere Zeit als ausgezeichneter Stutenmacher und lieferte der Zucht viele gute Mütter, trotzdem erreichte er nie die Popularität von Dynamite.

Dieser zeugte in Cannon Ball einen der großen Linienbegründer der Rasse, der zudem die Nummer (1) im Stutbuch führt. Wir sehen also, daß die Beimischung von Welsh Cob-Blut in einigen Fällen durchaus befriedigende und dauerhafte Resultate erbrachte.

Zwei weitere Welsh Hengste verdienen eine Erwähnung. Sunbeam war ein 1881 geborener und als Polo Pony registrierter Brauner, der vier Jahre lang in der Region deckte und ausgezeichnete Nachzucht hinterließ. Kenner bezeichneten ihn als den besten Hengst der Rasse in Galway. Er war nur knapp 142 cm groß.

Woodcock war ein Dunkelbrauner, der möglicherweise etwas Hackneyblut führte, und mit rund 150 cm einer der größten Welsh Cobs. Er kam erst relativ spät (um 1903) zum Einsatz, verblieb aber nach der Geschäftsübergabe an das DoA. noch in der Gegend und zeugte gute Nachzucht. Es bleibe nicht unerwähnt, daß Connemaras der Fuchsfarbe heute wenig beliebt sind, da man durch sie an die Welsh Hengste erinnert zu werden glaubt.

## Der Berber

wird absichtlich im Singular angeführt, denn in der Zeit des CDB. kam nur ein Hengst dieser Rasse, wenn auch ein recht bedeutender, in Westirland zum Einsatz. Es handelte sich um Awfully Jolly, einen 1875 geborenen Fuchshengst unbekannter Abstammung. Trotz seines Stockmaßes von nur 142 cm war er ein erfolgreiches Rennpferd und ein besonders gutes Polo Pony sowie ein bedeutender Beschäler.

Awfully Jolly stammte aus Tunis und wurde als Dreijähriger von Lord Harrington nach England importiert. Dieser schrieb 1893 im Livestock Almanac:

»Ich habe seit vielen Jahren versucht, Jagdpferde und Ponys zu züchten und muß sagen, daß es im zweiten Fall wesentlich einfacher ist, zu befriedigenden Resultaten zu kommen, als im ersten. Die besten Ponys, die ich je gezüchtet habe, stammten von einem Berber namens Awfully Jolly, den ich 1878 nach England brachte. Ich habe ihn der Regierung zur Verbesserung der irischen Ponyzucht verkauft. Er brachte viele gute Nachkommen, und obwohl die ihm zugeführten Stuten teilweise alles andere als erstklassig waren, habe ich nie von einem schlechten oder weichen Fohlen gehört. Um eine Vorstellung von der Qualität seiner Nachzucht zu geben, darf ich sagen, daß letztes Jahr zwei Vier-

*Awfully Jolly (Archiv NPS)*

jährige um 200, bzw. 170 Pfund verkauft wurden.«
Wrench rechtfertigte den Ankauf des Hengstes in einem Bericht wie folgt: »Obwohl der Preis von £ 150,– für diesen alternden Hengst hoch scheinen mag, wurde doch beschlossen, der Verbesserung der irischen Ponyzucht die besten Erfolgsaussichten zu gewähren. Dazu wurde einer der berühmtesten Ponyhengste Englands angekauft.«
Der Berberhengst wurde etwa um 1892 erstanden und war demzufolge 17 Jahre alt. Er blieb bis 1898 in Verwendung und schien sich gut zu bewähren. Bis auf zwei Saisons im County Mayo deckte er im Herzen des Ponyzuchtgebietes, in der Connemara. Verschiedentlich sprachen sich Informanten der Horse Breeding Commission wohlwollend über ihn aus, seine Fohlen erreichten ansehnliche Preise und wurden sogar nach England verkauft, wo er ja einen sehr guten Namen hatte. Etliche seiner Nachkommen wurden auf Ausstellungen prämiiert und er hinterließ einige eingetragene Polo Ponys, welche seine Linie weiterführten.
Warum dieser Hengst einen so guten Widerhall fand, liegt auf der Hand. Er war als Berber stammesgeschichtlich mit den Connemaras verwandt und der Blutanschluß mußte im Sinne einer Rückkreuzung zu besseren Resultaten führen, als sie beispielsweise die Hackneys brachten. Zudem paßte er größen- und typmäßig zu den vorhandenen Stuten und hatte selbst ein gutes Interieur. Es wurde schon auf die früher erfolgte Verwendung von Berbern in diesem Gebiet hingewiesen und Awfully Jolly stellte gewissermaßen die Fortsetzung einer zwar zufälligen, aber historisch richtigen und züchterisch wertvollen Blutzufuhr dar. Durch rechtzeitigen und genau dosierten Einsatz von Berbern, Lusitanos und Sorraias, möglicherweise auch Welsh Cobs und Camarguepferden, wäre wohl weniger Schaden angerichtet worden, als durch blutmäßig unverwandte Beschäler. Verbleibt die spekulative Frage, ob durch Hengste der oben erwähnten Rassen die notwendige Verbreiterung der Blutbasis Mitte dieses Jh. nicht mindestens ebenso erfolgreich gewesen wäre. Es steht außer Zweifel, daß sie notwendig geworden war, ebenso, daß die verwendeten Vollblut- und Araberhengste teilweise gute Nachzucht brachten. In meinen Augen hat sich in Irland, dessen Pferdeleute als konservativ bekannt sind, die viktorianische Begeisterung für Vollblut und Araber erhalten, an andere Möglichkeiten wurde offenbar nicht gedacht.

## Die Halb- und Vollblüter

dieser Periode finden in den zur Verfügung stehenden Quellen nur geringe Erwähnung, sie waren wohl auch züchterisch nicht besonders bedeutsam, da ihre Nachzucht kaum über die erforderliche Widerstandskraft verfügt haben kann, um ganzjährig auf ärmsten Weiden zu gedeihen und in der Landwirtschaft zu arbeiten. Man darf darüber aber nicht vergessen, daß das Vollblut eine außerordentlich leistungsfähige Rasse ist und man sicherlich immer dann zu solchen Hengsten griff, wenn es um die Erzeugung von Jagdpferden, Rennponys oder eleganteren Reitpferdetypen ging. Die moderne Connemarazucht kennt den

Begriff des »Partbreds«, also eines Produktes von Connemara und (zumeist) Edelpferd, oft englischem Vollblut. In einigen Nachzuchtländern werden diese Hybriden in eigenen Registern geführt und sind als Vielseitigkeitspferde hochgeschätzt.
An dieser Stelle ist ein kleiner Ausflug in die irische Literatur angebracht. Edith Somerville, die zusammen mit ihrer Cousine Martin Ross das wohl bekannteste Autorenteam der grünen Insel bildete, war auch eine hervorragende Jagdreiterin. Sie beschrieb in »Irish Memories« ihr Lieblingspferd, das eben so ein Kreuzungsprodukt war:
»Unter den Pferden führt Bridget, der Rest ist nirgends! Ihr Vater war ein Vollblüter, ihre Mutter ein Bantry-Bergpony. Sie selbst war etwas über 152 cm hoch und es gelang ihr, die ziegenähnliche Aktivität der bescheidenen Seite ihres Hauses mit all den heroischen Qualitäten der väterlichen Familie zu vereinbaren.
Sie hat einen ordinären Kopf, aber das paßt zum restlichen Körper, sagte ein rivalisierender Pferdehändler, der sie unglücklicherweise erst nach mir entdeckt hatte. Ich gebe schon zu, daß der Kopf häßlich war, aber jeder, der einmal hinter diesem gesessen hatte und sah wie sie die Ohren spitzte, wenn es auf einen Sprung zuging, dem war die Häßlichkeit wohl egal. Ich ritt sie zehn Jagdsaisons lang und sie stürzte niemals, wenn es nicht absolut unvermeidlich war. Nach ihrer Pensionierung vom Jagdstall war sie als Kinderfräulein zahlreichen jungen Reitern nützlich. Noch mit 17 Jahren trug sie Martin eine Saison lang, dachte sich nichts mit diesem Federgewicht auf dem Rücken und blieb dort,

*Edith Somerville auf Bridget*

wo beide gerne waren: an der Spitze des Jagdfeldes!«
Die Produktion von Partbreds hatte und hat also durchaus ihre Berechtigung, war aber in der Ära des CDB. züchterisch bedenklich, denn man hätte alles daran setzen müssen, die vorhandenen reinrassigen Tiere selektiv zu vermehren. Die Erzeugung von Hybriden, wie gut sie auch sein mochten, war keinesfalls das Gebot der Stunde in der Connemara.
1898 wurde der Hunter Borrisoleigh für eine Saison in Clifden aufgestellt, im Jahr darauf wurde er durch den Vollblüter Golden Crescent ersetzt, dem 1902 mit Punster ein weiterer folgte. Das DoA. setzte ab 1903 die Veredelungspolitik in der Connemara nicht mehr fort. Man konzentrierte sich auf vom wirtschaftlichen Standpunkt her lohnendere Gebiete, wo aus Irish Draught Stuten mit Vollbluthengs-

sten die begehrten Hunter gezogen werden konnten.
Private Züchter hatten im Zeitraum zwischen 1900 und 1950 eine ganze Anzahl von Voll- und Halbblütern beiderlei Geschlechts in Verwendung. Dies waren die »goldenen Jahre« der Strandrennen in Galway, improvisierter Flachrennen für alles, was rennen und reiten konnte. Der Spaß und die Ehre zählten wohl mehr als das wenige Geld, das man durch Siegesprämien und Wetten verdienen konnte.
Einige Connemaras, so auch der legendäre Hengst Cannon Ball, erlangten Berühmtheit und hatten in ihren Klassen quasi den Sieg abonniert. Die Mehrzahl der Rennen wurde jedoch von minderklassigen Galoppern bestritten, von denen manche eine ganz erstaunliche Härte und Ausdauer bewiesen. Diese »Ponys« waren durchaus geschätzt und begehrt, da sie neben der Befriedigung der typisch irischen Rennleidenschaft (ein Erbe der Kelten?) auch das karge Einkommen aufbessern konnten. Einige hinterließen ihre Spuren auch im Connemara-Stutbuch, doch bis zum gezielten Einsatz von vier weiteren Fremdblut-Beschälern blieb ihr Einfluß gering. Über diese Hengste werden wir später noch mehr erfahren.
Während der gesamten Zeit etwa ab 1830 hatten neben den offiziell aufgestellten Hengsten des CDB. und den wenigen aus der Zeit des DoA. für uns wichtigen auch Privathengste den Weg in die Abgeschiedenheit der Connemara gefunden. Sie waren zumeist Welsh Cobs, Vollblüter oder Orientalen (s. u. Berber) und ihre Spuren in der modernen Connemarazucht zu verfolgen ist nahezu unmöglich, in keinem Fall aber wirklich lohnend. Wir müssen uns mit der Feststellung begnügen, daß sie als »lokale Größen« nicht allzuviel Einfluß hatten und im wesentlichen ohnehin der offiziellen Zuchtpolitik entsprachen.
Wenden wir uns dem nächsten Abschnitt in der Geschichte der Connemaras zu, der u.a. durch die Arbeit eines Mannes, Professor J. Cossar Ewart von der Universität Edinburgh, geprägt ist.

## Professor Ewart

war ein international anerkannter Hippologe und beschäftigte sich besonders mit der Erforschung der Herkunft der Pferderassen und der Zucht.
Um das Jahr 1896 unternahm er im Auftrag des DoA. eine Reise nach Westirland, um gewissermaßen eine Bestandsaufnahme durchzuführen und festzustellen, was vom berühmten irischen Hobby noch übrig war und wie man es wieder zum Leben erwecken könnte. Nun ist die Connemara eine noch heute teilweise unzugängliche Region, umso mehr war sie dies um die Jahrhundertwende. Der wackere Professor bereiste also die Gegend und sprach mit den lokalen Züchtern und Experten, aber ein tieferer Einblick in die besonderen Umstände blieb ihm, wie schon manchen vor ihm, offenbar verwehrt. Trotzdem ist sein Report das erste gezielte und einigermaßen fundierte Schriftstück von nennenswertem Umfang und Inhalt. Als sogenannter »Ewart-Report« wurde es 1900 erstmals vom DoA. als Broschüre herausgegeben, eine weitere Veröffentlichung erfolgte 1902 in »Ireland – Industrial and Agricultural« mit einem interessanten Postscript. Ich verwende

dieses als Überleitung zum eigentlichen Ewart-Report, weil es einen Hinweis auf den damals vom CDB. unternommenen Versuch enthält, das Connemara Pony – zumindest teilweise – aus sich selbst heraus zu regenerieren:
»Die Leser des obigen Artikels wird es interessieren, daß das CDB. derzeit (Februar 1902) ein Gestüt in Lough Glynn, Co. Roscommon unterhält, wo 15 Connemara- und zwei Erris- Ponystuten stehen. Neun der Connemaras sind nach einem Araber tragend, zwei nach einem Connemara-Hengst und die Erris-Stuten nach einem Vollblüter. Dieses Jahr werden zehn Stuten einem Araber zugeführt, sieben einem jungen und vielversprechenden Connemara und alle Nachkommen werden sorgfältig überwacht und gemustert werden.«
Späte Einsicht hatte wohl das CDB. dazu bewogen, diesen recht halbherzigen und im Verborgenen durchgeführten Versuch zu wagen, von dessen Resultat es kein einziges Zeugnis gibt. Schade, denn gerade als man offenbar zu verstehen begann, wie wichtig kontrollierte Reinzucht und gezielte Blutauffrischung sein konnten, verlief das Projekt im Sande. Ewart bereitete mit seiner Arbeit den Boden für jene Männer, die glasklar den richtigen Weg erkannten und aus einem tiefen Bedürfnis heraus für die Erhaltung der Rasse sorgten. Sie hatten zweierlei gelernt: Erstens, daß der Weg des CDB. nicht zum Ziel führte, sondern eine Verschlechterung der Rasse bewirkte. Zweitens, daß eine unvoreingenommene Kapazität wie Ewart den Wert der Ponys erkannt hatte und sie für erhaltens- und verbesserungswürdig hielt.

Der Report umfaßte 34 Seiten mit 21 Fotografien, die in ihrem gesamten Umfang hier wiederzugeben unmöglich ist. Wir müssen uns mit einer Kurzfassung zufriedengeben, die einige wesentliche Passagen enthält. Ewart hatte offenbar die Unterstützung der lokalen Bevölkerung und es wurden ihm wohl etliche Ponys in den Orten, an denen er sich länger aufhielt, vorgeführt. Aus seinen Beobachtungen schloß er auf die Existenz von fünf klar unterscheidbaren Typen, die nachstehend näher beschrieben werden. Zuvor sei bemerkt, daß Ewart, der Mode seiner Zeit folgend, offenbar gerne »kategorisierte«. Seine Typen sind somit als Beschreibungen von »typischen Vertretern« wertvoll, aber sollten nicht allzu wörtlich aufgefaßt werden.

**Der andalusische Typ**

Diese Gruppe umfaßt die alte oder originale Connemara-Rasse. Ähnlich den andalusischen Ponys, gleichen sie oft auch manchen New Forest Ponys. Zwischen 120 und 130 cm hoch, sind sie schwarz, grau oder fuchsfarben, aber die typische Färbung ist gelbfalb. Sie scheinen einen leichten Karpfenrücken zu haben, vielleicht haben die Connemaras das von ihren spanischen Vorfahren geerbt, aber verglichen mit Berbern oder Genetten sind sie relativ kürzer in Hals und Beinen, tiefer in den Rippen, haben kürzere Ohren und stärkere Kiefer.
Wenn sie nur verzwergte Andalusier wären, so würde man eine starke Ähnlichkeit mit den spanischen Pferden Amerikas entdecken. Doch obwohl sie dem selben Bauplan folgen, gibt es starke Unterschiede zwischen ihnen und ihren Verwandten aus Neu-Mexi-

ko. Man könnte sie besser als kleine Pferde beschreiben, die aus einem Berberkörper auf Ponybeinen bestehen, denn als kleine Andalusier. Es ist sehr wahrscheinlich, daß die Vorfahren der rezenten Equiden gelbfalb waren. Doch es ist nicht anzunehmen, daß die nach Westirland importierten Pferde diese Farbe aufwiesen, obwohl amerikanische Nachkommen der spanischen Pferde Falben sind. Das Vorhandensein der gelben Ponys kommt daher, weil die Mehrheit der ursprünglichen Ponys diese Farbe hatte und sie dominant einer großen Anzahl Nachkommen weitergab. Die gelbfalben Connemaras werden in einigen Distrikten sehr geschätzt, nicht nur, weil sie hart sind, sondern auch in Ausdauer und Vitalität mehr Maultieren denn Pferden gleichen.

**Der östliche Typ**
ähnelt dem Araber, so wie der andalusische dem Berber, der eine afrikanische Spielart des Arabers ist (eine bemerkenswerte Aussage, Anm. d. Verf.). Araber wurden gegen Ende des 18. Jahrhunderts und im gegenwärtigen in die Connemara importiert. Früher mögen viele Ponys fuchsfarben gewesen sein, heute sind Schimmel häufiger. Die Schimmelung bleibt in einer Rasse, besonders der für den Araber typische Fliegenschimmel.
Eine dreijährige Stute in Clifden zeigte sich identisch mit einem Araber: die Ohrenform, die breite Stirn, die Proportionen und die seidige Mähne sowie der Schweif. Der Araber hätte einen längeren Hals. Ihre Intelligenz ist typisch arabisch, sie nahm an ihrer Umgebung regen Anteil. Nie zuvor berührt, leistete sie beim Halftern heftigen Widerstand, aber ergab sich bald und war ruhig und sanft. Zweifellos das Resultat einer scharfen Auslese, denn ein schwieriges Pony wäre weniger als wertlos.

**Der Cashel Typ**
stammt von einem alten Hengst aus dem Cashel-Distrikt. Der Schimmel ähnelte einem Hunter mehr als einem Araber. In der Länge des Kopfes und der Form und Länge der Beine war er einer Kreuzung Connemara mal Vollblut ähnlich. Seine Nachkommen sind verschieden zu den vorigen Typen, hart, stark und willig im Geschirr sowie angenehm unter dem Sattel.
Typisch der lange Kopf, kurze Ohren, hoher Widerrist und lange Vorderbeine, alles sehr unarabisch. Ein Vorteil der Connemaras ist das Fehlen von Inzuchterscheinungen, sodaß sie die Merkmale anderer Rassen annehmen.

**Der Clydesdale Typ**
Hin und wieder begegnet man in der Connemara Ponys mit Cob-Merkmalen, fähig, schwere Lasten schnell über große Distanzen zu tragen. Eines sah ich im Joyce County, ein anderes in Clifden. Man sagt, sie erben ihre starken Beine und Rücken und die Tiefe von Clydesdale Hengsten, die vor 30 bis 40 Jahren hierher kamen. Diese Annahme wird durch den dichten Fesselbehang, die kleinen Köpfe (!) und die große Unterschiedlichkeit bestärkt. Manchmal sind sie seltsam gefärbt, haben weiße Gesichter, wie sie bei durchgezüchteten Clydesdales vorkommen. Drei dieses Typs wurden gesehen, alle schwarz und ca. 140 cm hoch. Der im Joyce County und der in Clifden sind seit einigen Jahren in der Zucht und haben diese zweifellos stark beeinflußt.

**Der Clifden Typ**

Diese Ponys sind etwas größer und sehr verschieden vom andalusischen Typ. Der Kopf ist wohlgeformt und beweist Intelligenz, der Brustkorb rund, die Schulter gut, auch Rücken und Hinterhand sind gut entwickelt. Die kurzen Beine sind ausgezeichnet und zeigen noch nach Jahren keine Abnützungen.

Die Ponys gehören einem alten Schlag an und stellen die besten Connemaras dar. Sie verdanken ihre Eigenschaften einer Mischung aller beschriebenen Typen, doch ist es unwahrscheinlich, daß sie mit Clydesdale-, Hunter- oder Araberblut gesättigt sind. Ihr Ursprung wird ein Geheimnis bleiben, läßt aber zwei Dinge erkennen: ihre ausländischen Vorfahren waren den Andalusiern nicht ähnlich; und es muß in Irland schwere und leichte Vorfahren der »echten Connemaras« gegeben haben. Nirgendwo auf den Britischen Inseln findet man Ponys mit mehr Ausdauer als den Clifden Typ. Sie sind Pferde auf Ponybeinen, was bedeutet, daß sie durch bessere Haltung während ihres ersten Winters oder durch Kreuzungszucht verbessert werden könnten.

(Die Beschreibungen sind stark gekürzt. Anm. d. Verf.)

Zwei profunde Kenner der Rasse haben Ewart schon vor mir kritisiert, nämlich Bartley O´Sullivan und Pat Lyne. O´Sullivan weist in seinem 1936 publizierten Manuskript, das verschiedentlich als Grundlage für Abhandlungen über Connemaras gedient hat, auf Beobachtungsfehler hin. Er widerlegt die Existenz des Cashel- und Clydesdale Typs und versichert glaubhaft, daß es keinerlei Beweise für eine Einkreuzung von Kaltblütern in der eigentlichen Connemara gibt. Er zeigt sich auch über eine Feststellung erstaunt, daß die Connemaras leicht im Fundament seien. Zu seiner Zeit hätten sie meist starke Fundamente gehabt und er schreibt die Beobachtung Ewarts dem Umstand zu, daß er entweder schlecht aufgezogene oder mit Vollblut verkreuzte Ponys gesehen hätte.

Pat Lyne bezieht sich in ihrer Kritik auf O´Sullivans Manuskript und stellt ebenfalls fest, daß der Professor wohl nur einen kleinen Teil der vorhandenen Ponys gesehen haben könne. In ihrem berühmten Buch »Shrouded in Mist« behandelt sie den Ewart-Report etwas ausführlicher und meint, daß er wenige klare oder nützliche Anleitungen enthalte. Meiner Meinung nach blieb Ewart in seinen Beschreibungen sehr unklar und sprunghaft, seine Arbeit wurde aber sicherlich durch das Fehlen verläßlicher Pedigrees behindert.

Ewarts Verdienst war es, allgemein auf die Vorzüge der Rasse und des Zuchtgebietes hinzuweisen, das in seinen Worten »durch das milde Klima und das Ausmaß der Moore und Berge jährlich tausende Ponys hervorbringen könne, einander gleich in Härte, Größe, Ausdauer und Intelligenz, billiger, als in irgendeinem anderen Gebiet Englands oder Irlands. Alles, was sie bräuchten, wäre Schutz vor Wind und Regen. Die Connemara ist gewissermaßen ein einziges großes Gestüt.« Das wußte man schon Jahrhunderte zuvor, aber zeitweise fehlte es eben an den Mitteln! Die Kritik des Schotten an der Zuchtpolitik, sofern überhaupt eine existierte, war viel fundierter, so beklagte er den Ausverkauf guten Stu-

tenmaterials und bemerkte ganz richtig, daß es mehr als einiger guter Hengste bedürfe, um die Rasse wieder aufleben zu lassen.
Ich betrachte Ewarts Beobachtungen, sofern sie die Rasse selbst betreffen, als die Urlaubseindrücke eines Gelehrten – in seiner Kritik an den lokalen Mißständen und der inkonsequenten Zuchtpolitik hatte er allerdings recht!

## Die O´Malley-Briefe

sind das zweite umfassende historische Dokument aus der Zeit vor der Gründung der Connemara Pony Breeders´ Society. Sie erlangten erst in unseren Tagen, nach einem jahrzehntelangen Dornröschenschlaf, wieder größere Bekanntheit, was der Engländerin Pat Lyne zu verdanken ist. Sie entdeckte im Zuge der Recherchen für ihr Buch »Shrouded in Mist« eines der letzten Exemplare eines Büchleins, dessen Herausgeber Michael O´Malley hieß. Lyne erkannte die Bedeutung des Werkes und ließ es faksimilieren, sodaß es heute jeder an Connemaras Interessierte erwerben kann.
Michael O´Malley war ein echter Sproß der Connemara, seine Familie besaß einen kleinen Gemischtwarenladen in der Ortschaft Rosmuc, auf einer Halbinsel an der rauhen, steinigen Südküste. 1884 geboren, verließ er Rosmuc als junger Mann, um in Dublin Veterinärmedizin zu studieren, doch sah er sich nach einigen Jahren gezwungen, das Studium abzubrechen, um nach dem vorzeitigen Tod seines Vaters das elterliche Geschäft zu übernehmen. O´Malley war ein energischer, intelligenter Mann von weitreichenden Interessen und ein überzeugter Patriot. Er gründete oder unterstützte verschiedene Bewegungen zur Erhaltung gälischen Kulturgutes und zur Verbesserung der Lebensbedingungen in der Gaeltacht (Gälisches Gebiet). Neben seinen Hobbys, der Fotografie und der Bienenzucht, widmete er viel Zeit und Energie den Ponys seiner Heimat, von deren Qualitäten er aus eigener Anschauung überzeugt war. Im November 1911 rief er die Züchter zu einer ersten Sitzung des sogenannten Connemara Pony Committee in Clifden zusammen. Seine Motive können wir erahnen:

*Michael O'Malley*

Das CDB. hatte seine Aufgabe innerhalb der Pferdezucht an das DoA. abgegeben, das wenig Engagement für die Connemara bewies, dafür umso mehr für die Hunter-Zucht in anderen Gebieten. Connemaras konnten, dem Beispiel Professor Ewarts und Frederick Wrenchs folgend, in das Stutbuch der englischen Polo Pony Society eingetragen werden, zusammen mit allen anderen Ponys unter 148 cm Stockmaß, was aber der Reinzucht nicht förderlich war. Die Qualität der meisten Ponys war noch immer nicht zufriedenstellend, es gab keine Direktiven, und die Kreuzungszucht bedrohte den Fortbestand der Rasse.

Das Meeting von 1911 brachte als einziges Resultat einen Rassenstandard, blieb aber im übrigen ohne Konsequenzen, was möglicherweise auf Geldmangel und Desinteresse seitens des DoA. zurückzuführen ist. Ein Freund O´Malleys, der Londoner Chirurg Stansfield Collier, besaß in England eine neunköpfige Herde von Connemaras, zweifellos auf Empfehlung O´Malleys importiert. Er machte seinen keineswegs entmutigten Freund auf eine geplante Parade aller Pferderassen im Rahmen der großen Schau im Londoner Olympia Stadion aufmerksam, die unter dem Patronat König Georgs V. stand. O´Malley beschloß kurzerhand, mit zwei seiner Ponys nach London zu reisen, um den Connemaras mehr Popularität zu verschaffen. Er verfasste eine Beschreibung der Rasse für den Ausstellungskatalog, brachte den Hengst Irish Dragoon und die Stute Eileen Alanna nach London und nahm an der Parade teil. Dafür erhielt er eine Urkunde, die noch heute das Haus der Familie ziert. Aus England zurückgekehrt, verfaßte er einen Leserbrief an die Zeitschrift Irish Farming World, in dem er den Niedergang der Rasse beklagte und die Vorteile des alten, nicht »verbesserten« Connemaras darstellte. Zum Schluß rief er die Züchter von Hengstfohlen des alten Typs auf, diese nicht zu verkaufen, sondern als mögliche Bewahrer der geschätzten Qualitäten zu behalten.

Dieser Brief rief ungeahnte Reaktionen hervor: Es entstand ein regelrechter Dialog auf dem Postweg zwischen O´Malley und über zehn Personen, denen die Rasse am Herzen lag und in den sich sogar Professor Ewart einschaltete. Er bot an, nach Irland zu kommen, und die Arbeit einer zukünftigen Züchtervereinigung zu unterstützen! Die Diskussionsteilnehmer äußerten sich teils kritisch gegenüber den Maßnahmen des CDB., teils waren sie konstruktiv oder beschrieben einfach verschiedene Typen von Ponys und deren Qualitäten. In seiner Gesamtheit ist der Briefwechsel sehr interessant und regt zum Nachdenken an, für O´Malley schien er so wichtig gewesen zu sein, daß er ihn auf eigene Kosten als kleines Büchlein mit dem Titel »Connemara Ponies« herausgeben ließ. Es umfaßte 40 Seiten und 14 Abbildungen, wurde vom Connaught Tribune gedruckt und kostete einen Shilling. Das Werk geriet in den darauffolgenden Jahren in Vergessenheit, der Erste Weltkrieg stand ja schon fast vor der Türe. Als Pat Lyne ihre Recherchen durchführte, wurde sie auf sie Existenz der Briefe aufmerksam gemacht und konnte ein Jahr später Frank, den Sohn Michaels, ausfindig machen. Er gab ihr eines der wenigen noch existierenden Exemplare und Miss Lyne gebührt die Ehre, das Büchlein unter dem Arbeitstitel »The O´Malley Letters« wieder neu aufgelegt zu haben.

Damit hat sie einen wichtigen Beitrag zum Wissen um die Geschichte und den Zustand der Rasse um das Jahr 1910 geleistet!

# Kapitel IV

## Die Connemara Pony Breeders' Society (CPBS.)

wurde am 12. Dezember 1923 in Oughterard gegründet und damit wurde die große Wende in der Geschichte der Rasse eingeleitet. Alle bisherigen Versuche, die Zucht dieser Ponys zu fördern oder zu verbessern, hatten entweder geschadet oder nur geringen Erfolg gezeigt. In Summe hatten die Bestrebungen des CDB., des DoA. und ambitionierter Männer wie Michael O´Malley, den Weg vorgezeigt. Man mußte von der planlosen Kreuzungszucht Abstand nehmen, das vorhandene Zuchtmaterial erfassen und aus sich heraus verbessern – dazu wurde auch eine strikte Qualitätskontrolle in Form von Stutbuchaufnahmen und Inspektionen nötig.
Die Informationen über die Vorgeschichte und die erste Phase der Arbeit

*Der Gründer der CPBS 1923, darunter O'Malley, P. White, O'Sullivan*

der CPBS. sind recht dürftig, da die relevanten Sitzungsprotokolle verloren gingen. Tatsache ist, daß Michael O´Malley und der damalige Pfarrer von Roundstone, Pater White, eine entscheidende Rolle spielten. White war, ebenso wie O´Malley, an der wirtschaftlichen Entwicklung und kulturellen Eigenständigkeit der Gaeltacht sehr interessiert. Man nimmt an, daß diese beiden Vorkämpfer das Galway Committee of Agriculture (einer Landwirtschaftskammer ähnlich) von der Notwendigkeit einer Körperschaft für Ponyzucht überzeugen konnten. Da auch die offizielle Anerkennung durch das DoA. nötig war, suchte und fand man die Unterstützung des für Westirland zuständigen Inspektors, W.F. Prendergast.

Bei der öffentlichen Gründungssitzung wurde Pater White zum Präsidenten der zukünftigen Gesellschaft gewählt, Michael O´Malley zum Sekretär. Der übrige Vorstand setzte sich aus Vertretern der wichtigen Zuchtgebiete zusammen und umfaßte sieben Personen. Verschiedene Vorschläge zur Verbesserung und Erhaltung der Rasse wurden diskutiert. Man einigte sich auf folgende Maßnahmen:

Eine Liste der vorhandenen Hengste sollte angelegt und die darin aufgenommenen Tiere sollten vom DoA. auf ihre Tauglichkeit hin inspiziert werden. Stutenschauen in Carna, Oughterard und Clifden sollten abgehalten werden, und letztlich wollte man das DoA. um eine Subvention von I£ 100,– bitten. Des weiteren sollte am 22. Januar 1924 eine Versammlung zur Wahl eines erweiterten Vorstandes stattfinden. Damit war die CPBS. geboren, und bei der zweiten Versammlung konnte ein schlagkräftiger Vorstand zusammengestellt werden, dem neben den erwähnten Personen auch Bartley O´Sullivan angehörte. Wir haben ihn als Verfasser der O´Sullivan-Papers kennengelernt und seiner Bedeutung gemäß sei er hier etwas ausführlicher vorgestellt:

Er wurde 1890 in County Kerry geboren und studierte in Dublin Landwirtschaft. Bereits 1909 wurde er vom DoA. als landwirtschaftlicher Instruktor in die Connemara entsandt, wo er sich als gewissenhafter und beliebter Helfer der bäuerlichen Bevölkerung bewährte. Er gründete eine glückliche Familie und führte ein erfülltes, arbeitsreiches Leben, das ganz seinen Aufgaben gewidmet war. O´Sullivan war der typische viktorianische Familienvater, ehrlich, arbeitsam, sentimental und unpolitisch. Obwohl er selber nie Connemara Ponys besaß, wurde er doch durch seinen Beruf zu einem der großen Kenner und wichtigsten Fürsprecher der Rasse.

Bei der zweiten Versammlung des 22. Januar 1924 wurde er, zusammen mit Michael O´Malley, zum Sekretär der CPBS. bestellt und gemeinsam versahen die späteren Freunde diese Aufgabe mit großer Hingabe und Gewissenhaftigkeit. Sein 1939 verfaßter Artikel »The Connemara Pony« wurde international zu einem der wichtigsten Zeitdokumente und weist ihn als profunden Kenner der Situation aus.

Die folgende Passage basiert auf Pat Lynes Darstellungen in ihrem Buch »Shrouded in Mist« und verdeutlicht die Situation der Society in ihren Anfängen:

»Die ersten 35 Jahre der CPBS. zeigen große Stabilität und Stärke in der Kontinuität der Ämter. Die gemeinsamen

Sekretäre B. O´Sullivan und M. O´Malley arbeiteten während dieser Zeit zusammen. Das Inspektionskomitee, bestehend aus den vier Herren C. Kerin, D. Twomey, T. Kelly und T. Cotter, blieb bis zum Tode des erstgenannten im Jahre 1954 unverändert. Man kann erkennen, daß diese Inspektionen bei der Schaffung des Stutbuches eine zentrale Rolle spielten; die Kontinuität des Komitees war der beste Garant für einen gleichbleibenden Typ der registrierten Ponys. Die vier gewählten Männer kamen nicht aus dem Kernzuchtgebiet und hatten keine persönlichen Interessen zu verfolgen. Sie waren Männer von gutem Ruf und höchster Integrität, die ihre Dienste freiwillig über eine lange Periode zur Verfügung stellten.«

Es waren also verschiedene glückliche Umstände, welche die frühe Arbeit der Society positiv prägten:

Das Zusammentreffen von O´Malley und O´Sullivan in der Schlüsselposition gemeinsamer Verwaltungsarbeit; der direkte Draht zum DoA. über O´Sullivan und Prendergast; ein tatkräftiges Team für die Qualitätskontrolle, einer heutigen Körkommission vergleichbar, und letztlich die langen Funktionsperioden der genannten Personen.

Doch wir dürfen auch die Schwierigkeiten nicht vergessen, die sich dieser kleinen Gruppe von Enthusiasten in den Weg stellten. Da war noch immer die tiefe Armut der vom Bürgerkrieg ausgebluteten Bevölkerung, ferner das Mißtrauen allem Neuen gegenüber, die mangelnde Bildung und Kommunikation in der Gaeltacht, schlechte Verkehrsverbindungen und vieles mehr. Es darf daher nicht weiter verwundern, wenn die Society keinen glatten Start hatte. Das Hauptproblem lag wohl darin, die Farmer vom Wert einer geregelten, systematischen Zucht zu überzeugen, denn es hatte Jahrhunderte lang auch ohne diese funktioniert, wenn auch mit unbefriedigenden Resultaten.

Die ersten Inspektionen wurden im April 1925 durchgeführt, an zehn verschiedenen Orten zwischen Galway und Clonbur. 249 Stuten und 35 Hengste wurden vorgestellt, von denen 60, bzw. fünf akzeptiert wurden. Im September kamen nochmals 90 Stuten und 15 Hengste zur Begutachtung, wiederum wurde mit 15 Stuten und einem Hengst nur ein kleiner Teil der Tiere anerkannt. Im darauffolgenden Jahr 1925 fand die strenge Selektion ihren Niederschlag, es wurden gar nur mehr 97 Stuten und 15 Hengste vorgestellt, von denen ein ähnlich geringer Prozentsatz Aufnahme fand.

In der Anfangsphase waren die Inspektionen häufig mit den jährlichen Shows kombiniert, ein zusätzlicher Anreiz für die Züchter, ihre Ponys dort vorzustellen. Daneben wurden je nach Bedarf zusätzliche Orte im Zuchtgebiet bestimmt, die sich wechselnder Beliebtheit erfreuten. Beispielsweise gab es 1929 nur bei der Show in Oughterard eine Inspektion, 1938 hingegen stellte man den Züchtern 15 Örtlichkeiten zur Verfügung.

Als Resultat der Inspektionen konnte 1926 der erste Band des Stutbuches herausgegeben werden, von nun an folgten in unregelmäßigen Abständen laufend weitere Bände. Band I und II bestrichen den Zeitraum zwischen 1924 und 1931, Band III und IV den von 1932 bis 1939. Die große Zahl der Inspektionszentren im Jahre 1938 und die steigende Anzahl der registrierten Ponys weisen darauf hin, daß kurz vor dem Zweiten Weltkrieg das Eis gebrochen war. In rund 15 Jahren hatte sich die Situation stabilisiert, die Züchter hatten Vertrauen in das neue System gefaßt und es gab bereits eine ganze Anzahl von guten Fohlen und Jungpferden, deren Eltern registriert waren. Allgemein war man der Ansicht, daß die Qualität der Stuten weniger enttäuschend war als die der Hengste. Die bereits um die Jahrhundertwende und davor vertretene Meinung, daß es an guten Beschälern mangele, hatte sich bestätigt.

Die folgende Statistik gibt eine Übersicht der vorgestellten und registrierten Ponys in den Jahren von 1924 bis 1939:

| Jahr | Stuten | Hengste | registriert |
|---|---|---|---|
| 1924 | 339 | 50 | 75 / 6 |
| 1925 | 97 | 15 | 18 / 3 |
| 1926 | 111 | 15 | 23 / 1 |
| 1927 | 55 | 6 | 4 / – |
| 1928 | 60 | 7 | 19 / 2 |
| 1929 | 65 | 5 | 9 / 1 |
| 1930 | 30 | 3 | 10 / 1 |
| 1931 | 70 | 8 | 21 / 3 |
| 1932 | 39 | 2 | 10 / – |
| 1933 | 42 | 2 | 14 / 2 |
| 1934 | 51 | 4 | 11 / 1 |
| 1935 | 102 | 2 | 33 / – |
| 1936 | 90 | 7 | 37 / 3 |
| 1937 | 137 | 12 | 83 / 6 |
| 1938 | 175 | 15 | 83 / 4 |
| 1939 | 160 | 7 | 84 / 1 |

(Entnommen aus Shrouded in Mist, P. Lyne)

Zwischen 1939 und 1943 wurden 20 Hengste und 253 Stuten aufgenommen, obwohl noch immer ein Großteil der Nachzucht vor seiner Erfassung verkauft wurde. Die Tabelle beweist, daß man nicht auf rückläufige Tendenzen oder mangelnden Zuspruch Rücksicht nahm und deshalb mehr Tiere in das Stutbuch aufgenommen hätte. Der Entschluß der Verantwortlichen, nur gesunde, korrekte und typreine Ponys aufzunehmen, wurde unbeirrt durchgesetzt, was sicher nicht leicht war.

Da die Stutenhalter der neuen Zucht-

*Ausstellungsatmosphäre in Clifden (Fotos: Hermine Goldscheider)*

*Ganty Jane II, 1990*

politik anfangs zögernd gegenüberstanden, ließ die Regionalverwaltung von Galway und Mayo bereits im Jahre 1924 verbilligte Decksprünge an jene Züchter verteilen, deren Stuten von approbierten Hengsten gedeckt waren oder werden sollten. Dieses System der sogenannten »nominations« wurde lange Zeit beibehalten und stellte einen Anreiz dar, Gutes mit Gutem zu paaren. Des weiteren wurde eine Fohlenprämie eingeführt, die bei der jährlichen Schau jeweils den vielversprechendsten Fohlen beiderlei Geschlechts zugesprochen wurde. Damit hoffte man, auch gute männliche Nachzucht zu fördern, die ja Mangelware war. Doch die Kleinbauern konnten und wollten sich die Aufzucht von Junghengsten nicht leisten und in diesem Fall versagte die gutgemeinte Verbandspolitik völlig. 1926 erkannte man das Fehlschlagen der Vorgangsweise und die Notwendigkeit, das Problem des Hengstmangels selbst in die Hand zu nehmen. Die CPBS. beschloß daher, jährlich einige der besten Hengstfohlen zu kaufen und selbst aufzuziehen, um ständig genügend Auswahl zu haben. Dieses Vorhaben wurde 1932 begonnen, die zu diesem Zweck angekauften Junghengste wurden gemeinsam aufgezogen, (man wählte meist eine ausbruchssichere Inselweide) und im Alter von zweieinhalb Jahren gemustert. Die nicht entsprechenden Tiere wurden kastriert und verkauft, von den entsprechenden behielt man die besonders guten und gab die überzähligen an private Hengsthalter ab. Band III des Stutbuches enthält die ersten Früchte dieser Vorgangsweise in den drei Hengsten Inishgoill Hero, I. Star und I. Laddie, die alle auf der Insel Inishgoill aufgezogen wurden und daher diesen Namen als Präfix trugen (auch Inchagoill geschrieben).

Doch noch immer konnte der Bedarf an gutem Hengstmaterial nicht aus eigener Kraft gedeckt werden und ab den 40er Jahren beschloß die CPBS., einige Hengste anderer Rassen zur Verbreiterung der genetischen Basis heranzuziehen. Doch darüber später mehr, vorerst sei nur festgehalten, daß dieses Experiment weit bessere Resultate brachte, als die ähnliche Vorgangsweise des CDB. rund 50 Jahre zuvor.

Eine weitere erfolgreiche Maßnahme der Society war die konsequente Durchführung von Shows, die man auf deutsch am besten mit Zuchtausstellungen bezeichnet. Diese Veranstaltungen kamen dem irischen Charakter sehr entgegen, ihr buntes Treiben und die freundschaftliche Rivalität waren eine willkommene Abwechslung im eher tristen Alltag. Zudem hatte man ja nicht allzu oft Gelegenheit, seine Ponys an denen anderer Züchter zu messen und der alte keltische Stolz auf das besonders gute Pferd ist heute noch stark in den Menschen der Connemara, ja ganz Irlands, verankert.

Die CPBS. beschloß schon 1924, alljährlich eine Show abzuhalten und seither hat sie dies ohne Unterbrechung getan. Die frühen Austragungsorte waren Carna, Clifden, Oughterard und Roundstone, seit 1947 aber trifft sich die High Society der Connemara-Welt in Clifden. Dieses inzwischen international angehauchte Treffen der besten Ponys, der engagiertesten Züchter und der erfahrensten Experten ist das ideale Schaufenster der Rasse geworden und ein absoluter Höhe- und Fixpunkt im Zuchtjahr. In

»Clifden«, wie man das Ereignis kurz und prägnant zu nennen pflegt, sollte und soll damals wie heute den Züchtern durch die Plazierungen in den verschiedenen Klassen eine Richtung gewiesen werden, was Zuchtziel und Typ anbelangt; dieses noble Motiv tritt fallweise in den Hintergrund, ist dies doch die ideale Gelegenheit für eine internationale Vermarktung. Es mag verwundern, daß man von der ersten Show bis zum Jahre 1952 auch eine Klasse für nicht eingetragene Stuten führte, wohl deshalb, weil man lange Zeit nicht alle Züchter dazu bewegen konnte, ihre Ponys registrieren zu lassen. Für die Aufnahme in das Stutbuch war ja von Anfang an eine Inspektion der zweijährigen Tiere Voraussetzung und manche Züchter leisteten dem keine oder nur unregelmäßige Folge.
Seit den Anfängen der Show wurde in unregelmäßigen Abständen auch eine Klasse für Wallache unter dem Sattel abgehalten, allerdings mit oft jahrelangen Unterbrechungen. Warum man auf diese zusätzliche Werbung für die hervorragenden Reiteigenschaften der Rasse immer wieder freiwillig verzichtete, bleibt ein Geheimnis. In den letzten Jahren hat sich der attraktive Reitbewerb aber wieder fest etablieren können und stellt eine willkommene Unterbrechung der manchmal eintönigen Zuchtklassen dar. Dem internatio-

*Oben: Preisgekrönte Hengste der CPBS (Foto: Connacht Tribune)*

*Mitte und unten: Willkommene Abwechslung vom Alltag – Ponymarkt in Maam Cross.*

nalen Trend zum Sportpony Rechnung tragend, wurde eine Connemara-Quadrille formiert, die während der Mittagspause ihr Programm zeigt und damit ebenfalls die Rittigkeit und das Gangvermögen der Ponys eindrucksvoll demonstriert.

## Die CPBS. heute

Da die CPBS. gewissermaßen zum Rettungsanker für die Rasse und zum Vorläufer aller ähnlichen Organisationen in den Nachzuchtländern wurde, werfen wir einen kurzen Blick auf ihre bedeutendsten Repräsentanten und ihre heutige Struktur.
Sie ist die für ganz Irland zuständige Organisation für die Zucht der Connemara-Ponys, vergleichbar mit einem Zuchtverband. Sie ist weitgehend selbstständig, jedoch vom Landwirtschaftsministerium insofern abhängig, als sie finanzielle Förderungen empfängt und im Sinne der EU-Richtlinien für die ordnungsgemäße Zuchtgebarung verantwortlich ist. Das Sekretariat befindet sich in Clifden, dem Ort mit der größten Bedeutung für die Gegend und die Rasse. Es bestehen Pläne, das derzeit etwas zu kleine und primitive Büro in ein neues Gebäude direkt am Showground zu verlegen. Die viele Jahre als Sekretärin tätige Mrs. Phil McDermott wurde vor einigen Jahren durch die junge Miss Marian Turley abgelöst.
Mit der Führungsarbeit ist ein Komitee von vierundzwanzig Personen betraut, das sogenannte Council. Die Mitglieder desselben wechseln periodisch und haben individuelle Aufgaben, z. B. Inspektionen, Medienarbeit, Leistungsprüfungen etc. und arbeiten auf freiwilliger Basis. Der Mitgliederstand liegt bei rund 700 Personen, die Aufnahme erfolgt auf schriftlichen Antrag, der von einem Mitglied befürwortet werden muß.
In der Vergangenheit waren Mr. Donal Kenny und Lord Killanin sehr populäre Präsidenten, unter deren Vorsitz die CPBS. eine Reihe nützlicher Maßnahmen ergriff und erfolgreich arbeitete. Heute ist der Geschäftsmann Mr. Eamon Hannon Präsident, er züchtet selbst in Moycullen Connemaras und ist seit langem in der Pferdesszene Westirlands aktiv. Er hat gute Kontakte zu den übergeordneten Stellen und vertritt die Rasse im neugegründeten Irish Horse Board.
Die neueren Maßnahmen zur Verbesserung der Zucht wurden vor relativ kurzer Zeit eingeführt und haben zwar bei den Züchtern keine einhellige Begeisterung ausgelöst, sind aber in Summe wohl angetan, das Niveau zu heben. Das sogenannte Bloodtyping, die Überprüfung der Abstammung der Fohlen anhand der Blutbilder beider Elterntiere und des Fohlens, ist eine relativ teure und aufwendige Sache. Man benötigt dazu einen Veterinär und eine spezielle Testausrüstung, beides schlägt sich zu Buche. Bloodtyping war in Irland aber deshalb notwendig, weil die teilweise recht locker gehandhabte züchterische Praxis immer wieder zu Unklarheiten in Pedigrees führte. Man darf nicht vergessen, daß viele Stuten in der Connemara halbwild leben und Hengste schon mal über eine Mauer springen, wenn die Damen locken... Auch nahm es der irische Züchter nicht immer sehr genau, wenn die Frage einer Abstammung geklärt werden mußte. Insoferne ist Bloodtyping eine begrüßens-

werte Maßnahme, die sich bislang bewährte und auf einen Großteil der Population ausgedehnt werden konnte. In nicht allzu ferner Zukunft wird der gesamte Bestand durchgetestet sein und nur mehr die Fohlen des jeweiligen Jahrganges müssen dann auf die Richtigkeit der angegebenen Abstammung überprüft werden.

Die Inspektionen der Junghengste sind heute wesentlich strenger als noch vor kurzem, da es in Irland, wie fast überall, einen deutlichen Hengstüberschuß gibt – rund 170 gekörte Vatertiere stehen rund 800 eingetragenen Stuten gegenüber. Die Leistungsprüfung der Hengste wurde erst vor drei Jahren eingeführt und steckt noch in den Kinderschuhen. Somit bleibt es einem Inspektionsteam überlassen, die dreijährigen Hengste auf Grund der Abstammung und des Exterieurs zu beurteilen. Die Zucht von Ponys ist nur in wenigen Ländern streng leistungsorientiert und so kann auch Irland bislang noch nicht mit einem ausgeklügelten Prüfungssystem aufwarten. Man begnügt sich mit der Exterieurbeurteilung, der Überprüfung der Nachzucht und den natürlichen Auslesefaktoren Wind, Wetter und karge Weide. Eine Ausnahme bilden die bisher leistungsgeprüften Hengste, rund 25 an der Zahl. Die gegenwärtige Form dieser HLP. stellt wohl eine Übergangslösung dar. Sie ist derzeit ein zwölfwöchiger Trainingskurs, der auch tierärztliche Betreuung

*Connemara Pony-Show 1978, John Sweeney auf der dreijährigen Connemara-Stute Ballycurrin (Foto Irish Horse World)*

und eine Beurteilung durch irische Reitlehrer beinhaltet. Nach sechs und zwölf Wochen wird jeder Hengst von drei Inspektoren nach folgenden Kriterien beurteilt:

Exterieur – 15 % der Gesamtnote
Bewegung – 15 %
Temperament – 20 %
Springen – 20 %
Rittigkeit – 30 %

Die Aussagekraft solcher Prüfungen ist nach den auf dem Kontinent gemachten Erfahrungen nicht sehr groß, aber immerhin ist die CPBS. die erste Zuchtorganisation Irlands, die überhaupt eine solche abhält. Man darf hoffen, daß man sich zukünftig an den erfolgreichen europäischen Pferdezuchtnationen orientiert und eine umfassendere Beurteilungsmöglichkeit findet.

Die Inspektionen der Jungtiere finden im April und Mai statt, das Team bereist einen großen Teil Irlands und stellt die hinreichende Korrektheit der zur Eintragung vorgesehenen Ponys fest. Als Vorstand des Inspection Committees fungiert Mr. Dermot Power, ein sehr energischer junger Mann, der diese sensible Aufgabe mit großer Entschlossenheit bewältigt. Hengste werden neuerdings mit drei Jahren, Stuten nach wie vor mit zwei Jahren inspiziert und bekommen dann, falls sie für gut befunden werden, ihren Paß, der den Fohlenschein ersetzt. Werden sie bei der erstmaligen Inspektion zurückgewiesen, besteht die Möglichkeit einer einmaligen Nachinspektion ein Jahr später. 1994 hat man sich entschlossen, erstmals in der Geschichte der Inspektionen auch eine Begründung für eine Ablehnung anzugeben, allerdings nur eine »allgemein gehaltene«. Es ist für den Züchter wichtig,

genau über die vermeintlichen Mängel seiner Tiere aufgeklärt zu werden, mit einer allgemeinen Floskel ist wenig getan. Aber immerhin, ein kleiner willkommener Schritt in Richtung einer weiteren Demokratisierung.
Clifden, das kleine Städtchen an der äußersten Westküste der Connemara, ist nicht nur seit rund 70 Jahren der Austragungsort der berühmten Connemara-Schau, sondern seit einigen Jahren auch Schauplatz einer internationalen Konferenz. Alljährlich treffen hier während der Show (stets am dritten Donnerstag im August) Vertreter aller Nachzuchtländer zusammen. Seit 1988 bemüht man sich, die durch die Bestimmungen der EU vorgegebenen Regeln betreffend Tierzucht auf einen gemeinsamen Nenner zu bringen. Nachdem Irland als Mutterland der Rasse federführend ist und auch den Heimvorteil genießt, sind die bislang entworfenen Regeln stark von den Wünschen und Forderungen dieses Landes geprägt. Seit 1991 wird die Gründung einer internationalen Vereinigung aller Nachzuchtländer, genannt ICCPS. (International Committee of Connemara Pony Societies) vorangetrieben. Das entsprechende Regelwerk, das die Zuchtbelange aller zukünftigen Mitgliedsländer bestimmen soll, wurde zwischen 1988 und 1991 ausgearbeitet und durch die Konferenz ratifiziert. In der Praxis hat sich jedoch gezeigt, daß einige der darin enthaltenen Forderungen nicht über Nacht mit den Bestimmungen sämtlicher Nachzuchtländer in Einklang zu bringen waren. Irland sah sich daher außerstande, bis Mitte 1994 andere als die Länder Dänemark, Österreich und England in das Internationale Komitee aufzunehmen. Die bedeutende Zuchtnation England wurde mit Beginn 1994 inoffiziell anerkannt, nach einem mehrjährigen Annäherungsprozeß, der noch nicht völlig abgeschlossen ist. Trotz der seit Jahrzehnten engen Zusammenarbeit mit dem irischen Verband wurde erst Mitte des Jahres offiziell der Status »approved« verliehen.

Die CPBS. besitzt noch immer ihre eigenen Hengste, und keine schlechten. Mit Abbeyleix Owen verfügt sie über einen besonders typischen Beschäler, der immens populär ist. Smokey Duncan, ein Nachwuchshengst und ehemaliger Clifden-Champion, hat bereits einige sehr gute Fohlen gebracht, darunter leider auch einige BECs. Die insgesamt rund fünf bis acht (die Zahl schwankt etwas) Society-Hengste befinden sich in der Obhut der sogenannten *stallion-custodians*, der Hengstwärter. Diese sind für ihr Wohlergehen und die Abwicklung des Deckgeschäftes verantwortlich und stets auch erfahrene Züchter. Ihnen verdankt die Zucht sehr viel, denn ihre freiwillig erbrachte und wenig einträgliche Hilfeleistung garantiert den Fortbestand der aktiven Zuchtarbeit der CPBS. Unter den Custodians ragt der Name Josie Conroy heraus. Dieser Mann hat die Leidenschaft für Ponys quasi in die Wiege gelegt bekommen und auf der Farm der Familie in Ballyconneely zahlreiche Hengste betreut. Darunter waren so berühmte Beschäler wie Dun Lorenzo, Carna Dun, Clonkeehan Auratum, Mervyn Kingsmill und derzeit Smokey Duncan.
Zum Leidwesen der außerhalb der Connemara beheimateten Züchter werden die Society-Hengste aus-

schließlich dort stationiert. Zudem konzentrieren sich die Betreuung der Züchter, die Vermarktung und die Veranstaltungen sehr stark in dem relativ kleinen Gebiet zwischen Galway und Clifden. Es darf nicht vergessen werden, daß die CPBS. ursprünglich neben der Erhaltung der Rasse auch stark lokalpatriotische Motive hatte, die einen ganz konkreten wirtschaftlichen Gedanken verfolgten, nämlich den Verkauf der Ponys, um Devisen in die verarmte Gaeltacht zu bringen. Die Gaeltacht ist zwar nicht mehr so bedürftig wie einst, aber am Grundgedanken hat sich wenig geändert.
Wo viel Licht ist, ist auch viel Schatten. Jeder Zuchtverband hat wohl im Laufe seiner Geschichte Höhen und Tiefen durchgemacht und der Erfolg der züchterischen Arbeit ist nur über lange Zeiträume sichtbar. Die CPBS. ist keine Ausnahme, und sie mußte über die Jahrzehnte einige Nüsse knacken, die sich auch für größere, reichere und besser gewappnete Verbände als hart erwiesen hätten. Es darf aber nicht unerwähnt bleiben, daß gerade in einer Ära der europaweiten Zusammenarbeit und Verständigung die Annäherung zwischen den internationalen Verbänden und der CPBS. nicht immer reibungslos einhergeht. Mit dem Konzept der ICCPS. wurde unter Donal Kenny ein Unterfangen begonnen, dessen Vollendung sich nun offenbar als weit schwieriger herausstellt, als es die Beteiligten sich träumen ließen. Woran dies liegt, ist schwer zu sagen, belassen wir es bei der Feststellung, daß Europa (und auch die übrige Welt) trotz aller Bemühungen noch nicht imstande ist, eine gemeinsame Sprache zu sprechen. Schade, daß der gemeinsame Faktor »Pferd« nicht immer ausreicht, um kleine Verständigungsprobleme zu beseitigen!

*Armut in der Connemara … (Foto: H. Goldscheider)*

# Kapitel V

## Die Ponyzucht

ist ein unerschöpfliches Thema und kann daher hier nur gestreift werden. Wer sich umfassend informieren will, dem sei dringend empfohlen, sich mit der zumeist ausgezeichneten Fachliteratur einzudecken. Zum erfolgreichen Züchten gehören nicht nur ein gewisser Instinkt und sehr viel Erfahrung, sondern auch ein gerüttelt Maß an Wissen, das man sich teilweise auch durch Lesen aneignen kann. Weil aber auch in der Spezialliteratur nicht immer auf jede einzelne Rasse eingegangen werden kann, seien hier einige Aspekte herausgegriffen, die besonders für die Rasse Connemara bedeutsam sind. Ich möchte betonen, daß wir uns hier auf einem Gebiet bewegen, das nur wenige feste Regeln kennt; es gibt viele Wege, die »nach Rom führen«. Wer also meint, mit den folgenden Passagen nicht völlig einverstanden sein zu können, der möge nicht vergessen, daß die Zucht von Tieren »ein weites Feld ist«, wie der alte Briest zu Luise sagte (Effie Briest, Fontane).

## Typ und Vermögen

sind zwei Begriffe, mit denen auseinanderzusetzen sich immer lohnt. Sie sind schwer zu beschreiben, denn was des einen Eule ist des anderen Nachtigall. Die Connemaras sind eine überdurchschnittlich leistungsfähige Rasse, die in mehreren Typen eines übergeordneten Rassentyps auftritt. Wir haben in einem früheren Kapitel die fünf Typen des Professor Ewart kennengelernt, auch war von Fremdblut und Ponytyp die Rede. Aus der

*Ein zukünftiger Star?*

möglicherweise etwas verwirrenden Informationsfülle lassen sich folgende Punkte herausfiltern:
Der Rassetyp ist die Summe jener äußeren Merkmale, die ein Pferd (Pony) als Angehörigen seiner Rasse im Sinne des Standards erkennbar machen. Innerhalb des Rassetyps kommt es bei vielen Pferderassen zu Schwankungen, die im negativen Extremfall die Erkennung der Rassen-

zugehörigkeit erschweren oder sogar unmöglich machen.

Die Connemaras zeigen sich meiner Meinung nach heute in drei Grundtypen, die allesamt ihre Daseinsberechtigung haben und weltweit vorkommen, bzw. gezüchtet werden. In den einzelnen Nachzuchtländern läßt sich zuweilen eine Bevorzugung eines Typs oder mehrerer dieser Typen feststellen. Ich nenne diese drei Typen den Idealtyp, den Bluttyp und den Ponytyp. Es gibt natürlich auch Mischformen, die hier vernachlässigt werden können.

Der »Idealtyp« ist das Bilderbuch-Connemara, jenes Tier, das in Großbritannien oder Irland unter erfahrenen Richtern im Showring gut abschnei-

*Typ und Vermögen über drei Generationen.*

*Oben: Mystic Isle – Mystic Moonlight – Mystik Shades (Archiv Spacey)*

*Mitte: Tochter Mystic Moonlight*

*Unten: Enkelin Mystic Shades*

den könnte, sich für nahezu jede Art von sportlicher Verwendung eignet und vermutlich auch gute Nachzucht bringen kann und wird. Innerhalb einer gewissen Bandbreite sind die seriös geführten, renommierten Gestüte in der Lage, solche Ponys mit schöner Regelmäßigkeit zu produzieren. Man findet die besten Vertreter dann im Ausstellungsring oder in sportlichen Bewerben gut plaziert oder als erfolgreiche Väter oder Mütter. Dieser Typ ist heute allgemein beliebt und bekannt und am leichtesten zu vermarkten. Das Ideal-Connemara hat genügend Substanz, um einen erwachsenen Reiter zu tragen, genügend Gang und Springvermögen für (zumindest) leichte Prüfungen in allen Disziplinen und genügend Ponyeigenschaften für eine robuste Haltung. Man sollte es in einer Gruppe von verschiedenen Großponys oder Kleinpferden ähnlicher Machart (z. B. New Forest, Highland, Reitpony) eindeutig als Vertreter seiner Rasse erkennen können.

Der »Bluttyp«, von mir so genannt wegen seines erkennbaren Anteils an Veredlerblut, stellt sich etwas schnittiger dar. Man sieht diesen Ponys spätestens beim zweiten Hinsehen an, daß sie relativ viel Vollblut oder Araberblut führen, das letztmals um die Mitte des Jahrhunderts bewußt in Irland eingesetzt wurde. In den Koppeln der iri-

*Oben: Tulira Nimble Dick – Vortraben an der Hand*

*Mitte: Ponytyp mit vielversprechendem Nachwuchs in Irland*

*Unten: Moy Heather – Ponytyp*

schen und englischen Gestüte findet man solche Ponys nicht allzu oft, ebensowenig im Showring, zumindest selten hoch plaziert. Sie sind meist Leistungsponys mit überdurchschnittlich guten körperlichen Anlagen, allerdings fehlt ihnen manchmal das typische Aussehen und Wesen des wenig oder kaum veredelten Connemaras. Solche Typen können durchaus erfolgreich im Sport eingesetzt werden, ihre Zuchteignung ist jedoch geringer als die des Idealtyps und stellt größere Anforderungen an das züchterische Können. Sie sind oftmals sensibel im Handling und aufwendiger in der Haltung und verlangen mehr Einfühlungsvermögen des Reiters. Die Zuordnung zu ihrer Rasse fällt manchmal schwer, man ist versucht, sie als Reitponys zu bezeichnen. Jedoch: ihr Fremdblutanteil ist nicht immer höher als der mancher viel typischer erscheinender Connemaras, er schlägt nur stärker durch. Diese Dominanz mahnt den Züchter zur Vorsicht, läßt den Reinblutfanatiker die Nase rümpfen, das Herz des Sportreiters allerdings höher schlagen.
Der »Ponytyp« ist selten geworden. Die Anforderungen der Zeit haben ihn etwas ins Abseits gedrängt, denn mit so einem Pony ist weder im Showring noch im Sport viel Staat zu machen. Dazu ist es meist zu klein, zu knapp im Rahmen und hat zuwenig Gang. Der konservative Züchter allerdings kann mit etwas Glück und einer guten Anpaarung aus einem »oldfashioned pony« hervorragende Nachzucht erhalten, die dem Idealtyp nahekommt oder ihn perfekt repräsentiert. Man darf nicht vergessen, daß es in erster Linie dieses Ausgangsmaterial war, aus dem man in relativ kurzer

*Idealtyp und Ponytyp – Shipton Dusky Petrel, Moy Heather*

Zeit die großen Sieger unserer Tage schuf. Diese Ponys bringen Robustheit, Ausdauer, Genügsamkeit und gutes Temperament ein, mit etwas Glück auch viel Substanz und eben – Typ! Auch wenn es so einer Stute selbst z. B. an Größe und Gang fehlt, ist ihre Nachzucht von einem erstklassigen Hengst oft in der Lage, dieses Manko auszugleichen, besonders bei guter Aufzucht. Viele heute betagte Ponys hatten einen schweren Start im Leben, wuchsen auf kargen Weiden auf und mußten weitgehend für sich selbst sorgen. Wenn sie das alles schaffen konnten, so haben sie Eigenschaften in sich, die es zu erhalten lohnt.

Vermögen ist im Falle der Connemaras kaum weniger schwer zu definieren als der Begriff Typ. Die zentrale Frage lautet: Vermögen wofür? Für den Spitzensport sicher nicht als Regelfall, denn die Selektion auf reine Leistung (Springvermögen, Gang) fehlt ebenso, wie die (Über-)Sättigung mit Vollblut. Das Vermögen, unter härtesten Bedingungen zu überleben? Auch, aber

*Entwicklung: Dohulla Breeze 3jährig (oben) und 7jährig (unten)*

nicht nur. Wir wollen ja kein verkümmertes, altirisches Arbeitstier, sondern ein leistungsfähiges Vielzweckpferd. Auch kann sich heute nahezu jeder Pferdehalter eine ausreichende Fütterung und artgemäße Haltung leisten, wenn auch der Robusthaltung gerade bei den Ponyrassen große Bedeutung zukommt.

Ich bin geneigt, das Vermögen im Falle der Connemaras folgendermaßen zu definieren:

Die Fähigkeit, bei relativ einfacher Haltungsform und ohne Einsatz spezieller Hilfsmittel in allen Sparten des Pferdesports, besonders aber unter dem Sattel, zumindest gut durchschnittliche Leistungen zu erbringen, ohne dabei an Wesen oder Gesundheit Schaden zu nehmen.

Dabei ist es in meinen Augen wichtig, nicht nur einen Parameter, nur eine Disziplin heranzuziehen, sondern auch die vielseitige Verwendbarkeit wo immer möglich mit in die Beurteilung aufzunehmen. Ein Pony, das sich beispielsweise einige Saisons lang im Jagdfeld hervorragend bewährt, legt einen fünffachen Leistungsbeweis ab, denn es zeigt Ausdauer, Galoppiervermögen, Springvermögen, Härte und Nervenstärke. Auch wenn dies nicht unbedingt meßbare Leistungen sind, würde ich mich doch viel eher solch einem Pferd anvertrauen, als einem, das in einer Reithalle einen hohen Einzelsprung überwindet, sonst aber nichts beweisen kann. Auch der Züchter wäre gut beraten, sich nicht auf Eintagsfliegen zu verlassen, sondern die Verwendbarkeit, eben das Vermögen im allgemeinen Sinne, am höchsten zu bewerten.

Nun ist es leider sehr selten möglich, jedes einzelne Zuchttier auf sein Vermögen hin zu überprüfen. Mit diesem Dilemma kämpfen auch andere, weit größere Zuchten. Im Falle der Connemaras ist die sportliche Leistungskomponente erst relativ spät in die Zucht eingeflossen, doch stellte sich bald heraus, daß die Rasse aufgrund einiger glücklicher Umstände, die in anderen Kapiteln bereits erörtert wurden, über eine ausgesprochen hohe durchschnittliche Leistungsfähigkeit verfügt. Diese zeigt sich besonders im Springen und in der Vielseitigkeit und ist ein Teil des rassetypischen Vermögens.

Für den ernsthaften Züchter ist es somit wichtig, Vermögen erkennen zu können und züchterisch zu erhalten oder zu verbessern. Diese Aufgabe ist nicht leicht! Die Unzulänglichkeiten der meisten Leistungsprüfungsysteme sind unbestreitbar, auch fehlt es im Falle der Connemaras den Züchtern sehr oft an den Möglichkeiten oder dem Willen, das Vermögen ihrer Zuchtponys festzustellen und zu dokumentieren. Man muß sich als Käufer oder bei der Suche nach »idealen Ehepartnern« meist auf sehr unzulängliche Informationen und den eigenen Instinkt verlassen. Allgemein kann gelten, daß jedes bißchen Information bei der Meinungsbildung zählt und auf eine lange und intensive Beobachtung der fraglichen Ponys unter möglichst vielen verschiedenen Bedingungen nie verzichtet werden sollte. Der erfahrene Züchter wird mit den Jahren fast einen sechsten Sinn für Vermögen entwickeln, der es ihm leichter macht, die Spreu vom Weizen zu trennen.

Nachdem nun Typ und Vermögen etwas abgegrenzt wurden, sei noch kurz ihr praktischer Bezug für den Züchter dargestellt. Dem Ponyzüchter wird durch den Standard und geforderten Rassetyp eine – im Vergleich zum Sportpferdezüchter – engere Vorgabe gegeben, die er nie aus den Augen verlieren sollte. In der Connemarazucht wird man sich deshalb in der Wahl des Zuchtmaterials zweckmäßigerweise auf die beiden Typen konzentrieren, die ich als Idealtyp und Ponytyp bezeichne. Der Bluttyp bringt in Anpaarung mit nicht sicher vererbenden Partnern häufig eine große Streuung der Merkmale oder verwässert deren gute Eigenschaften. Was nun das Vermögen betrifft, so sollte man stets versuchen, nur solche Ponys zu vermehren, die Vermögen bewiesen haben oder es mit großer Wahrscheinlichkeit vererben. Es ist moralisch falsch und unökonomisch, mit minderwertigen Tieren zu züchten. Züchten sollte das Bestreben nach Verbesserung beinhalten, nicht bloße Vermehrung sein! Minderwertige Tiere haben zumeist ein trostloses Leben vor sich, das in gewisser Weise der Züchter verantworten muß.

Das Ziel des ernsthaften Züchters muß sein, typvolle Ponys mit viel Vermögen zu züchten, also eine Kombination von Rassetyp, korrektem Exterieur und Leistungsvermögen anzustreben.

## Fremdblut

ist in den meisten Stammbäumen von Connemaras vorhanden, weil die um die Jahrhundertmitte und auch davor eingesetzten rassenfremden Hengste sich teilweise großen Zuspruchs erfreuten. Ihre Aufgabe war eigentlich weniger die Veredelung im Sinne einer leistungssteigernden Abänderung des Rassetyps, sondern vielmehr die Verbreiterung der genetischen Basis der Rasse. Ich habe schon darauf hingewiesen, daß man zu diesem Zweck wohl besser geeignete Rassen als Vollblut und Araber hätte finden können, aber es ist nun einmal so geschehen. Da sich die Nachkommen dieser Hengste wieder als »reine Connemaras« in den Stutbüchern finden, liegt es am einzelnen Züchter, die Pedigrees seiner Ponys oder solcher, die in seiner Zucht Verwendung finden sollen, auf ihren Fremdblutanteil hin zu überprüfen. Mit großer Wahrscheinlichkeit wird man dabei auf einen oder mehrere Veredlerhengste stoßen, zumeist in der dritten oder einer weiter zurückliegenden Generation. Als simple Faustregel mag gelten, daß die Auswirkungen umso geringer und unbedenklicher sind, je weniger oft und je weiter zurückliegend diese Einkreuzungen auftreten. Es empfiehlt sich, den Fremdblutanteil zukünftiger Zuchtprodukte so gering wie möglich zu halten, also keine Anpaarungen vorzunehmen, die ein eklatantes Anwachsen desselben bewirken. Die Praxis zeigt jedoch immer wieder, daß einzelne, relativ viel Fremdblut führende Ponys durchaus typvolle Nachzucht bringen und keinen Typverlust weitergeben. Solche Ponys, die zwar einen kleinen »touch of class« haben, aber trotzdem ihre Rassenmerkmale getreu vererben, sind züchterisch sehr wertvoll und sollten nicht bloß aufgrund ihres Pedigrees abgeurteilt werden. Ich denke da z. B. an die Stute Errisbeg Rose, die in Irland und England eine der Säulen der Zucht war und in ihrem langen Zuchteinsatz – rund zwei Jahrzehnte – sechs gekörte Hengste und einige hervorragende Stuten brachte. Sie ist eine Carna Dun-Tochter und hat eine unbekannte Großmutter, führt also zumindest 25% Vollblut. Sie verrät in ihrem Exterieur ihren Großvater Little Heaven xx nur bei ganz kritischer Betrachtung und durchaus positiv. Trotzdem sei vor einer absichtlichen Anhäufung der Kürzel ox und xx gewarnt, denn die Veredler brachten ja nicht nur ihre guten Eigenschaften ein, sondern auch ihre Schwächen und sind insgesamt dem Ponytyp abträglich.

Einige Connemaras weisen in ihren Pedigrees nicht nur einen rassenfremden Einfluß auf, sondern derer gleich mehrere. Damit wird die Einschätzung ihrer Erbkonstanz noch schwieriger, denn die drei eingekreuzten Rassen Vollblut, Araber und Irish Draught sind ja sehr verschieden. Die Wahrscheinlichkeit des genetischen »Streuens« ist in so einem Fall ziemlich hoch. Damit befinden wir uns schon bei einem Thema, das für die Zucht grundlegende Bedeutung hat, nämlich den züchterischen Methoden.

## Methoden

der Pferdezucht sind bestimmte Techniken bei der Wahl der Anpaarungen zur Erreichung eines bestimmten Zuchtzieles, oft über mehrere Generationen hinweg. Sie lassen sich grob folgendermaßen darstellen:

- Inzucht (Inbreeding): Die Paarung von Pferden, die untereinander wesentlich näher verwandt sind als der Durchschnitt der Tiere dieser Rasse, z.B. Vollgeschwister, Eltern und Kinder.
- Linienzucht (Linebreeding): Die Paarung von Pferden, welche einen gemeinsamen (nahen) Vorfahren haben, wodurch im Produkt eine mehrfache Verwandtschaft zu diesem entsteht.
- Linien-Reinzucht (Pure Line-breeding): Wiederholte Paarung verwandter Pferde über mehrere Generationen, bis eine einheitliche Vererbung erreicht ist.
- Kreuzungszucht (Outcross): Paarung von Tieren mit verschiedenen Erbmassen, also z. B. aus nicht verwandten Linien einer Rasse, oder verschiedener Rassen.

In der Praxis sind die nicht zu enge Linienzucht und die Kreuzungszucht

sehr häufig, wobei folgender Grundsatz gilt:
*Linienzucht fördert den Typ, Kreuzungszucht fördert die Leistung.*
Es ist zu beachten, daß bei jeder Verwandtenpaarung nur möglichst korrekte Tiere verpaart werden, da sich nicht nur die gewünschten positiven Erbmerkmale verstärken, sondern auch eventuelle negative. Bei der Kreuzungszucht tritt meist eine starke Streuung der Merkmale auf, die jedoch insgesamt eine Tendenz zur Mutter zeigen, die Erbkonstanz ist gering. Der Amateurzüchter erhält aus nicht zu enger Linienzucht mit strenger Selektion auf Qualität die besten Resultate. Produkte von Ponys aus sehr erbfesten und unterschiedlichen Linien sind besonders leistungsfähig und vital (Heterosiseffekt, Hybrideffekt), aber in der Zucht wegen der schlechten Abschätzbarkeit ihrer Vererbung problematisch.
Als Beispiel für ein liniengezogenes Connemara mit hohem Zuchtwert sei der Hengst Abbeyleix Owen angeführt. Sein Pedigree enthält nicht weniger als fünfmal (!) den Hengst Inchagoill Laddie, der ein sehr typstarker Beschäler war. Dieser Häufung der Linie 1 in seinem Pedigree dürfte Owen seinen hervorragenden Typ verdanken, den er auch gut weitergibt. Jedoch fand ich zu meiner Überra-

*Oben: Errisbeg Rose, Mutter von sechs gekörten Deckhengsten in ebenso vielen europäischen Ländern – eine Rekordstute!*

*Mitte: Glaskopf Golden Merlin – ein gelungenes Inzuchtprodukt (Foto: S. Bachmann)*

*Unten: Inchagoill Laddie (Archiv Brooks)*

schung auch runde 21,5 % Fremdblut vor, und zwar sowohl über den Araber Naseel ox, als über die Vollblüter Winter xx, Chlorophyl xx (Stute) und Thistleton xx. Diese Outcrosses mit Fremdblut tun seinem Zuchtwert keinen Abbruch und könnten – abgeschwächt – für die hohe Vitalität des Hengstes und die sportliche Eignung seiner Nachkommen verantwortlich sein.

Inzucht, deutlicher Verwandtenpaarung genannt, ist für viele Pferdezüchter ein Reizwort. Man verbindet damit die degenerativen Erscheinungen, die man am europäischen Hochadel vergangener Tage zu bemerken glaubte, als es üblich war, sich aus Gründen der Staatsräson mit Verwandten zu vermählen. Frühe Kulturen (Aegypten u.a.) kannten die Verwandtenehe zum Zwecke der Vergrößerung des Machtbereiches der Sippen. Inzwischen ist jede Form von Verbindung unter nahen Verwandten äußerst unüblich oder sogar strafbar. In der Tierzucht kennt man den Begriff der Inzucht-Depression, womit das verstärkte Auftreten negativer Merkmale bei Produkten aus Verwandtenpaarungen gemeint ist.

Pferde scheinen jedoch sehr unempfindlich für solche degenerative Erscheinungen zu sein. Die großen züchterischen Erfolge der Rassen Englisches und Arabisches Vollblut wurden teilweise auf der Inzucht begründet. In der freien Natur kommt es bei Pferden wohl immer wieder zu Vater-Tochter-Paarungen, sie sind allerdings nicht die Regel. Negative Merkmale in merkbarer Häufung treten nicht auf.

Die bei München beheimatete Sorraia-Herde des bekannten Hippologen Michael Schäfer wurde aus ganz wenigen Tieren aufgebaut und besteht nun seit rund 20 Jahren. Der Inzuchtgrad ist ziemlich hoch, dennoch lassen sich keine deutlichen degenerativen Resultate feststellen. Die sehr erfolgreiche australische Ponyzüchterin und Autorin Lorna Howlett sieht in der Vater-Tochter-Paarung eine Form der natürlichen Auslese, bei der ein dominanter Hengst seinen Harem so lange vergrößern kann, bis er durch einen stärkeren Konkurrenten abgelöst wird. Durch die Häufung seiner positiven Merkmale wird so eine konstant hochwertige, typfeste Population geschaffen. Auch wenn man Frau Howlett nicht vorbehaltlos zustimmen kann, ist ein Körnchen Wahrheit dabei.

In der Connemarazucht hat es einige Beispiele erfolgreicher Inzuchtprodukte gegeben, das jüngste und beste ist wohl der Hengst Glaskopf Golden Merlin, von Golden Dan aus der Maisie, von Golden Dan. Der Hengst ist ein erprobter Beschäler mit erfolgreicher Nachzucht und war selbst erfolgreich auf Zuchtschauen. Von Inzuchtdepression kann keine Rede sein. Aus dem bisher Gesagten möge der Leser nicht ableiten, daß ich ein Verfechter der Inzucht bin. Es soll hier lediglich der Vollständigkeit halber eine züchterische Methode beschrieben werden, die möglicherweise aufgrund von Vorurteilen in der Pferdezucht einen schlechten Ruf hat. Eine zufällige oder ungewollte Inzuchtpaarung ist absolut keine Katastrophe!

## Farbe und Exterieur

sind vererbliche Merkmale. Während die Farbvererbung innerhalb einer gewissen Gesetzmäßigkeit abläuft

*Die derzeit unpopulären BEC's sind ebenso gute Gebrauchsponys wie ihre andersfarbigen Geschwister.*

*Unten: Der berühmte Tulira Mairtin (Tooreen Ross-Glen Nelly) (Archiv Hemphill)*

*Oben: Leam Bobby Finn (Foto: S. Lehmann)*

*Unten: Knockdoe Walnut*

(siehe dazu die Tabelle in Kapitel 1), ist die Feststellung der Vererblichkeit anderer körperlicher Merkmale weitaus schwieriger und weitgehend von Erfahrungswerten abhängig.
Der in der Connemarazucht problematisch gewordene Einsatz von Falben, Palominos und Schimmeln mit dem sog. Dilute Gene (Farbverdünnungsfaktor) hat zum Ausschluß zahlreicher hochwertiger Tiere aus der Zucht geführt. Es erscheint sehr fraglich, ob die ohnedies enge genetische Basis der Rasse diesen Aderlaß ohne weiteres verkraftet. Um einer weiteren, unnötigen Verengung der Blutbasis entgegenzuwirken, sollte jeder Züchter die Farbvererbung genau studieren und nach Möglichkeit die Anpaarungen so wählen, daß Falben, Palominos und unsichere Schimmel mit hochwertigen Partnern einer sicheren Farbe gepaart werden. Dabei darf aber nie die Qualität und das Harmonieren der Elterntiere außer acht gelassen werden! Es hat keinen Sinn, minderwertige Fohlen zu ziehen, deren einziger Vorzug in ihrer soliden Farbe besteht. Eine optimale Anpaarung, die das Risiko eines BECs. in sich trägt, nur aus diesem Grund zu unterlassen, wäre unrichtig, wenn sie nicht durch eine risikolose, ebenso gute ersetzt werden kann. Das pauschale Aburteilen von Falben, Palominos und unsicheren Schimmel und ihr sehr zurückhaltender und eingeschränkter Zuchteinsatz kann der Zucht mehr schaden als nützen und wird es auf lange Sicht wohl auch tun.
Die derzeit so unpopulären BECs. sind genauso gute Gebrauchsponys wie ihre andersfarbigen Geschwister. Die ihnen nachgesagten Mängel, die mit dem Fehlen der Pigmente in Haut, Haar und Auge einhergehen sollen, sind zumindest nicht wissenschaftlich nachweisbar. Die Neigung zu Sonnenbränden ist nicht größer als bei anderen Pferden, wenn die Gewöhnung an die UV-Strahlen allmählich erfolgt. Das schlechte Sehvermögen, besonders bei Sonnenlicht, kann nicht sicher festgestellt werden, aber es gibt ja auch unter uns Menschen solche mit empfindlicheren Augen und solche, denen Sonnenlicht wenig ausmacht. Deshalb ein Fortpflanzungsverbot über alle Träger von Sonnenbrillen zu verhängen, wäre wohl übertrieben! Daß helle Hufe etwas weicher sind, ist wohl nicht ganz von der Hand zu weisen, sie kommen aber auch bei Pferden mit weißen Beinen oder Fesseln vor, ohne daß sie negativ bemerkt werden. Es ist jedoch nach meinen Erfahrungen so, daß gerade die BECs. oft überaus talentierte und gut veranlagte Ponys sind, die überdurchschnittliche Leistungen erbringen können.
Die Wahrscheinlichkeit, einen BEC. aus einer unsicheren Anpaarung zu erhalten, ist 1 : 4. Ich wage zu behaupten, daß dies im Falle einer im übrigen optimalen Anpaarung, die konstant gute Produkte bringt, verkraftbar sein muß, denn es werden ja neben potentiellen Zuchttieren auch reine Gebrauchsponys benötigt.
BECs. kommen in zwei Varianten vor:
Als sogenannte Cremellos mit weißlichem oder leicht gelblichem Fell, weißlichem Langhaar, rosa Haut und hellblauen Augen.
Als sogenannte Perlinos mit deutlich gelblichem Fell, rosa Haut und hellblauen Augen, aber mit dunkleren (hellrötlichen oder beigen) Beinen und ebensolchem Langhaar.
Cremellos sind Träger eines doppelten Verdünnungsfaktors auf Fuchsbasis,

Perlinos auf Basis eines Braunen. Sie sind keine echten Albinos, die bei Pferden nicht vorkommen, sondern nur fälschlich so bezeichnet werden.
BECs. tragen in sich einen doppelten Verdünnungsfaktor ( Double Dilute, DD.), Falben, Palominos, Isabellen und unsichere Schimmel sind Träger eines einfachen Verdünnungsfaktors (Single Dilute, SD.). Füchse, Braune, sichere Schimmel und Rappen (harte Farben) haben kein farbverdünnendes Gen. Was ergibt sich daraus für die Praxis? Anhand einer einfachen »Rezeptur« kann man das mögliche Auftreten der BECs. prozentuell errechnen:

Harte Farbe + harte Farbe = 0%
SD. + harte Farbe = 0%
DD. + harte Farbe = 0%
SD. + SD. = 25%
SD. + DD. = 50%
DD. + DD. = 100%

Dabei muß auf die Bedeutung der Träger eines verdeckten, einfachen Verdünnungsfaktors hingewiesen werden, die sich im Erbgang natürlich genauso verhalten, wie ihre offensichtlich aufhellenden Artgenossen. Als verdeckte SDs. sind hellgeborene Schimmel und Braunfalben häufig, wobei erstere als verwaschene Falben oder gestichelte Graue oder Braune geboren werden, letztgenannte zeitlebens meist für Braune gehalten werden. Es ist deshalb wichtig, die Geburtsfarbe eines Fohlens mit mindestens einem Schimmel-Elternteil festzuhalten.
Das Exterieur eines Pferdes kann und darf nicht allein anhand eines idealen Schattenrisses im Stand beurteilt werden. Leider wird dies allzu oft getan und solche »Standbilder« werden u. U. sogar zur Zuchtwertbeurteilung herangezogen. Auch das Vortraben über wenige Meter kann nur unvollkommene Information über das Bewegungsvermögen des Ponys geben. Wenn auf Zuchtausstellungen weltweit dieses System angewandt wird, so ist das zwar traurig, aber unumgänglich. Zeit, Platzangebot und Eignung der Ponys, Richter und Aussteller sind limitierende Faktoren und müssen als solche in ihrer Unzulänglichkeit akzeptiert werden. Besser eine Zuchtschau unter einem guten Richter, als gar nichts!
Als Züchter sollte man sich jedoch ein runderes Bild von einem Pony machen. Die Beurteilung im Stand ist nur eine Grundlage, ihr müssen die genaue Beobachtung des Bewegungsablaufes in allen Gangarten, der Springmanier und des Verhaltens folgen. Weiters ist, wenn irgend möglich, die Wechselwirkung zwischen etwaigen Mängeln und dem Vermögen festzustellen, es darf z. B. nicht genügen, daß man eine Fehlstellung an einem Vorderbein diagnostiziert, man muß auch feststellen, ob und wie stark sie den Bewegungsablauf negativ beeinflußt. Daraus ist dann abzuleiten, ob und wie stark das Vermögen des Ponys eingeschränkt sein könnte. Alles andere wäre kleinliche Fehlerguckerei! Ergänzend zu diesen Beobachtungen wird der Züchter sich auch mit dem Stammbaum beschäftigen und neben dem Vorkommen gut vererbender Tiere auch das häufige Auftauchen von Mängeln notieren, so diese Information zur Verfügung steht. Findet er diese Mängel dann am zu prüfenden Tier wieder, kann er annehmen, daß sie sich mit einiger Konstanz

vererben und wird daraus seine Konsequenzen ziehen. Schränken diese Mängel die Verwendbarkeit dieses Ponys und seiner Nachkommen für den angestrebten Zweck zu stark ein, oder spielen sie keine große Rolle?
Die optische Zuchtwertschätzung ist also eigentlich völlig unzureichend. Pferdezucht heißt Selektion nach Form und Leistung. Es wurde bereits betont, daß die Wechselwirkung zwischen diesen beiden Faktoren festgestellt werden sollte.
Als nächster Schritt ergibt sich nun die Frage, wie gleicht man den nunmehr akzeptierten Fehler eines Elterntieres aus? Keinesfalls,indem man eine Stute mit Faßbeinen mit einem kuhhessigen Hengst belegt, was der menschlichen Logik zwar entspricht, aber die ist halt bei Mutter Natur oft fehl am Platz. Mängel eines Elterntieres können nur durch völlige Korrektheit des anderen Partners in diesen Punkten mit einiger Wahrscheinlichkeit ausgeglichen werden. Die Korrektheit bezieht sich aber nicht nur auf das äußere Erscheinungsbild, sondern auch auf die Erblichkeit. Ein kleiner Hengst kann beispielsweise auch groß vererben, eine Stute mit langem Hals auch Fohlen mit kurzem Hals haben. Es kann aus Platzgründen hier nicht näher auf die Vererbungslehre eingegangen werden, der interessierte Leser muß sich geeignete Fachliteratur besorgen, doch eines sei festgehalten:
Man sieht keinem Pferd an, was es vererbt! Man kann aus perfektem Exterieur nur schließen, daß das Pferd wahrscheinlich von ziemlich korrekten Eltern stammt und möglicherweise weniger Mängel vererben wird, als ein mit solchen behaftetes. Für den Züchter heißt dies, daß er für die Anpaarung mit einem nicht perfekten Pony einen möglichst perfekten Partner wählen wird, der in der Zucht bewiesen hat, daß er gerade jene Mängel weitgehend ausgleichen kann.

## Partbred-Zucht

In einigen Ländern hat sich neben der Zucht von reinrassigen Connemaras auch jene von Kreuzungen zwischen Connemaras und anderen Rassen etabliert. Zumeist verwendet man Vollblut- oder Halbblutbeschäler auf Ponystuten, im Sinne der altbewährten Hunter-Mischung. Manche Züchter sind aber der Meinung, reinrassigen Connemarastuten zu wertvoll seien, um an die Partbredproduktion »verschwendet« zu werden und halten es genau umgekehrt. Dann werden Vollblutstuten mit einem Connemarahengst belegt, das Produkt ist meist etwas größer und pferdeähnlicher, aber genauso leistungsfähig. Diese Vorgangsweise ist durchaus vernünf-

*Kreuzung Connemara ♀ × Lusitano ♂*

tig, denn es gibt wesentlich mehr gut durchschnittliche Vollblutdamen als Connemarastuten. Da sich die Größe eines Fohlens und auch sein späteres Kaliber meist nach der Mutter richtet, ist aus der verkehrten Hunter-Mischung ein etwas rahmigeres, größeres Produkt mit mehr Vollblutcharakter zu erwarten, das ja meist auch gewünscht wird.

Warum werden nun Connemara-Partbreds gezüchtet? Mit einem maximalen Stockmaß von 148 cm, das nur hin und wieder überschritten wird, finden manche großgewachsene Reiter Connemaras einfach zu klein. Auch ist der Rasse im Galoppiervermögen eine gewisse Grenze gesetzt, wir dürfen bei aller Begeisterung nicht vergessen, daß wir es mit einem Berg- und Moorpony zu tun haben und nicht mit einem Rennpferd. Zwar finden immer wieder auch reine Connemaras in den großen Sport, doch sie sind eher Ausnahmen. Für die heutigen Vielseitigkeitsprüfungen ab mittlerem Schwierigkeitsgrad ist ein Partbred zumeist besser geeignet, als ein reines Connemara (Ausnahmen bestätigen die Regel, bleiben aber trotzdem nur – Ausnahmen!). Jedenfalls ist die Verschmelzung von Springvermögen, Härte und Intelligenz des Connemaras mit Grundschnelligkeit und Aktion des Vollblüters fast ein Garant für gute Leistung.

Ein weiteres Argument für die Zucht von Partbreds ist, daß mit zunehmender Körpergröße der Menschen auch immer häufiger ein relativ großes Pony gefordert wird, das sich dann aber vom Rassetyp entfernt. Dieser Forderung des Marktes hat man durch bewußtes Vergrößern der reinen Connemaras nachgegeben, dabei aber etwas vom alten, harten Typ eingebüßt. Die irischen Stutbücher zeigen deutlich, daß noch vor wenigen Jahrzehnten die Durchschnittshöhe der Stuten bei der Eintragung bei 13,1 hands (135 cm) lag, heute ist sie bei 14 hands (142 cm) anzusiedeln. Wenn dieser Trend anhält, und er scheint es zu tun, so werden wir immer öfter gute Ponys für die Zucht verlieren, denn mit über 148 cm sind sie nicht eintragungsberechtigt. Es scheint mir zuchtpolitisch klüger, die Partbreds ganz bewußt für größere Reiter zu produzieren, dafür aber die Durchschnittsgröße der reinen Connemaras nicht weiter absichtlich anzuheben. Mit der Anwendung der erwähnten verkehrten Hunter-Mischung werden auch keine reinrassigen Connemara-Stuten der Zucht entzogen, vielmehr würde endlich ein Verwendungszweck für die in genügender Anzahl vorhandenen Vollblutstuten mittlerer Qualität gefunden.

Weitere notwendige Schritte in diese Richtung wären eine Registrierung der Produkte, wie sie z. B. in England seit geraumer Zeit vorgenommen wird und die Schaffung von einheitlichen Eintragungsbestimmungen. Keinesfalls dürfen solche Hybriden wieder in die eigentliche Connemarazucht gelangen, denn damit wäre der Fortbestand der typischen Eigenschaften dieser Rasse gefährdet.

Sportlich erfolgreiche Partbreds sind ausgezeichnete Werbeträger für die Connemaras, denn man vermutet ganz richtig hinter ihrer Leistungsfähigkeit das hervorragende Blut des irischen Ponys. Damit wird ganz automatisch auch die Qualität der reinen Connemaras herausgestrichen und deren Popularität angehoben.

# Kapitel VI

## Die Nachzuchtländer

Wie in den vorangegangenen Kapiteln erläutert wurde, erfreuten sich irische Reitpferde (Hobbys) vor Jahrhunderten großer Beliebtheit. Bis in unser Jahrhundert blieben die aus ihnen entstandenen Connemaras als Rasse relativ unbekannt. Im späten 19. und beginnenden 20. Jahrhundert gelangten wohl einige Exemplare als Poloponys nach England, doch erst nach dem Zweiten Weltkrieg setzte eine erneute Renaissance ein. Mit dem immer stärker werdenden Trend zum einfach zu haltenden, leistungsfreudigen Robustpferd wurde man allerorts vermehrt auf bislang exotische Rassen, wie den Isländer, das Fjordpferd und eben die Connemaras aufmerksam. Die gute Wirtschaftslage erlaubte es Pferdefreunden, weite Reisen zu unternehmen und auch Transporte aus fernen Ländern durchzuführen. England war aufgrund der geographischen Nähe zu Irland und seiner ähnlichen hippologischen Kultur das erste Exportland für die irischen Züchter. Dort zählt das Connemara seit längerem zu den neun »Native Breeds of Mountain- and Moorlandponies«, also den heimischen Rassen der Berg- und Moorponys.
In Frankreich erlebte die Rasse einen ungeheuren Aufschwung, ambitionierte Privatzüchter und staatliche Betriebe traten in einen gesunden Wettstreit und gaben einander notwendige Unterstützung. Connemaras waren an der Schaffung des französischen Reitponys beteiligt und der Staat kauft regelmäßig Deckhengste für die Hengstdepots ein.
Deutschland erkannte erst ziemlich spät und zögernd die Qualitäten dieser Rasse, inzwischen kann man auf eine beachtliche Zuchtbasis und einige sehr ambitionierte Züchter mit florierenden Gestüten verweisen.
Die nordeuropäischen Länder Schweden und Dänemark bauten sehr konsequent und mit viel Verstand eine hochwertige Zucht auf und beliefern ihren heimischen Markt mit Sportponys und Freizeitpferden erster Güte. Man ist sogar in der Lage, erstklassige Zuchttiere zu exportieren.
Belgien und Holland betreiben florierende, etablierte Zuchten, die den Bedarf an Sportponys zu decken helfen. Leistungspferdezucht hat dort eine lange Tradition und man ist sich besonders der sportlichen Eignung der Rasse bewußt, was mitunter zu Problemen in der Typerhaltung führt.
Österreich, die Schweiz und Italien sind relative Newcomer, die Rasse ist wohl etabliert, aber der züchterische Fortschritt hält sich noch in Grenzen, was mit dem noch geringen Bekanntheitsgrad zu tun haben dürfte. Das importierte Ausgangsmaterial berech-

tigt aber zu schönen Hoffnungen für eine erfolgreiche zukünftige Zucht.
Im folgenden Abschnitt besuchen wir einige europäische Nachzuchtländer und werfen einen Blick auf die Geschichte und den gegenwärtigen Stand der Zucht dort. Die Ponys und auch Gestüte, welche gesondert beschrieben werden, stellen nur eine kleine Auswahl dar. Neben ihnen gibt es noch viele andere, die ebenfalls von Bedeutung sind, jedoch aus Platzgründen oder wegen fehlender Information nicht aufscheinen können. Keinesfalls sind meine Besprechungen als qualitative Wertung aufzufassen! Ich empfehle jedem an der Rasse Interessierten, sich bei Gelegenheit Gestüte in diversen Ländern anzusehen und sich über die Blutlinien, die Zuchtpolitik und den angestrebten Typ zu informieren. Solche Besuche sind besonders lehrreich und oft entstehen dadurch nette Bekanntschaften. Kaum ein Züchter ist solchen Besuchen abgeneigt (schließlich will man ja zeigen, was man hat und möglicherweise auch verkaufen), fast alle sind ausgezeichnete Pferdekenner und Experten, was die Connemarazucht anbelangt.
Die Zuchtländer werden alphabetisch beschrieben, ohne daß die Reihenfolge etwas mit einer Wertigkeit zu tun hätte. Geschmäcker sind verschieden, auch die Markterfordernisse variieren von Land zu Land. Es wäre naiv zu erwarten, daß alle Connemaras in den Nachzuchtländern einander genau gleichen – und auch entsetzlich langweilig.
Der Umfang der Beschreibungen ist unterschiedlich, denn mir stand nicht aus allen Ländern gleich viel Informationsmaterial zur Verfügung. Auch hierin ist keine Wertung der Qualität der Ponys oder Gestüte zu sehen. Mir ist klar, daß die Züchter jedes Landes meinen, gerade ihre Geschichte wäre besonders interessant und für sie selbst trifft dies auch zu. Ich konnte jedoch aus Platzgründen nur die großen Nachzuchtländer mit übergeordneter Bedeutung besprechen sowie den deutschsprachigen Raum und angrenzende Länder.

## Belgien

Die Situation der Rasse in Belgien unterscheidet sich nur wenig von der in anderen kleinen und relativ jungen Nachzuchtländern. Belgien ist als Pferdezuchtland erst in der jüngeren Vergangenheit in das Rampenlicht gerückt, sieht man von seinen weltberühmten Kaltblütern einmal ab. Heute ist Belgien bestrebt, den internationalen Anschluß in der Sportpferdezucht zu finden, und mit Gestüten wie Zangersheide ist ihm das teilweise bereits gelungen. In der Ponyzucht besteht noch ein Nachholbedarf, man hinkt noch hinter den züchterischen Erfolgen des Nachbarn Holland her.
In Belgien ist man eifrig bestrebt, den Connemaras mehr Popularität zu verschaffen, was in Kontinentaleuropa nur durch den Sport oder sehr aufwendiges Marketing zu erreichen ist. Das weitgehende Fehlen einer langen Pony-Tradition und alternativer Einsatzmöglichkeiten, wie Zuchtschauen, Ponyspiele und Reitklassen für »englische« Ponys (gemeint sind Berg- und Moorponys) erweist sich als hinderlich. Dennoch kann Belgien auf eine kleine, aber enthusiastische Schar von Züchtern und Reitern verweisen, die sich dem Connemara verschrieben hat.

Die Anfänge der belgischen Zucht liegen in den späten 70er- und frühen 80-er Jahren, als man zaghaft begann, Zuchtmaterial aus England und Irland zu importieren. Damals wurden die wenigen in Belgien geborenen Ponys noch im holländischen Stutbuch eingetragen, doch um 1982 wurde mit dem Belgischen Warmblutzuchtverband ein Abkommen getroffen, das die Eintragung in das Reitpony-Register dieses Verbandes ermöglichte. 1990 nahm Belgien erstmals an der internationalen Konferenz in Clifden teil.

Ein erfolgreicher Zuchtbetrieb ist das 1981 von Herrn Antoine Rens gegründete Gestüt Renival. Sein Importhengst Tulira Smasher (T. Mairtin – Noreen Grey) wurde zum wichtigsten Vererber der ersten Stunde, neben ihm fanden auch eine Reihe holländischer Hengste Verwendung. Ende der 80er kamen mit Naughty van Graaf Janshof (Atlantic Curragh – Fabians Philomena) und Conor McMessa (Van Nejshof Caesar – Akker Diana) zwei Beschäler aus dem Nachbarland hierher, die sich nicht nur in der Zucht, sondern auch im Sport bewährten und vor allem durch ihr Springvermögen aufmerksam machten. Beide haben inzwischen erfolgreiche Nachzucht gezeugt.

Insgesamt kann Belgien derzeit auf rund 110 Connemaras verweisen, wovon rund die Hälfte Stuten sind, die Zahl der Hengste beläuft sich auf etwa fünf. Die Inspektion der Hengste

*Haras de Renival*

*Oben: Wayward Lass mit Fohlen*

*Mitte: Abbeyleix Golly mit ihrem Fohlen*

*Unten: Korral mit Zuchtstuten (Archiv Rens)*

erfolgt auf Typ und Exterieur, es werden aber nur Decklizenzen vergeben, die ein Jahr gültig sind. Daneben wird viel Wert auf die Rittigkeit und das Springvermögen gelegt, welche Eigenschaften ebenfalls überprüft werden und somit der Produktion von sportlich einsetzbaren Ponys förderlich sind. Die geographische und »züchterische« Nähe zu Frankreich und Holland hat eine gewisse Beeinflussung durch diese Länder ergeben, die sich in den belgischen Pedigrees ausdrückt.

Jährlich wird seit 1987 eine nationale Connemara-Schau abgehalten, 1990 und 1992 kam dabei Pat Lyne als Richterin zum Einsatz, was sicherlich für die belgischen Züchter sehr interessant war. Zumeist fungieren belgische, holländische oder französische Richter, was mich etwas verwundert, ist Belgien doch von England oder Irland aus leicht zu erreichen. Ich hoffe, daß in diesem relativ kleinen, aber durchaus regen Zuchtland ob der sportlichen Begeisterung nicht vergessen wird, was Typ bedeutet.

**Haras de Renival**

Antoine Rens war von früher Kindheit an den Pferden verbunden, allerdings lag sein Hauptinteresse vorerst im Rennsport und der Vollblutzucht. 1976 begann er mit einer langen Suche nach dem idealen Familienpferd. Nach einigen Fehlschlägen mit anderen Rassen beschloß er, sich ganz den Connemaras zu verschreiben. Mit dem Ankauf einiger Stuten aus Frankreich und Irland und dem Kauf einer großzügigen Gestütsanlage südlich von Brüssel begann Haras de Renival vor knapp 15 Jahren seine Zuchttätigkeit.

Die Suche nach einem Outcross-Hengst zu Carna Bobby, Carna Dun und Clonkeehan Auratum führte ihn nach Irland, wo er im Gestüt Lord Hemphills fündig wurde und Tulira Smasher (T. Mairtin – Noreen Gray) erwarb. Smasher brachte dem Gestüt gute Nachzucht, die sich auf Ausstellungen und im Sport bestens bewährte, was nicht weiter verwundert, ist er doch auch der Vater des bekannten englischen Champions Garryhack Tooreen. Rund die Hälfte des belgischen Connemara-Bestandes geht auf ihn zurück. Die Stuten Ilona und Doris de Renival konnten bei diversen nationalen Connemaraschauen Klassen gewinnen, 1992 errang erstgenannte sogar das belgische Championat. Herr Rens hat in seinen Töchtern Fabienne und Sabine zwei ausgezeichnete Reiterinnen zur Verfügung, die den Renival-Ponys in unterschiedlichen Bewerben große Beachtung verschafften. Bagatelle, Bigoudi und Dragueur de Renival u. a. waren in Spring- und VS-Bewerben sehr erfolgreich. Der Stutenbestand des Gestütes enthielt neben anderen die folgenden, ausgezeichneten Stuten: Grange Bobbalina (Carna Dun), Grange Dolly Bird (Grange Bobbing Sparrow), Abbeyleix Golly (Coosheen Finn), Ashfield Starry Eyes (Atlantic Storm), Mandoline (Robber Boy, F.), Wayward Lass (Ben Lettery), Burren Queen (Tully Grey) und O'Hara (Knockadreen Holyday Cliff, F.). Herr Rens kaufte nur gute Qualität aus bewährten Linien, was sich auch in der Nachzucht positiv auswirkte. 1992 wurde der Hengst Sticky (Carna Bobby) gepachtet, 1993 der französische Hengst Corail (Silver Storm), der heute in Frankreich Staatsbeschäler ist. Die Zucht auf Renival wird auf rund

30 Hektar Freigelände betrieben, der Hengst läuft mit den Stuten und alle Ponys werden robust und naturnahe gehalten. Der Stutenbestand liegt bei rund 12 Tieren, der Gesamtbestand um die 40, womit Renival der größte belgische Zuchtbetrieb für Connemaras ist. Neben der Leistung wird besonderer Wert auf guten Charakter gelegt, das Familienpferd steht im Vordergrund. Antoine Rens findet – inzwischen im Ruhestand und unterstützt von Frau und Töchtern – endlich genügend Zeit, sich ganz den Connemaras zu widmen.

## Dänemark

Es ist bemerkenswert, mit welch großem Erfolg das kleine Land Dänemark seit rund drei Jahrzehnten Connemaras züchtet. Der Bestand beläuft sich derzeit auf rund 1.000 Ponys, eine beachtliche Zahl, bedenkt man, daß ein größenmäßig vergleichbares Land wie Österreich nur ein Zehntel davon aufweisen kann.
Die Zucht begann mit dem Import einiger englischer Stuten und des Hengstes Padraig of Rosenaharley in den Jahren 1963 und 1964. Im Sommer 64 wurde die dänische Züchtervereinigung gegründet, nachdem Frau Lise Ronnow und Gerda und Bjarne Merrild durch ihren eigenen Enthusiasmus die Begeisterung für die Rasse entfacht hatten. Gerda Merrild übernahm den

*Oben: Marble*

*Mitte: Bridge Boy*

*Unten: Hazy Dawn (Archiv CPBS)*

Vorsitz und stellte 1972 den ersten Band des Stutbuches zusammen. Sie schuf mit diesem höchst nützlichen und informativen Werk, das 12 Hengste und 72 Stuten enthielt, ein wichtiges Hilfsmittel für die Züchter. Die Polpularität der Rasse stieg steil an und schon 1976 wurde der zweite Band veröffentlicht, bis dahin kam es zu elf Gestütsgründungen, darunter so klingende Namen wie Oxenholm und Holen.

Das importierte Zuchtmaterial war anfänglich von durchschnittlicher Qualität, besserte sich jedoch rasch. Besonders die Hengste zählten bald zur besseren Garnitur und es scheint, daß man in Dänemark bei der Auswahl der Vatertiere umsichtig und klug vorging.

Aus der Linie 1 fanden mit Rosenaharley Lavelle (Corrib – Revel of Leam), Marble (Rebel Wind – Callowfeenish Dolly II) und Bridge Boy (Tooreen Ross – Irene) drei sehr nützliche Hengste hierher. Lavelle wurde als Fohlen importiert und stand anfänglich auf dem Majgaardens-Gestüt und zeugte nur eine durchschnittliche Anzahl Fohlen. Er wurde in der zweiten Lebenshälfte nochmals besser genutzt, als er auf dem bekannten Skatholm-Gestüt stand.

Marble gewann 1973 in Clifden so ziemlich alles, was es zu gewinnen gab und kam drei Jahre später auf das Oxenholm-Gestüt des Herrn Bengt Nielsen. Im Jahr darauf gewann er beim großen Ponyfest von Roskilde wiederum ein großes Championat. Leider verstarb er 1981 unerwartet, konnte jedoch zuvor ein ganze Reihe erstklassiger Ponys zeugen. Mit Oxenholm Matador und Marble hat er zwei bedeutende Söhne, von denen Matador später sogar nach England exportiert wurde, wo er mit Ballymore Luciano einen erfolgreichen Hengst stellt.

Bridge Boy gewann die Hengstklasse in Clifden nicht weniger als viermal, war aber ein wenig genutzter Hengst, da er sich in Privatbesitz befand und Oughterard nie verließ. Sein Sohn Ardasillagh O´Flaherty a. d. Ardansillagh Treasure kam noch vor ihm nach Dänemark und siegte auf den größten Schauen. Er brachte mit der Spitzenstute Holens Smut den Hengst Oxenholm O´Connell, der nach Irland exportiert wurde und jahrelang in Co. Meath erfolgreich wirkte. Ein schöner Leistungsbeweis für die dänische Zucht!

Zu den bedeutenden Vererbern der Linie 3 in der Aufbauphase zählte Lambay Rebel (Mac Dara – Moonshine), der die Nummer 1 im Stutbuch trug. Dieser attraktive Falbe wurde auf Lord Revelstokes Inselgestüt eingesetzt, ehe er auf das Holens-Gestüt kam. Zugleich mit ihm stand auch Rosenaharley Mac Milo (Mac Namara – May Retreat) auf dem Gestüt und die beiden Hengste zeugten zwischen 1968 und 1972 eine beachtliche Anzahl guter Nachkommen. Lambay Rebel wurde später noch auf Oxenholm eingesetzt, konnte aber an seine frühen Erfolge nicht mehr anknüpfen. Mit Oxenholm Godot und O. Gideon hinterließ er einen Sohn und einen Enkel. Godot ist ein ansprechender Brauner, der sehr gute Nachzucht bringt und durch exportierte Ponys auch im Ausland vertreten ist. Mit Skatholm Talisman und Copyright stehen zwei seiner Söhne in Deutschland, beide sind ebenfalls braun. Rosenaharley Mac Milo brachte der Zucht zwar keine Söhne, aber dafür etliche hervorra-

gende Töchter, darunter O. Bardot und Holens Smut, die ihrerseits wieder gute Nachkommen haben.
Mit Rory Ruadh kam 1980 ein irischer Hengst nach Dänemark, der aufgrund seines Pedigrees in seiner Heimat wohl nicht besonders populär war. Dennoch lieferte er der dänischen Zucht gute Produkte, unter ihnen so bedeutende Stuten wie Oxenholm Columbine and O. Meadowlark, die als Mütter der Hengste Skatholm Big Chief, Copyright und Ladykiller auch Einfluß auf die deutsche und österreichische Zucht gewonnen haben. Rory Ruadh führt in seinem Pedigree die Vollblüter Winter und Little Heaven, den Araber Naseel und den Irish Draught May Boy.
Mit Hazy Dawn (Dale Haze – Castle Park) konnte 1988 ein weiterer Spitzenhengst aus Irland importiert werden, der zudem ein Vertreter der so selten gewordenen Linie 5 ist. Sein Vater Dale Haze (794) ist ein Sohn des Tully Grey und aus der guten Abbeyleix Bluebird. Er steht heute in Schweden, wohin er 1986 von Frau Dalborg importiert wurde. Hazy Dawn ist ein attraktiver, typvoller Hengst, der ausgezeichnete Nachzucht bringt und mit Frederiksminde Hazy Marvel und Hazy Chance bereits zwei gute Söhne stellt. In Irland ließ er einen Sohn Moy Hazy Cove (888) a. d. Windy Cove zurück. Leider stellte mir das Gestüt Frederiksminde keine weiteren Informationen zur Verfügung.
In Dänemark findet die sportliche Eignung der Connemaras starke Beachtung, etliche Deckhengste gehen auch im Turniersport und eine Leistungsprüfung für vierjährige Hengste ist obligatorisch. Für den hohen Stand der dänischen Zucht ist daneben auch das überaus strenge Körsystem verantwortlich, das für Hengste eine mehrstufige Anerkennung vorsieht. Die jährlichen Körungen finden an drei Orten unter Beisein eines irischen Richters statt und erfolgen nach einem Körschema, das auf die einzelnen Points Bezug nimmt, für die jeweils die Noten 0 bis 10 vergeben werden können. Hengste werden mit zwei Jahren erstmals gekört, erhalten aber in diesem und im nächsten Jahr nur eine befristete Deckerlaubnis. Vierjährig werden sie nochmals inspiziert und müssen, so erfolgreich geblieben, noch im selben Jahr die Leistungsprüfung ablegen. Diese umfaßt die Teilprüfungen Dressur, Freispringen, Parcoursspringen und Ausdauer, wobei der Gesundheitszustand, der Charakter und die Erholungswerte in das Ergebnis einfließen.
Zukünftige Zuchtstuten werden nach demselben Körschema beurteilt, legen aber keine Leistungsprüfung ab. Sie werden in die Zuchtwertklassen I, IIa und IIb sowie nicht gekört eingeteilt. Besonders erfolgreiche Mütter können den Titel Elitestute erwerben, dies gelang bisher nur 16 Stuten, darunter Ardnasillagh Treasure (Inver Rebel – Kilbricken Pride), Oxenholm Columbine (Rory Ruadh – Holens Smut) und Sally Maree (Mac Duff – Anne Maree).
Die Körveranstaltungen und Schauen finden auf Jütland und Seeland statt, die Beurteilung wird durch den dänischen Verband unter Beiziehung irischer oder englischer Richter vorgenommen. Der Connemara-Verband arbeitet eng mit dem Dänischen Warmblutzuchtverband zusammen, der für Registrierungen, Brennen, Vermessen, Abstammungsnachweise und HLPs. zuständig ist, es besteht also die

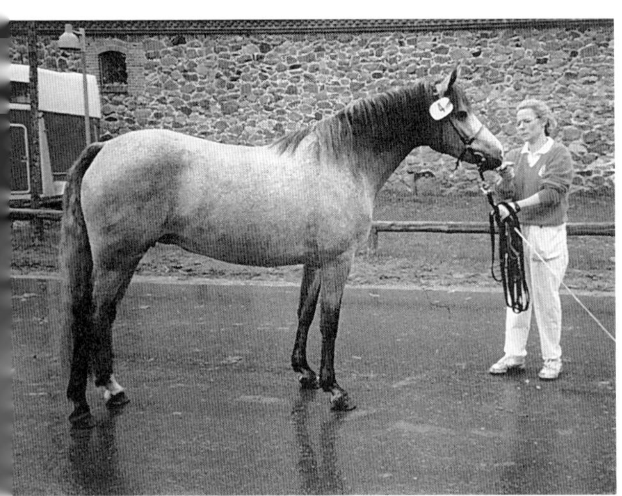

in Europa übliche Arbeitsteilung. Die in solchen Fällen besonders wichtige Typerhaltung scheint auf diese Weise in Dänemark zu gelingen. Der Bestand beträgt derzeit rund 73 Hengste und 650 Stuten, die Nachfrage kann im wesentlichen ohne Importe befriedigt werden. Dänemark kann sogar hochwertiges Material abgeben, Hauptabnehmer sind Finnland, Schweden, Norwegen und Deutschland.

**Skatholm Stutteri**

Susanne und Torben Knak betreiben seit den 80er Jahren das mittlerweile auch international erfolgreiche Gestüt Skatholm, das ständig zwei bis drei Hengste im Einsatz hat. Der Stammhengst Skatholm Talisman ist ein kräftiger, mittelgroßer Brauner von Oxenholm Godot a.d. Ardnasillagh Treasure. Er führt nahezu kein Fremdblut und seine Eltern zählen zu den Säulen der dänischen Connemarazucht. Treasure hat neben zahlreichen Siegen im Ausstellungsring nicht weniger als vier gekörte Söhne gebracht (Australien, Finnland, Dänemark) und Godot ist ein populärer Beschäler. Neben Talisman hat man in den vergangenen Jahren den deutschen Spitzenhengst Caraway gepachtet und damit seine wertvolle Linie ins Land geholt. Der selbstgezogene Skatholm Big Chief war ebenfalls kurzzeitig aufgestellt, wurde aber 1992 nach Österreich verkauft, wo er sich seither gut bewährt hat. Neben diesen Heng-

*Skatholm Stutteri*

*Oben: Ardnasillagh Treasure*
*Mitte: Rosenaharley Lavelle*
*Unten: Oxenholm Columbine*
*(Archiv Gåd-Knak)*

sten wurde häufig der dressurbegabte Munkholm Cobbergate (Ardn. O´Flaherty – Oxen. Cora) verwendet, ehe er als Sportpony nach Deutschland ging. Auch Rosenaharley Lavelle (Corrib – Revel of Leam) zählt zu den von Skatholm bevorzugten Beschälern.
Der Stutenbestand ist von guter Qualität, neben der bereits erwähnten A. Treasure sind Sk. Midnight Lady, Darling und Grey Swan noch junge Stuten. Der Star unter den Müttern ist aber Ox. Columbine (1983, Rory Ruadh – Holens Smut), eine Elite- und Prämienstute und mehrfache Siegerin auf großen Ausstellungen. Ihr Sohn Sk. Commander nach Ox. Marble jr. steht heute als Deckhengst in Schweden und Sk. Copyright nach Godot ist seit 1990 Beschäler in Deutschland. Big Chief wurde schon erwähnt.
Das mit viel Sorgfalt geführte Gestüt hat sich zum Ziel gesetzt, sportlich talentierte Connemaras unter Wahrung des Rassetyps zu produzieren. Die internationalen Erfolge bestätigen den Erfolg dieser Zuchtpolitik, die durch augezeichnetes, professionelles Marketing unterstützt wird.

## Deutschland

Die Bundesrepublik darf sich mit Recht zu den großen Züchternationen zählen. Neben den erstklassigen Warmblutpferden hat sie auch eine recht beachtliche Reitponyzucht aufzuweisen und verfügt über einige ambitionierte Züchter von Berg- und Moorpony-Rassen. Das föderalistische System war der Zuchtarbeit nicht nur förderlich, denn jedes Bundesland hatte eigene Vorstellungen und Bestimmungen, die auf unterschiedliche Art umgesetzt wurden. Auch entspricht der Geschmack und die Zielsetzung deutscher Züchter nicht

*Caraway 13jährig, Supreme Champion (Foto: R. Schröder)*

immer den Vorstellungen im Heimatland einer Rasse. Was nun die Connemaras anbelangt, so verfügt man über ein ganz beachtliches Potential an Zuchttieren, das aber etwas uneinheitlich in Typ und Qualität ist. Die Versuchung, das Erscheinungsbild der Rasse in Richtung Sportpony abzuwandeln, muß im leistungsorientierten deutschen Charakter begründet sein. Nun hat man auch in England weit

*Flagrant (Flash Lad – Luna's Friend) (Foto: B. Milleder)*

mehr Wert auf Rittigkeit und »Performance« gelegt als etwa in Irland, dabei jedoch nie aus den Augen verloren, was sich nur sehr pauschal mit Typ umschreiben läßt.

Die ersten Connemaras wurden 1962 durch die Herren Jan-Harald Koelichen und Frank Zika importiert. Damit setzte eine Importwelle ein, die besonders viele Ponys mit deutlichen Leistungspoints und -pedigrees enthielt. Möglicherweise hatten die deutschen Käufer das Bild eines Reitponys vor Augen, wenn sie in Irland einkauften, auch schätzte man die dunklen Farben besonders, die oft auf einen hohen Vollblutanteil hinweisen. Eine Analyse der wichtigsten Blutlinien Deutschlands zeigt, daß man besonders gerne Nachkommen der Hengste Carna Bobby, Clonkheehan Auratum und Carna Dun kaufte, daneben hatte aber auch der sehr solide gezogene Mac Dara Bedeutung.

Das Problem der dezentralisierten Registrierung und Bewertung der Ponys in den Landeszuchtverbänden verhinderte eine einheitliche Zuchtentwicklung. Mit Ausnahme Bayerns mit rund 140 und Hessens mit rund 110 eingetragenen Stuten sind die einzelnen Bestände recht klein, liegen bei etwa 10 bis 40 Stuten und zwei bis sechs Hengsten. Probleme mit optimaler Zuchtwahl und drohender, enger Blutsverwandtschaft blieben nicht aus. Züchter, die dem gegensteuerten und auswärtige Hengste frequentierten, wurden von ihren Zuchtverbänden von diesem begrüßenswerten Verhalten abgebracht, indem man ihnen diverse Sanktionen auferlegte (höhere Gebühren, Verlust der Staatsprämie, Verweigerung des Abstammungsnachweises). Es ist klar, daß in diesem spannungsgeladenen Klima und unter solch erschwerenden Voraussetzungen die deutsche Connemarazucht weniger rasch gedieh, als sie dies auf Grund ihres Bestandes vermocht hätte.

Diese Probleme führten 1973 zur Gründung der Connemara-Pony Interessengemeinschaft e.V. Einige engagierte Züchter schlossen sich zusammen, um gemeinsam die einheitliche Zucht und die Verbreitung der Rasse zu fördern. Zunächst eine lose Vereinigung, wurde 1979 daraus ein eingetragener Verein mit Satzungen, welche die obigen Ziele eindeutig festlegten. Nachdem aber die IG keinerlei Befugnisse im Sinne eines Zuchtverbandes hatte, war ihr Wirken eingeschränkt, wenn auch stets von positiven Intentionen geprägt. Durch die Abhaltung einer bundesweiten Connemara-Schau alle zwei Jahre, den ständigen Kontakt mit ausländischen Zuchtorganisationen, Beratung der Mitglieder und Erstellung diversen Informationsmaterials wurde die Lage verbessert. Als natürliche Folge jeglicher Gruppenbildung stellten sich auch gewisse Zwistigkeiten innerhalb der IG ein, die möglicherweise auch mit der Konzentration des Zuchtgeschehens in Bayern und Hessen zu tun hatten. Besonders aktiv setzt sich Frl. Beatrice Milleder aus München für das Wohl der Rasse ein, sie führt mit ihrer Mutter Edith auch die Geschäftsstelle des Vereines und ist eine hervorragende Kennerin der Materie. Ihre umfassende Kenntnis der Zucht im In- und Ausland ist für alle an der Rasse Interessierten ein willkommener Quell an Information.

Die IG konnte und kann auf Grund ihrer Struktur und der Gesetzeslage die BRD nicht als bundesweit verantwortliche Zuchtorganisation vertreten,

somit blieb Deutschland die Aufnahme in die ICCPS untersagt. Diesen Zustand will eine Gruppe engagierter Züchter nun mit der kürzlich erfolgten Gründung des Connemarazuchtverbands Deutschland (CZD.) ändern.
Seit Mitte der 80er Jahre wurde ein bundesweit tätiger Zuchtverband angestrebt, blieb aber wegen des überalterten Tierzuchtgesetzes vorerst unrealisierbar. Erst die Novellierung des TZGs. und seine Angleichung an das EU-Recht ermöglichten die Gründung im März 1993, mit der allerdings vorerst noch keine Anerkennung als Zuchtorganisation verbunden war. Diese wird für 1994 erwartet, die Vorzeichen sind durchaus positiv. Die Zielsetzung ist die Schaffung eines einheitlichen Standards in Deutschland, der zugleich mit den internationalen Regeln harmonisiert. Somit werden Bewegungen von Zuchttieren innerhalb Deutschlands, aber auch innerhalb der gesamten EU problemlos möglich. Der CZD. will, wie in seinen Statuten verankert, nach seiner Anerkennung ein Stutbuch veröffentlichen, für EU-konforme Inspektionen und Kennzeichnung der Tiere sorgen sowie für ein allgemein gültiges Abstammungsdokument. In der Praxis sind zum Zeitpunkt der Drucklegung dieses Buches noch kleine formale Änderungen vorzunehmen, man ist aber zuversichtlich.

Die Gesamtzahl der Connemaras in Deutschland beträgt rund 460 eingetragene Zuchttiere und eine etwa gleich hohe Dunkelziffer von »Reitpferden«, stellt somit eine relativ kleine Population im Vergleich zu anderen Rassen dar. Weder die Hengste noch die Stuten werden in der Regel sehr intensiv zur Zucht genützt, sodaß es nur wenigen Ponys vergönnt war, eigene Linien oder Familien zu begründen. Eine Analyse der Abstammungen ist wenig lohnend, da sich kaum sehr weitreichende Zusammenhänge erkennen lassen. Im Folgenden werden deshalb nur einige ausgewählte Ponys näher besprochen, die durch Zahl und Qualität ihrer Nachzucht herausstechen. Daneben gibt es natürlich noch eine ganze Reihe von guten und ausgezeichneten Tieren, auf die näher einzugehen allerdings hier nicht möglich ist.

Aus der weitverzweigten Linie des Cannon Ball 1, der über seinen Sohn Rebel 7 so großen Einfluß auf die Zucht hatte, stammten die Hengste Carna Bobby und Tulira Mairtin. Beide waren in Irland einflußreich und hinterließen eine Vielzahl ausgezeichneter Nachkommen, die weltweite Bedeutung erlangten. In Deutschland geht der bei Herrn Jürgen Stöben in Neuwittenbeck stehende Dunkelfalbe Toxi Baun Bob (Tantallon Bobby – Errisbeg Rose) auf Carna Bobby zurück. Er hat mit Twilight Burning a. d. Bamby Bell, die ebenfalls Carna Bobby als Großvater im Pedigree hat, einen gekörten Sohn und mit Childrens´ Dream eine erfolgreiche Tochter, daneben auch weitere wertvolle Nachzucht. Tulira Mairtin konnte mit seinen Söhnen Tulira Nimble Dick a. d. Noreen Grey und Tulira Todd a. d. Smokey Seagull zwei sehr typvolle Ponys stellen, die seit vielen Jahren in Deutschland gute Fohlen zeugen. T. Nimble Dick, Besitzer ist Herr Jürgen Kwade in Nordhorn, stellt einen durch überzeugende Eigenleistung und konstant gute Zucht- und Schauerfolge ausgezeichneten Hengst dar. Sein Sohn Trooper a. d. Coosheen Nutmeg (Großvater Carna Bobby!) ist ein vielversprechender Nachwuchshengst. Der Dritte im Bunde, T. Cannon Ball a. d. Julie, war eine Zeit lang in der Schweiz, wo eine kleine Connemara-Population im Aufbau begriffen ist und befindet sich heute in Frankreich. T. Todd steht derzeit im Allgäu, somit ist das wertvolle Blut dieser Linie im Norden und Süden der Bundesrepublik verfügbar.

Die von Connemara Boy begründete Linie erlangte über dessen Großenkel Dun Lorenzo große Bedeutung. Dieser hinterließ in Mac Dara und Dun Aengus zwei wichtige Hengste, deren eigene Linien weltweit florieren. Mac Dara wird von Kennern als einer der besten Vererber bezeichnet, welche die Connemara jemals hervorbrachte. Über seinen Sohn Murrisk findet sich sein Blut in dem Falbhengst Big Ben wieder, der ein kräftiges, großrahmiges Pony ist. Big Ben (Murrisk – Roundstone Daisy) steht in Gießen und hat in Bengt a.d. Lady Lifty seinerseits einen erfolgreichen Sohn, der besonders qualitätvolle Stuten zeugt.

Einem anderen Zweig der Mac Dara-Linie entstammt der wohl populärste Hengst in der deutschen Zucht. Es ist dies der Schimmel Golden Dan (Ben Lettery – Ballydonnellan Grey), heute ein betagter Herr und nach einem Unfall 1987 kastriert. Er kam 1979 als Zweijähriger nach Deutschland und befand sich acht Jahre lang im Besitz Herrn Adolf Dörflers. Dort deckte er eine für deutsche Verhältnisse sehr große Zahl von Stuten, bis er 1975 zu Herrn Kurt Hillnhütter in den Taunus kam und sich dort als Gestütshengst weiter profilierte. Seine zahlreiche Nachzucht umfaßt so gute Stuten wie Maisie und Bonnie, einige gekörte Hengste und viele erfolgreiche Sportponys. Durch die Söhne Golden Daniel a.d. Scraugh Colleen, Golden Merlin a.d. Maisie, Granger a.d. Micheline, Golden Dawn a.d. Golden Liberty und Gordon a.d. Moymore ist der Fortbestand der Linie gesichert, einige unter ihnen zeugten bereits wieder gekörte Söhne (Gordon, Granger).

Dun Aengus war ein weniger populärer, aber ebenfalls guter Sproß des Dun Lorenzo. Auf ihn ging der 1989 verstorbene Hengst Carrabaun Boy (Macduff – Anne Maree) zurück, der 1974 nach Deutschland kam. Er hatte in Irland gute Nachzucht hinterlassen, fand aber in seiner neuen Heimat nicht die Popularität, die er aufgrund seiner Qualitäten verdient hätte. In Caraway a.d. Canrower Jaqueline (Besitzer Fam. Mattke, Bad Homburg) finden wir seinen besten Sohn, der in Deutschland und Dänemark zum Einsatz kommt und sich gut bewährt. Daneben führen die jungen Hengste Carrabaun Finn und Carrabaun Curlew des Gestütes Gaeltacht bei Kaiserslautern die Linie fort.

Little Heaven xx war ein Vollbluthengst, dessen Sohn Carna Dun weitreichenden Einfluß als »Stutenmacher« hatte, von seinen Söhnen gelangten die Hengste Lord Dun Carna a. d. Snowdrift, Paddy of Caherlistrane a.d. Lough Hacket und Diamonds Dandy a. d. Glenlo Biddy nach Deutschland. Sie waren stark frequentiert und hinterließen weitverzweigte Linien. Lord Dun Carna schuf mit Lotos a.d. Flash Princess den Begründer einer wahren Hengstdynastie. Little Lord und Lincoln sowie deren Söhne Logana Rex, Little Prince, Golden Lucky und Lucky Star führten

*Gestüt Glaskopf*

*Oben: Gantry Jane II, unten: Grange Surf Sparrow (Fotos: S. Bachmann)*

*Westside Frank – Gestüt Kagern*

*Little Beauty – Gestüt Gaeltacht*

sie weiter, mit Lord Elu Thingol und Lucky Luke wird sie heute von Junghengsten der nächsten Generation repräsentiert.
Paddy of Caherlistrane zeugte während seines Aufenthaltes in Holland in Jason van de Bossenhofe a.d. Moy Noreen einen Sohn, der heute in Groß-Gerau bei Herrn Josef Stein steht. Mit Juwel und Jonny geht auch diese Linie in die vierte Generation. Die Nachkommen der Lord Dun Carna-Linie repräsentieren den mit Fremdblut angereicherten Typ des Connemaras, das in Europa wegen seiner Eleganz und Leistungsfähigkeit mancherorts sehr populär ist.
Der Araber Naseel hinterließ in Clonkheehan Auratum nur einen Sohn in der Connemara, der seinerseits einen Sohn und einen Enkel nach Deutschland schickte. Flashy Lad (Cl. Auratum – Flash Girl) führte auf beiden Seiten seines Pedigrees Fremdblut, hinterließ aber in Franco, Flaneur und Flagrant drei Söhne und etliche gute Stuten. Seit einigen Jahren steht mit Westside Frank (Bobby Brown – Ballydonagh Suzy) ein Repräsentant dieser Linie in Bayern bei Familie Häuser in Kagern. Sein in Irland geborener Sohn Smokey Duncan ist dort ein erfolgreicher Beschäler und befindet sich im Besitz der CPBS.
Es ist erfreulich, daß sich einige deutsche Züchter – besonders der jüngeren Generation – intensiv mit dem Studium der Blutlinien beschäftigen. Eine wichtige Hilfe stellt seit kurzem die EDV dar, mit der es möglich ist, zahlreiche Daten zu speichern und jederzeit zur weiteren Nutzung abzurufen. Ein besonders ambitioniertes Projekt in dieser Richtung hat Nicole Klostermeyer begonnen, die sämtliche verfügbaren Daten aus Sport und Zucht von rund 1.800 Connemaras gespeichert hat. Sie stellt diese Informationen interessierten Personen zur Verfügung und ich glaube, daß damit ein wichtiger Beitrag zum Wissen rund um diese Rasse geleistet wird. (Nicole Klostermeyer, Lothringerweg 4A, D-45481 Mühlheim, Tel.: 0208 - 460118.)

**Gestüt Glaskopf**

Im waldreichen Taunus liegt das Gestüt des Kurt Hillnhütter. Die mustergültige Anlage beherbergt eine der erfolgreichsten deutschen Connemarazuchten. Anfang der 70er Jahre wurde das erste Connemarapony gekauft, dieser Wallach weckte die Liebe zur Rasse und 1974 folgten mit Scraugh Colleen (Joyful Boy – Sc. Carmel) und Glenree Maureen v. Finney Master zwei Stuten, mit denen der Zuchtbetrieb aufgenommen wurde. Im folgenden Jahr wurde während einer Irlandreise die Stute Talt Bay Beauty (King of the Glen – Talt Star) erworben.
Bald suchte man nach einem Gestütshengst, den man 1976 in Golden Dan fand. Dieser stand damals bei Adolf Dörfler, der ihn 1969 aus Irland importiert hatte. Der Schimmel von Ben Lettery a. d. Ballydonnellan Grey hatte in Deutschland stets guten Zuspruch gefunden und für einen Connemarahengst beachtliche Belegungszahlen erreicht – bis zu 30 Stuten pro Saison.
Mit den Glaskopf-Stuten zeugte er zahlreiche gute Nachkommen, bis er 1987 verletzungsbedingt aus der Zucht schied. 1986 wurde die erstklassige Stute Ganty Jane II angekauft, eine typische Carna Bobby-Tochter, die der Zucht bisher acht Fohlen schenkte und etliche große Ausstellungserfolge ver-

buchen kann. Als besonders fruchtbar erwies sich die Fuchsstute Scraugh Colleen, die mit Golden Daniel einen gekörten Hengst stellt.
Ein interessantes Experiment wagte man, indem man Golden Dan wiederholt seine Tochter Maisie decken ließ. Aus dieser Inzucht-Paarung entsprang u.a. der Dunkelfalb-Hengst Gl. Golden Merlin, der nicht nur auf Ausstellungen erfolreich ist, sondern auch gute Nachzucht zeugt. Neben ihm steht seit drei Jahren der irische Import Grange Surf Sparrow (Grange Bobbing Sparrow – Kilkerrin Surf) aus der bekannten Zucht von Lady Maria Levinge auf Glaskopf. Die Familie Hillnhütter ist seit Jahrzehnten im Pferdegeschehen quasi zuhause. Es darf also nicht verwundern, wenn der energische Pater familias seine Ansichten zu diesem Thema freimütig von sich gibt. Er bewies auch, daß sich Connemaras durchaus für den Fahrsport eignen und er tat dies auf eindrucksvolle Weise. Er spannte nicht weniger als vier seiner Ponys hintereinander ein und schuf so das erste »Quandem«, mit dem er auf diversen Veranstaltungen Aufsehen erregte. Als Vorauspferd diente – wer sonst – der bewährte Golden Dan.
Zu den größten Schauerfolgen des Familienbetriebes zählen die Siege von Ganty Jane II im Championat und von Surf Sparrow in der Hengstklasse der süddeutschen Schau 1991. Bei dieser Veranstaltung blieben Gl. Dun Camilla bei den Jungpferden und Gl. Gentle Gill bei den Fohlen ebenfalls siegreich. Golden Merlin konnte u.a. 1990 in Schönbach bei den Hengsten gewinnen. 1992 war man auf der Bundesschau in Sprockhövel mit Gl. Dun Camilla und Surf Sparrow erfolgreich, daneben stellte Sc. Colleen die siegreiche Stutenfamilie.
Auf dem sportlichen Sektor lassen sich ebenfalls beachtliche Ergebnisse vermelden, Golden Dans Kinder haben nach denen von Little Lord die zweithöchste Gewinnsumme aufzuweisen.

**Gestüt Kagern**

Die weitläufige Reitanlage der Familie Häuser bei Eggenfelden im bayerischen Rottal ist nicht nur Connemaragestüt, sondern zugleich auch Reiterhof mit einem umfangreichen Kurs- und Erholungsangebot. Mit der Zucht wurde vor über 20 Jahren begonnen, damals noch auf Gut Grüneck bei München. Die beiden Stammstuten Moymore und Lambay Buttercup wurden *per distance* gekauft, nachdem man sie auf einem Urlaubsfilm eines bekannten Züchters gesehen hatte. Nach dem Import warf Moymore ein Stutfohlen nach Murrisk, das unter dem Namen Micheline ebenfalls zu einer guten Stute wurde. In den 70er Jahren konnte das Gestüt der deutschen Zucht drei Beschäler liefern, Gordon, Gilmore und Granger. Neben Gilmore, der auf dem Gestüt eine Beschälerbox bezog, wurde der aus Hessen stammende Franco (Flashy Lad – Adina) aufgestellt. Die Stutenherde erhielt weiteren Zuwachs, teilweise durch Importe, teilweise auch durch eigene Zuchtprodukte. Gilmore starb 1991 an Hufrehe, Franco ist in Pension. Mit Logana Rex (Little Lord – Flash Princess) kam 1981 ein weiterer Hengst aus Hessen nach Kagern. Auch er steht, ebenso wie Franco, deutlich im Leistungstyp und war neben seiner Beschälertätigkeit ständig im Turniereinsatz, ist inzwischen aber nur mehr im Sport tätig.

1987 wurde der irische Hengst Westside Frank (Bobby Brown – Ballydonagh Suzy) importiert, der mit seinem Sohn Smokey Duncan einen Clifden-Champion und Society-Hengst stellte, ehe er nach Deutschland kam. Der großrahmige Braune bestand den 30-Tage-Test und stellt eine wertvolle Ergänzung des deutschen Bestandes dar. Man kann sich des Eindruckes nicht erwehren, daß auf Gestüt Kagern dem Sport große Bedeutung zukommt und man hier ein dem deutschen Markt und Geschmack angepaßtes Connemara-Pony züchtet. Neben der Zucht finden auf der malerisch gelegenen Anlage regelmäßig Reitkurse, Turniere und andere Aktivitäten rund um´s Pferd statt, auch die süddeutsche Connemara-Schau ist hier zuhause und findet einen ansprechenden Rahmen.

*Carrabaun Curlew, 4jährig (Foto: E. Wendel)*

**Gestüt Gaeltacht**

Im südwestlichen Zipfel der Bundesrepublik, nahe Kaiserslautern, betreiben Elke Wendel und Robert Schröder eine kleine Zucht, die mit beachtlichen Erfolgen aufwarten kann. Der Bestand ist gering, umfaßt nur vier, fünf Stuten und zwei Hengste, führt aber durchwegs gute, alte Blutlinien.

Begonnen wurde 1982 durch den Ankauf der Stute Little Beauty (Murrisk – Crallagh Beauty). Diese sehr typvolle und rahmige Mutterstute gebar bis dato 13 Fohlen und gewann zahlreiche Preise auf Ausstellungen, zudem ist sie im Leistungsstutbuch der FN eingetragen. 1985 konnte durch den Ankauf des Hengstes Carrabaun Boy (353, Macduff – Anna Maree) und der Stute Canrower Jacquelin ein großer Schritt vorwärts getan werden. Die Stute wurde 1973 zusammen mit ihrem späteren langjährigen »Ehemann« durch Dr. Ursula Wenzel in Irland gekauft und brachte in den folgenden Jahren 18 Fohlen. Zwei davon waren der in Deutschland und Dänemark oftmals prämiierte Hengst Caraway und die ausgezeichnete Stute Jessica. Auf Gestüt Gealtacht finden sich derzeit mit dem siebenjährigen Hengst Carrabaun Finn und den Stuten Fancy und Josephine drei weitere Produkte dieser so erfolgreichen Anpaarung. Mit C. Curlew a. d. Little Beauty besitzt das Gestüt noch einen weiteren Sohn des Carrabaun Boy, der sich als typvolles und leistungsbereites Pferd erweist. Die Bewahrung des vorzüglichen Erbmaterials des alten Hengstes und die Fortführung seiner Linie ist ein Verdienst, den sich seine frühere Besitzerin und das Gestüt Gaeltacht teilen müssen. Man hat in Deutschland offenbar zu spät erkannt, welchen Wert dieses Genpotential darstellt, sonst gäbe es wohl mehr Nachkommen des Macduff-Sohnes. Immerhin hatte er vierjährig die Hengstklasse in Clifden gewonnen und auch in Irland ausgezeichnete Nachzucht gezeugt.

Im Typ stellte er ein heute leider viel zu selten gewordenes »oldfashioned pony« dar, um dessen Erhaltung man sich weltweit bemühen sollte. Der Zuchtbetrieb des Gestütes, dessen Besitzer im Zentrum von Kaiserslautern wohnen, findet etwas außerhalb der Stadt auf einem großen, fruchtbaren Gelände statt, wo die Ponys in kleinen Gruppen umherstreifen.

**Gestüt Stöben**

Umfangreiche Privatzuchten sind in Deutschland eher die Ausnahme denn die Regel, zumeist halten die Züchter einige wenige Stuten. Das Gestüt von Herrn Jürgen Stöben in Neuwittenbeck (Schleswig-Holstein) zählt zu den großen Betrieben, auch wenn es derzeit nicht den Bestand vergangener Jahre erreicht. 1969 waren die Eltern von Jürgen Stöben auf der Suche nach einem Turnierpferd in Dublin erstmals auf Connemaras gestoßen und von der Rasse begeistert. Einer ausgedehnten Suche im folgenden Jahr folgte der Ankauf zweier Stuten in Deutschland, Clonross Faun v. Carna Dun und Easter Rose v. Dun Aengus.

*Toxi Baun Bob (Archiv Stöben)*

Bereits 1972 wurden fünf weitere Stuten aus der Zucht der Familie Verschueren in Holland erworben. Die Pedigrees dieser Ponys verraten, daß man sich bewährter Zuchtlinien bediente. Zwei hatten Carna Bobby zum Vater, je eine Finney Master, Clonjoy und Ocean Wind. Weitere Stuten von Tulira Nimble Dick und Atlantic Dew wurden der rasch wachsenden Herde einverleibt.

1979 erwarb Jürgen Stöben zwei Hengst- und ein Stutfohlen von dem dänischen Züchter Bent Nielsen. Von diesen wurde der junge Hengst Oxenholm Bacchus von O. Godot a. d. Washlands Boan behalten und als Dreijähriger gekört. Der kräftige Falbhengst blieb bis 1989 Beschäler auf Gestüt Stöben und wechselte dann den Besitzer.

Der in Irland erworbene Jährlingshengst Toxi Baun Bob (Tantallon Bobby – Errisbeg Rose) wurde 1981 gekört und diente seither dem Gestüt als ausgezeichneter Stutenmacher. Mit Twilight Burning a. d. Bamy Bell hat der attraktive Dunkelfalbe auch einen gekörten Sohn. Vor zwei Jahren wurde er verkauft, da er mit vielen Stuten der Herde verwandt ist, bleibt aber weiterhin dem Gestüt zur Verfügung.

1983 wurde das Hengstfohlen Tulira Todd aus der Zucht Lord Hemphills gekauft und 1985 gekört, jedoch ein Jahr darauf weiterverkauft. Er ist noch immer in der Zucht erfolgreich tätig und hat sich zu einem sehr typvollen Hengst entwickelt.

Im Laufe der Jahre wurden auf dem Gestüt rund 100 Connemara-Fohlen geboren, darunter befanden sich vier spätere Hengste. Daneben konnte der Betrieb auch Bundessieger und einige Landessieger auf Ausstellungen hervorbringen. Etliche der Stuten wurden Elite- und Staatsprämienstuten. Mitte der 80er Jahre trat eine vorübergehende Reduzierung des Bestandes ein. Seit 1990 verstärkten sich die züchterischen Aktivitäten wieder, man kaufte erneut drei Junghengste und eine Stute in Dänemark und Schweden. Derzeit umfaßt die Herde vier Altstuten, zwei Jungstuten, drei Jährlingshengste und zwei Jährlingsstuten.

*Scarlet (Foto: S. Bachmann)*

**Scarlets Connemaras**

Dies ist kein großes Gestüt, sondern eine mit viel Passion betriebene kleine Liebhaberzucht. Ich kann an ihr nicht vorbeigehen, denn die Bedeutung von Edith und Beatrice Milleder für die deutsche Connemarazucht ist unübersehbar und die züchterischen Erfolge sind beachtlich. Die junge Beatrice sah 1982 das drei Wochen alte Stutfohlen Scarlet (Golden Dan a. d. Scraugh Colleen) auf dem Gestüt der Familie Hillnhütter und erfuhr, was Liebe auf den ersten Blick heißt. Zwei Jahre später konnte sie die Stute erwerben, die sich als Reit- und Showpony bewährte, doch erst einmal ein Fohlen brachte, Scarlets Dun Swallow, nach Grange Surf Sparrow im Jahr 1993. Dieses soll einmal die Nachfolge ihrer Mutter in der kleinen Scarlet-Herde antreten. Scarlet selbst errang u. a. fünf Siege auf den großen deutschen Schauen und etliche Reservesiege. Die Seniorin der Zucht ist Goldammer (geb. 1972, Flashy Lad – Golden Harvest), die während eines sehr bewegten Lebens bisher zehn Fohlen gebar. Die Stute wechselte mehrmals den Besitzer, gewann einige Male ihre Klasse auf deutschen Connemara-Schauen und wurde schließlich von Beatrice Milleder gekauft, bei der sie ihren Lebensabend verbringt. Von ihren Fohlen wurde Scarlets Golden Grainne nach Golden Dan behalten, die 1993 ihr erstes Fohlen brachte. Mit diesem, Sc. Golden Gwen von Gr. Surf Sparrow, geht die Familie in die dritte Generation. Goldammer hat über ihre Mutter Golden Harvest (3265) den famosen Inver Rebel (93) im Pedigree, immerhin der Vater Rebel Winds.

*Goldammer, gen. Pat, hier 20jährig (Foto: B. Milleder)*

Das Zuchtziel ist ein nicht allzu großes, gangstarkes Pony mit viel Typ und vor allem einem ehrlichen, ruhigen Charakter.

**Gestüt Dilltal**
Ein Gestüt der etwas anderen Art! Bei Daubhausen im Westerwald gelegen, werden hier zwar Connemaras erfolgreich gezüchtet, doch das Hauptaugenmerk liegt auf der Ausbildung und Verwendung der Ponys für Reiterspiele, Schaunummern und Ponyrallys. Marlit Hoffmann ist die deutsche Expertin für Spiel und Spaß zu Pferde (diverse Fachbücher) und wird von ihrer Familie, besonders aber Tochter Annette, tatkäftig unterstützt.

Connemaras sind aufgrund ihrer körperlichen und charakterlichen Vorzüge besonders für diese neue, faszinierende Art von Sport geeignet, sodaß auf Gestüt Dilltal Zucht und praktische Verwendung Hand in Hand gehen und einander schön ergänzen. Rund 40 Fohlen kamen bisher hier zur Welt, davon mauserten sich vier zu Staatsprämienstuten und drei zu gekörten Hengsten. Leider mußte Golden Dandy (Golden Dan – Golden Lady) nach einigen Jahren aus Platzgründen gelegt werden. Dieser 1975 geborene Schimmel war in allen Disziplinen des Reitsportes in Bewerben bis zur Klasse L gegen Großpferde erfolgreich, geht vor dem Wagen und bestreitet Skijöring-Rennen und ebenso erfolgreich Ponyrallys. Er ist ein Paradebeispiel für die Wesensfestigkeit und Vielseitigkeit der Rasse. Die Stammstute der Zucht ist Golden Lady (Flashy Lad – Golden Harvest), eine rahmige Stute mit guten Turniererfolgen und Siegerin der deutschen Schau von 1985. Zudem ist sie Elitestute und im FN-Leistungsstutbuch eingetragen. Ihre bisher 12 Fohlen sind durchwegs gute Exemplare, die betagte Dame ist kerngesund und erneut trächtig.
Mit Dilltal Liffey, geb. 1991, von Tulira Nimle Dick a. d. Golden Lady und Happy Girl (Arenbosch Kevin – Hilly Girl) sowie der kürzlich in Belgien erworbenen Joujou de Renival stehen auch jüngere Stuten hier, die neben ihren Mutterpflichten ebenfalls sportlich eingesetzt werden. Die Ponys leben im rauhen Westerwaldklima ganzjährig im Offenstall und sind auch bei extremen Minusgraden gesund und leistungsfähig.

# England

Die Gründung der englischen Züchtervereinigung English Connemara Pony Society, in der Folge kurz ECPS. genannt, fiel in die Nachkriegsjahre. Die treibende Kraft war damals Miss Cynthia Spottiswoode, die aus einer anglo-irischen Familie stammte und Irland regelmäßige Besuche abstattete. Sie importierte eine große Zahl guter Ponys und konnte einige Personen mit ihrer eigenen Begeisterung für die

Rasse anstecken. 1947 wurde in London die Gründungssitzung abgehalten, die Registrierung der Ponys erfolgte im Stutbuch der National Pony Society, die lange Zeit als Dachverband fungierte. Aus den zaghaften Anfängen wurde eine rasch wachsende Begeisterung und immer öfter waren Connemaras auf den zahlreichen englischen Pferdeschauen zu sehen. Cynthia Spottiswoodes unermüdliche Arbeit als erste Sekretärin und auch die anderer Mitglieder – es waren derer nur einige Dutzend – war jedoch auch von Rückschlägen betroffen. Miss Spottiswoode hatte es nie verstanden, ihre Pferdeliebe und die Notwendigkeit des Geldverdienens zu vereinbaren, und so war ihr Wirken durch ständigen akuten Geldmangel behindert. Sie wurde – völlig verarmt – 1953 das Opfer eines Verkehrsunfalles. 1953 wurde Mr. John Meade zum Vorsitzenden der neu formierten ECPS. gewählt und er war bis 1982 in diesem Amt, ein besonders rühriger und umsichtiger Funktionär, der in dieser schwierigen Periode hervorragende Arbeit leistete. Ab 1964 wurden alle Junghengste inspiziert, man versuchte auch, die Abstammungen möglichst frei von Fremdblut zu halten. Viele irische Ponys hatten damals noch keine vollständigen Pedigrees und man verlangte zumindest 75% bekannte, reine Abstammung. Das Durchschnittsniveau des Bestandes besserte sich in den folgenden Jahren deutlich, Stuten wurden allerdings noch nicht inspiziert.

1969 wurde die ECPS. in eine Gesellschaft m.b.H. umgeformt und die Eintragungsbestimmungen in das Stutbuch wurden neu und strenger formuliert. 1976 mußten sie abermals überarbeitet werden und man glich sie weitgehend an die irischen Bestimmungen an, die eine Inspektion aller zweijährigen Ponys vorsahen. 1980 gründete man ein eigenes Stutbuch, war also nicht mehr an die NPS. gebunden. Mit der neuerlichen Überarbeitung der Eintragungsbestimmungen 1983, die bis zur Übernahme der internationalen Regeln gültig waren, wurde die Inspektion der Jungstuten wieder aufgegeben. Damit tat sich England, ein sehr liberales Zuchtland, keinen guten Dienst, denn mit dem gewünschten Beitritt zum ICCPS. (siehe voriges Kapitel) wurden erneut die Diskrepanzen zum Mutterland sichtbar. Auch die Eintragung der Blue Eyed Creams (blauäugige Isabellen) war in England bis vor kurzem üblich, obwohl sie in Irland längst verpönt war. Somit wurde es für dieses wohl erfolgreichste Nachzuchtland notwendig, einige einschneidende Änderungen in seiner Zuchtpolitik vorzunehmen. Alle nach 1992 geborenen Stutfohlen werden zukünftig inspiziert und keine BECs. mehr ins Stutbuch aufgenommen.

Die ECPBS. ist einfach organisiert, es gibt einen Vorstand von 12 Personen, die den Präsidenten und Vizepräsidenten aus ihrer Mitte wählen. Zur Erledigung der anfallenden Geschäfte wird das Council gebildet, dem die Registrierung, Finanzgebarung, Ausstellungswesen, Leistungsprüfungen und ähnliche Aufgaben obliegen. Finanzielle Unterstützung erhält man über die NPS. aus einem speziellen Fonds, der durch Wettumsätze auf den Rennbahnen gespeist wird. Daraus erhält jede Pferdezuchtorganisation einen gewissen Anteil. Die ECPBS. verwendet diese Zuwendung für die

Prämien aus diversen Leistungspunkte-Systemen, sowohl für Hengste, als auch neuerdings für Stuten. Weiters werden die Inspektionen, Shows und das Bloodtyping der Hengste teilweise davon bestritten.

Jährlich wird ein umfangreiches Magazin, der Connemara Chronicle, herausgegeben, das internationale Bedeutung hat. Diese Publikation enthält Informationen jeglicher Art und aus aller Welt über die Rasse und stellt eine Art »Bibel für Connemara-Fans« dar.

England kann auf eine relativ große Zahl bestens geführter Gestüte verweisen, die sich zumeist im Besitz erfahrener Züchterinnen befinden und über eigene Hengste verfügen. Manchmal werden gute Hengste Opfer der züchterischen Eifersucht, indem sie von anderen Züchtern nicht genügend frequentiert werden.

Bestens bewährt hat sich das ausgeklügelte Leistungspunkte-System, das die Eigenleistung der Ponys und/oder die der Nachzucht berücksichtigt. Jährlich werden zwei ganztägige Veranstaltungen abgehalten, die nur der Vorstellung von Ponys sämtlicher Altersklassen in allen Disziplinen des Reitsports dienen. Die Leistungsfähigkeit englischer Zuchtprodukte ist groß und dieselben stehen nahzu durchwegs im Typ eines harmonischen, kräftigen Gebrauchsponys. Während die irischen Connemaras durch ihre Robustheit und den sehr oft starken Knochenbau auffallen, bestechen die englischen besonders durch Harmonie der Linien und Korrektheit. Viele Züchter holen regelmäßig erstklassiges Material aus Irland, leider wird dies nicht auch umgekehrt getan, die irische Zucht könnte von den geprüften Blutlinien am anderen Ufer der Irischen See profitieren.

Die Marketing-Philosophie der englischen Züchter und auch der ECPBS. ist etwas passiv, nach innen gerichtet, längst nicht so aggressiv wie auf der Grünen Insel. Deshalb sind die Preise im Schnitt auch etwas niedriger und das Preis-Leistungsverhältnis ist besser. Die gewissenhafte Aufzucht und Haltung gewähren dem Käufer eine relative Sicherheit, was den Gesundheitszustand der Tiere anbelangt. Hufpflege, Entwurmung und Impfung gehören in englischen Gestüten zur Tagesordnung, während sie im selben Ausmaß in Irland nicht üblich sind. Doch kommt auch die englische Zucht nicht völlig ohne Blutauffrischung aus dem Mutterland aus, die meist über Hengstankäufe gesichert wird.

Im folgenden kurzen Überblick werden einige der für die englische Zucht bedeutenden Hengste beschrieben. Es ist aus Platzgründen nicht möglich, alle oder auch nur einen repräsentativen Teil der englischen Zuchttiere vorzustellen. Wir müssen uns mit einer kurzen Bekanntschaft mit den all-time-greats zufriedengeben.

Snowball war ein typvoller Hengst unbekannter Abstammung, der kurz nach dem Kriege aus Limerick nach Südengland kam und dort 21 Jahre in enger Freundschaft mit seinem Besitzer Mr. Cecil Noakes verbrachte. Er wurde trotz fehlenden Pedigrees in das Stutbuch aufgenommen, gewann zahlreiche Preise und hinterließ einige gute Nachkommen. Seine Linie wird heute von drei Hengsten mit dem Aylesland-Präfix fortgesetzt, Ay. Coscoroba, Ay. Polis und Ay. Silver Bobble. Er trug durch seine Erfolge im Schauring und als Beschäler wesentlich zur

Popularisierung der Rasse bei und war ein charaktervolles Pony, das sogar die Queen zu seinen Bewunderern zählen durfte.
Lavalley Rebel (Rebel – Derrada Fanny) hatte eine lange und sehr erfolgreiche Karriere in der Connemara hinter sich, als er 1950 im Alter von 15 Jahren von Mr. John Meade gekauft und nach England gebracht wurde. Mit Inver Rebel hinterließ er einen bedeutenden Vererber in Irland, der seinerseits in Rebel Wind einen würdigen Nachfolger zeugte. Man kann sagen, daß Lavalley Rebel über Inver Rebel und Rebel Wind weit mehr Einfluß auf die englische Zucht nahm, als durch seine dort gezeugten Söhne Cream Nut, Sprig of Heather und Corrib, von denen nur letztgenannter erwähnenswert ist. Wisbridge Golden Rebel (Inver Rebel – Gold Flake) begründete eine Dynastie von guten Ponys und Wisbridge Erinmore setzte die Linie fort. Atlantic Rebel (Rebel Wind – Quiet Colleen) kam zweijährig auf das Spinway Stud und blieb dort fünf Jahre lang, ehe er nach Australien exportiert wurde. Er hinterließ zwei gekörte Söhne, Sp. Corsaire a. d. Daisy Chain und Lanburn Lemoy a. d. Nettina. Mit Sp. Zephyr und Sp. Keepsake setzte Corsaire die Linie fort, bis diese beiden Söhne nach Frankreich, bzw. Österreich exportiert wurden.
Mac Dara, der schon im Kapitel über Deutschland zu finden war, beeinfluß-

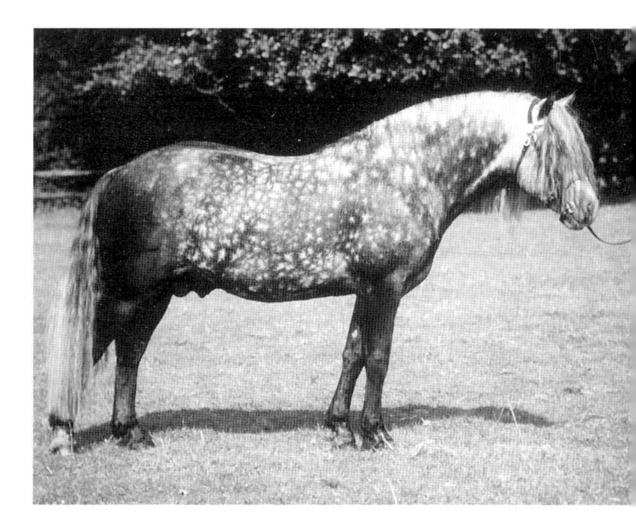

*Oben: Wisbridge Golden Rebel (Archiv CBPS)*

*Mitte: Mac Dara (Foto: S. Thompson)*

*Unten: Arrow Javelin – Arrow Stud (Foto: J. Buxton)*

te die englische Zucht zeitweise sehr stark, besonders über seinen Sohn MacNamara. Neben diesem waren auch Atlantic Sentinel a. d. Calla Brown, Murrisk a. d. Grey Girl und Treeyews Lindisfarne a. d. Village Swallow von Bedeutung, konnten aber keinen nachhaltigen Einfluß über ihre Söhne nehmen. Lindisfarnes Blut bleibt über Whalton Sandune – Hearnesbrook Fastnet – Hearnesbrook Halley erhalten. Mac Namara zeugte so gute Hengste wie Lewcombe Piccolo, Rosenaharley Cormac und andere. Eine Zeitlang wurde sogar befürchtet, es könnten zu viele seiner Söhne als Deckhengste wirken, heute sieht es so aus, als würde seine Linie aussterben. Macnamara war der Star des berühmten Rosenaharley-Gestütes der Misses Miller und brachte viele erstklassige Fohlen.
Carna Bobby war einer der in jeder Hinsicht erfolgreichsten irischen Hengste der jüngeren Vergangenheit. Mit Leam Bobby Finn a. d. Finola of Leam gelang ihm ein großer Wurf. Die Stute Finola war mit dem Ziel nach Irland gebracht worden, einen zukünftigen Beschäler für das Leam Stud des Ehepaares Meade zu gebären. Dies tat sie auch und Bobby Finn wurde einer der Patriarchen Englands. Sein irischer Vollbruder Coosheen Finn wurde einer der erfolgreichsten Hengste der Grünen Insel. Bobby Finn hinterließ mit Cocum Hawkstone a. d. Doon Bridge, Kirtling Brigadoon a. d. Leam Dooneen, St. Brides Lawrence a. d. Laura of Leam und Tiercel Woodman a. d. Silver Birch eine Reihe von guten Söhnen, von denen K. Brigadoon mit K. Tam-o-Shanter die Linie fortsetzt.
Der Hengst Thunderbolt (Thunder – Irene Grey) entstammt der selten gewordenen Mountain Lad-Linie und war bis zu seinem 21. Lebensjahr in Irland aufgestellt, wo er nur wenig frequentiert wurde. 1984 kaufte ein Syndikat von fünf englischen Züchtern den betagten Hengst, dessen Nachzucht seither in England sehr geschätzt wird. Mit Cocum Camelot a. d. Prima Donna und Spinway Comet a. d. Cailin stellt er zwei Beschäler, neben zahlreicher weiterer guter Nachzucht.

**Das Arrow Stud**

Dieses Gestüt wurde 1947 durch den Ankauf einer kleinen Zuchtstute begründet. Der Kauf erfolgte auf Anraten von Eileen Thomas, deren Schülerin Pat Parker, die Besitzerin des Gestütes, damals war. Mrs. Thomas besaß damals etliche durch Cynthia Spottiswoode importierte Ponys.

*Arrow Chevalier (Foto: N. W. Palmer)*

Diese kleine Stute war Carina of Calla (Noble Star – Victory) und sie wurde als Reit-, Fahr- und Jagdpferd verwendet. Ihr erstes Fohlen nach Lavalley Rebel, der im nahen Leam Stud stand, war die Stute Candy of Arrow. Sie wurde erfolgreich ausgestellt und dann verkauft, um einige Jahre später wieder in das Arrow Stud als Mutterstute zurückzukehren. Sie begründete eine erfolgreiche und zahlreiche Familie, die sich in Sport und Zucht bewährte. Aus der Anpaarung Candy – Leam Doonican ensprang der Gestütshengst Arrow Chevalier, der mit 24 Jahren noch immer deckt und zu den besten Vererbern des Landes zählt. Einige Produkte des Gestütes wurden nach Frankreich exportiert, andere wurden als Sport- und Zuchtponys abgegeben, darunter auch der junge Falbhengst Arrow Javelin (Arrow Chevalier – Calmore Pratie), der als Deckhengst die Linie fortsetzt.
1993 hatte das Gestüt eine besonders gute Saison, die Jährlingsstute Peruna gewann wichtige Ausstellungen, der Wallach Murphy Vielseitigkeitsprüfungen und Javelin war unter dem Sattel äußerst erfolgreich.

Mrs. Parker ist eine unermüdliche Fürsprecherin der Rasse und in diversen Funktionen für den Zuchtverband tätig. Sie organisierte auch die Vorführung von Connemaras zu Ehren der Prinzessin Margaret im Rahmen der Malvern-Show, die auf große Begeisterung stieß. Die Politik des Gestütes war es stets, Ponys mit gutem Temperament und sportlicher Eignung zu züchten, was in Anbetracht der Erfolge zu gelingen scheint.

**Das Millfields Stud**

Mrs. Anne Hammond, seit kurzem Mrs. Rolinson, ist seit Jahrzehnten eine der profiliertesten englischen Richterinnen, Ausbildnerinnen und Züchterinnen. Sie war wesentlich am Aufbau anderer Gestüte beteiligt, indem sie gute Zuchttiere für diese fand und gutes Material aus eigener Zucht zur Verfügung stellte.
Ursprünglich nahe der »Rennpferdestadt« Newmarket beheimatet, wurde das Gestüt 1987 nach Norfolk verlegt

*Millfields Stud – Gentle Breeze an ihrem 30. Geburtstag (Foto: A. E. Reynolds)*

und neu aufgebaut. Mrs. Rolinson wird dabei von ihrer Freundin Susie Wicks unterstützt, die seit 23 Jahren ihre rechte Hand ist.
Die Stammstuten waren Cornamona of Millfields (Clonjoy – Alnabrone Colleen), Gentle Breeze of Millfields (Dun Aengus - Cailin Ruaah) und Errislannan Diamante (E. Sparkler – E. Daisy). Sie lieferten – neben anderen erstklassigen Stuten – dem Gestüt eine Vielzahl guter Nachzucht, die im Sport, in der Zucht und bei Ausstellungen erfolgreich waren. Etliche fanden auch den Weg ins Ausland, darunter die Hengste M. Commodore (Australien) und M. Ensign (Finland). Von Commodore wird behauptet, er sei das teuerste Connemara gewesen, das je England verlassen hat. Cornamona und Gentle Breeze sind beide Super-Premium-Stuten, ihre Linien werden sorgfältig bewahrt. Kürzlich durfte Gentle Breeze ihren 30. Geburtstag bei strahlender Gesundheit im Kreise etlicher Dutzend Fans feiern.
Die Hengsthaltung ist auf Millfields aus Platzgründen etwas diffizil. Früher löste man dieses Problem dadurch, daß die Hengste – zeitweise bis zu vier Stück – an benachbarte Vollblut-Gestüte als Probierhengste verborgt wurden. Heute ist dies nicht möglich, doch der Stammhengst Millfields Trident (Tulira Boreen Sprat – Gentle Breeze) steht nicht allzu weit entfernt auf dem Hungry Hall-Gestüt. M. Corunna und M. Troubadour stehen in Cambridge, resp. Newmarket und sind daher ebenfalls in greifbarer Nähe. Trident wurde 1993 Vize-Champion der Hengste auf der Breed Show in Newmarket, er ist ein typvoller, kräftiger Hengst mit viel Fundament und vererbt sehr gut.

**Oaklands**
Unter diesem Namen züchtet Nicholas Palmer seit vielen Jahren erstklassige Ponys. Er hat sich ganz den Connemaras verschrieben und gilt als einer der besten Experten für Blutlinien und die Geschichte der Rasse. Oaklands ist weniger der Name eines Gestütes im eigentlichen Sinne, als vielmehr das Markenzeichen dieser kleinen, exquisiten Zucht, die an der Grenze der englischen Cotswolds zu Wales beheimatet ist. In diesem rauhen, aber wunderschönen Hügelland stehen auf großen Bergweiden die Stuten und Jungpferde, die ohne Stall unter natürlichen Bedingungen leben. Aufgrund der Abgeschiedenheit und des Fehlens

*Nicholas Palmer mit Snowdrop und Bluebell*

eines Transporters werden Oaklands-Ponys nur sehr selten auf Ausstellungen gezeigt, sind dann aber meist erfolgreich. Auch die sportliche Ausbildung steht im Hintergrund, die Erhaltung des alten Connemara-Typs erfolgt durch umsichtige Zuchtwahl. Zu leichte, spritzige Ponys sind unerwünscht, doch gibt es eine Schwäche für Palominos, Falben und Isabellen.

Nicholas Palmer lernte als junger Mann im Zuge seiner Reitausbildung Connemaras kennen und schätzen, bald danach erwarb er mit Llandegvedd Bean Sí seine erste Stute. Mit Celtic Truska Prince brachte sie den Deckhengst Rustle of Spring, der leider früh einging, aber in Midnight Marcus einen guten Sohn hinterließ. Mit der Falbstute Exton Goodbye kam nicht nur ein Champion im Showring, sondern auch eine außergewöhnlich gute Mutter zu Palmer. Sie brachte neben zahlreichen anderen guten Ponys auch die hervorragenden O. Crystal Cloud, Mickey Finn und O. Conquistador.
Mit der Verwendung des Hengstes Celtic Truska Prince, der zu einem Viertel im Palmer´schen Besitz steht, wird auch die Zuchtpolitik schon angedeutet: Möglichst seltene Linien zu bewahren. Die verfügbare Weidefläche macht die Haltung eines Gestütshengstes unmöglich, dafür werden die bewährten Hengste anderer Züchter eingesetzt. Die Herde umfaßt derzeit fünf Altstuten, eine Dreijährige und eine Jährlingsstute.

**Shipton Stud**

Nahe der malerischen Stadt Cheltenham in Cloucestershire liegt das Gestüt einer der erfolgreichsten Züchterinnen Englands, Miss Elizabeth Beckett. Die betagte Dame hat jahrzehntelang die Geschicke des Verbandes mitbestimmt und erstklassige Ponys gezüchtet und verkauft.
Shipton hat neben reinrassigen Connemaras früher auch hervorragende Partbreds hervorgebracht, die im großen Sport gingen, z. B. Shipton Eblana von Atlantic Sentinel. Diese halfen, den guten Ruf des Gestütes aufzubauen, der durch unzählige Erfolge bestätigt wurde. Die Ponys grasen auf großen, geschützten Weiden, die Fohlen erhalten den besten möglichen Start ins Leben, dann werden sie robust gehalten, wobei auf gute Betreuung viel Wert gelegt wird. Die Stutenherde umfaßt etwa 20 Tiere, die zumeist schon älter sind, doch durchwegs von erstklassiger Qualität. Neben dem Hengst Atlantic Sentinel, einem braunen Mac Dara-Sohn, steht der Schimmel Garryhack Tooreen (Tulira Smasher – Garryhack Lady) als Hauptbeschäler hier. Er stammt aus Irland und kann nicht weniger als fünf Siege in der Hengstklasse sowie ein Supreme Championship bei der ECPS.-Show aufweisen. Sentinel, heute 28-jährig und im Ruhestand, brachte viele erstklassige Nachkommen und war ein Stutenmacher, sein einziger gekörter Sohn steht in Holland.
In den Anfängen kamen viele Ponys aus der Zucht Lord Revelstokes auf das damals in Oxford beheimatete Gestüt. Unter ihnen waren so gute Stu-

*Garryhack Tooreen – Shipton Stud*
*(Foto: A. E. Reynolds)*

ten wie Moy Heather, Abbeyleix Cherry Plum und Lisdeligna Rose. Leider ging der Hengst Chiltern Curlew, der sich in Anpaarung mit den Töchtern Sentinels so gut bewährte, 1993 überraschend an Schimmel-Melanomen ein. Er war als Sohn des Island Duke ein Vertreter der Naseel-Linie und ein attraktives, korrektes Pony. Seine Nachkommen sind erfolgreiche Sportponys und mit Shipton Teazel a. d. Shipton Mayflower hat er einen gekörten Sohn.

Das Gestüt ist auf den Verkauf guter Fohlen spezialisiert, da es an Möglichkeiten fehlt, ältere Ponys auszubilden. In Doreen, ihrer ehemaligen Kinderfrau, hat Mrs. Beckett seit 30 Jahren eine unermüdliche und geduldige Helferin.

**Spinway Stud**

Ponys mit dem Spinway-Präfix sind nicht nur im Ring stets vorne zu finden, sondern bewähren sich auch in sportlichen Bewerben ausgezeichnet. Besitzerin Sarah Hodgkins wollte eigentlich Welsh-Ponys züchten, mit der irischen Stute Anne-Marie begann jedoch eine steile Karriere, die der ambitionierten Junggesellin inzwischen diverse Aufgaben im Verbandsvorstand und zwei Amtsperioden als Vorsitzende einbrachte.

Spinway-Ponys sind eine gelungene Kombination aus Qualität und Substanz, die durch Korrektheit und Gangvermögen bestechen. Aufgrund guter Kontakte zu irischen Züchtern gelang es immer wieder, beste alte Blutlinien für das Gestüt zu erwerben. Stammstuten waren Keyhole of Abbeyleix, Daisy Chain of Spinway, Spinway Cailin und Errisbeg Rose, die nach jahrelangen Verkaufsgesprächen erst als altes Pony hierher kam. Sie kann auf sechs gekörte Söhne in ebensovielen Ländern verweisen.

Auf Spinway standen stets gute Hengste. Atlantic Rebel war der erste dieser Hengste, blieb fünf Jahre und ging dann nach Australien. Sp. Playboy (Murrisk – Lambay Lassie) genießt heute die Pension, der 25-jährige Schimmel wurde wegen einiger BEC-Nachkommen nie stark frequentiert.

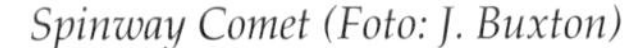
*Spinway Comet (Foto: J. Buxton)*

Sp. Corsaire ging nach dem erfolgversprechenden Start seiner Beschälerlaufbahn allzu früh ein. Heute sind es Sp. Comet (Thunderbolt – Sp. Cailin) und der aus Irland stammende Ashfield Blue Rock (Ash. Sparrow – Ash. Blue Molly), welche durch hervorragende Nachzucht auf sich aufmerksam machen. Comet kann zudem auf etliche Siege auf den größten Ausstellungen verweisen, so z. B. wurde er 1993 Champion aller englischen Connemaras, wie schon 1985 seine Mutter. Miss Hodgkins ist gerne bereit, Besucher zu empfangen und ihnen die Ponys vorzustellen. Solche Besichtigungen sind stets auch Lektionen in Ponyzucht und Abstammungslehre und nicht zuletzt wegen der malerischen Lage des Gestütes eine Reise wert.

## Frankreich

Die Grande Nation verfügt über ein ganz erstaunliches Potential an Connemaras, derzeit dürfte sich der Bestand zwischen 8.000 und 10.000 bewegen. Damit gebührt Frankreich eindeutig die Ehre, das weltgrößte Nachzuchtland zu sein, was für dieses Buch nur insofern von Bedeutung ist, als es mir durch die Verbreitung der Connemaras im französischen Zucht– und Sportgeschehen nahezu unmöglich ist, einen auch nur annähernd kompletten Überblick zu geben.
Doch ist in der Pferdezucht Masse nicht immer auch notwendigerweise Klasse. Obwohl die Zucht von Sportpferden, Rennpferden und Kaltblütern in Frankreich seit vielen Jahrzehnten (in manchen Fällen sogar Jahrhunderten) mit großer Passion und viel Erfolg betrieben wird, befindet sich die Ponyzucht allgemein in einer gewissen Sackgasse. Die wenigen einheimischen Rassen Pottok Pony, Landais Pony, Merens Pony und seit einigen Jahrzehnten auch Poney Français de Selle sind international nur von geringer Bedeutung. Bis auf das französische Reitpony sind sie ziemlich alten Ursprunges und wurden als landwirtschaftliche Nutztiere verwendet. Das Poney Français ist eine züchterische Neuschöpfung der Nachkriegsjahre und entstand durch mehr oder weniger planmäßige Verkreuzung der alten, heimischen Rassen mit Welsh-, Dartmoor-, New Forest- und Connemara Pony, daneben finden auch Araber und kleine Vollblüter Verwendung.
Aus dieser recht bunten Mischung gehen teilweise sehr leistungsfähige und harmonische Tiere hervor, desgleichen aber auch ziemlich durchschnittliche. Einige Züchter belegen ausschließlich Connemarastuten zum Zwecke der Reitponyerzeugung oder verwenden Connemara-Hengste, von denen die Staatsgestüte ständig rund 20 aufstellen. Die Zucht von Partbreds ist weit verbreitet, man kreuzt vor allem Vollblüter und auch Selle Français-Hengste mit Connemarastuten, um wendige, trittsichere Sportpferde zu erhalten. Obwohl es eine relativ große Anzahl solcher Partbreds gibt, wird kein Register geführt und offiziell werden die Tiere als »unbekannter Abstammung« bezeichnet, sogar dann, wenn beide Elterntiere hervorragende Pferde sind. Man wartet in Frankreich auf die Erstellung eines Reglements für die Registrierung von Partbreds durch das ICCPS., was noch einige Zeit dauern dürfte, da

Irland keinerlei Interesse an der Frage der Partbreds zeigt.
Die Präsenz Frankreichs bei den internationalen Meetings in Clifden ist ein begrüßenswerter Schritt zur Annäherung, allerdings wird auch immer wieder klar, wie weit Frankreich noch von einer möglichen Angleichung an die Regeln des ICCPS. entfernt ist. Aufgrund der Größe des Landes und des zentralisierten und computerisierten Registrierungssystems waren Inspektionen bislang kaum möglich und wurden als nicht notwendig erachtet. Nun ist man seit 1993 darangegangen, diesen Zustand zu ändern und Inspektionen werden abgehalten. Seit Anfang 1994 gibt es verbindliche Regeln zur Durchführung, allerdings müssen erst genügend erfahrene und qualifizierte Inspektoren gefunden werden. Überhaupt scheint der Mangel an versierten Richtern der Zucht sehr abträglich zu sein und man ist bestrebt, dieses Manko auszugleichen, was aber ein langwieriger Prozeß ist. Als Folge der mangelhaften Definition des Zuchtzieles findet man stark unterschiedliche Typen, jeder Züchter ist auf sein eigenes Urteilsvermögen angewiesen und man kann keine gemeinsame oder überregionale Zuchtpolitik erkennen. Beachtlich sind allerdings die sportlichen Erfolge, Connemaras schlagen sich besonders in den Disziplinen Springen und Vielseitigkeit hervorragend.
Der Import von Connemaras begann etwa um 1963, allerdings waren es vorerst nur wenige Ponys, die aus Irland oder England stammten. Bald folgte eine beachtliche Anzahl irischer Tiere, darunter vier von Lambay Island im Jahre 1965. Es setzte ein regelrechter Boom ein und 1965 kaufte Monsieur Chagnaud eine Rebel Wind-Tochter und kurz darauf den ersten Hengst, Island Earl. Mit großer Konsequenz baute er einen beachtlichen Zuchtbetrieb auf, der 14 Mutterstuten umfaßte. Island Earl (Carna Dun – Helpmate) wurde quasi zum Wegbereiter der Zucht in Frankreich und deckte zahlreiche Stuten, unter deren Nachkommen 1988 nicht weniger als acht staatliche Deckhengste und zwei Privathengste waren. Ich kann Herrn Chagnaud nicht mehr auf der Züchterliste finden, Island Earl verstarb vor wenigen Jahren.
Die Association Francaise du Poney Connemara (AFPC.) wurde im September 1969 gegründet. Bedeutende Züchter dieser Zeit, auch später noch erfolgreich aktiv, waren die Herren Allonneau, Chagnaud, Nemes und Lependruy (erster Präsident der AFPC.) sowie die Damen Forcraud, Marcoux, Morgan und Ctesse. de Logères. Ab 1975 erfolgte der große Aufschwung, der auch ein gesteigertes Interesse der Staatsgestüte an der Rasse mit sich brachte. Man fand im Connemara eine ideale Verbindung von Größe, Springvermögen und gutem Temperament vor, die bislang in Frankreich keine andere Ponyrasse geboten hatte.
Heute hat die AFPC. rund 320 Mitglieder, von denen allerdings »nur« rund 50 ständig und in größerem Umfang züchten. Die Leitung liegt in den Händen eines 13 Mitglieder umfassenden Conseil d´Administration, das viermal jährlich zusammenkommt. Zweimal jährlich werden Generalversammlungen abgehalten, bei denen die notwendigen Wahlen durchgeführt werden. Die Amtsperioden dauern drei Jahre, dreimal jährlich wird eine Verkaufsli-

*Knockadreen Holiday Cliff – Haras du Chesney*

*Westside Little Madam – Haras du Laps*

*Haras du Chauleuse: Morza (Farandolas Tochter), Farandola, Oakleight Nell*

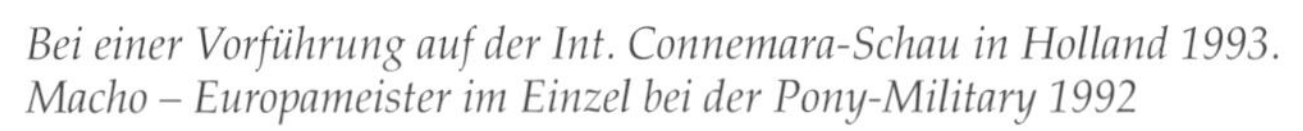

*Bei einer Vorführung auf der Int. Connemara-Schau in Holland 1993.*
*Macho – Europameister im Einzel bei der Pony-Military 1992*

ste publiziert und am dritten Wochenende im September findet (zumeist in Tours) die nationale Zuchtschau statt.
Die Inspektionen werden je nach Bedarf an drei bis fünf Orten landesweit abgehalten, ebenso finden in ganz Frankreich mehrere Regionalschauen in Zusammenarbeit mit den Nationalgestüten statt. Letztere geben auch die Stutbücher und Zuchtdokumente heraus, es besteht eine föderalistische Zucht, im Gegensatz zum englischen System.
1988 fand ich auf der Gestütsliste sechs Zuchtbetriebe mit mehr als zehn Stuten, zehn Betriebe mit sechs bis zehn Stuten, 32 Gestüte mit drei bis fünf Stuten und nicht weniger als 110 Züchter mit einer oder zwei Stuten. Wie würden sich doch manche andere Länder eine derartige Dichte wünschen! Auch die 23 Nationalgestüte stellen regelmäßig Connemara-Beschäler auf. Alle Hengstlinien sind vertreten, wobei ein relativ starker Einfluß der über Carna Dun Fremdblut führenden Hengste zu bemerken ist. Carna Bobby ist häufig in den Pedigrees zu finden, auch Dun Aengus, Murrisk und MacDuff hinterließen einige Söhne, die beiden Letztgenannten verbrachten ja ihren Lebensabend in Frankreich. Somit ist auch Dun Lorenzo, dieser überaus wertvolle Vererber, hier zu finden. Neben den alten Connemara-Linien sind auch relativ viele Vertreter der Carna Dun- und zwei der Clonkeehan Auratum-Linie zu finden. Carna Dun stellt mit Island Earl seinen bedeutendsten Sohn, über Camlin Cicada den guten Falbhengst Lambay Fireball und über Ballintemple Dun Rambler den erfolgreichen Knockadreen Holiday Cliff. Neben diesen führen noch weitere Hengste Carna Dun-Blut in unterschiedlicher Dosierung.
Der braune Hengst Robber Boy (Clonjoy – Rinso) ist ein erfolgreiches Springpony und hat eine stattliche Anzahl von gekörten Söhnen, nahezu ebenso viele wie Island Earl. Auch Tulira Crackerjack führt Clonjoy in seinem Pedigree. Man hat also in Frankreich den Einsatz von viel Fremdblut führenden Hengsten nicht gescheut, was mit der vorwiegend sportlichen Verwendung der Connemaras erklärt werden kann.
Die Stutenpopulation ist sehr groß, umfaßt zum Teil auch importierte oder im Lande gezogene Ponys von sehr guter Qualität, läßt insgesamt aber etwas an Typ und Substanz zu wünschen übrig. Einige der größeren Züchter kaufen regelmäßig in Irland und England ein und versuchen auf diese Weise, bewährte Blutlinien und Typen in ihren Zuchten zu erhalten. Die Gestüte von M. Hubert Laurent (Haras Mélody) mit dem Hengst Idenoir und von Mme. Françoise Birkigt (Haras du Chesnay) mit Knockadreen Holiday Cliff zählen – nicht zuletzt wegen der Qualität der beiden Hengste – zu den bekanntesten Betrieben und können auf zahlreiche Siege auf allen großen Ausstellungen des Landes verweisen. Holiday Cliff ist ein Enkel Carna Duns, sein Vater Ballintemple Dun Rambler stand in Co. Tyrone in Nordirland. Cliff kam 1979 über einen schweizer Zwischenhändler nach Frankreich und stellt seither sehr gute Nachkommen und ist selbst im Showring und unter dem Sattel erfolgreich. Idenoir ist ein Sohn des importierten Windy Cove Ranger aus der Little Cashel Hill und wurde 1974 geboren. Er verweist neben zahlrei-

chen persönlichen Erfolgen auf gute Nachzucht und stellt einige gekörte Söhne, deren bester wohl Ut Majeur Melody sein dürfte. Idenoir bringt in der Anpaarung mit der Stammstute Carrabaun Cracker regelmäßig sehr gute Nachzucht.
Carna Bobby hat in Frankreich mit Coshla Bobby, Cove Commander, Coolfin Bobby und Abbeyleix Apollo einige Hengste hinterlassen, die ihrerseits schon wieder gekörte Söhne haben, diese Linie ist also reichlich vertreten. Erwähnung verdienen auch Spinway Zepher (Spinway Corsaire), King´s Ransom (tot, Killyreagh Kim), Lambay Fireball (Camlin Cicada), Fort Doolin (Rory Ruadh) und Clare Charger (Mervyn Storm). Sie alle führen gemäß Informationen ihre Linien mit Söhnen fort.

**Haras de Garenne**
Dieses Gestüt wurde 1972 gegründet und hat seither viele erfolgreiche Ponys hervorgebracht. Damals kaufte der Vater des derzeitigen Besitzers, Georges Nemès, vier exzellente Zuchtstuten in Irland. Diese waren Aillebrack Rosie, Atlantic Mackerel, Clonross Cool Star und Village Dun. Kurz darauf erwarb er den Hengst Ashfield Aengus, der inzwischen betagt, aber wohlauf ist.
Georges Nemès hatte eine große Landwirtschaft erworben und man beschloß, Pferde zu züchten, allerdings wollte man eine Rasse wählen, die robust genug ist, um im Freien gehalten zu werden, aber auch sportlich einsetzbar sein sollte. Connemaras wurden damals in Frankreich sehr populär, denn ihre Größe machte sie gleichermaßen für Jugendliche wie für Erwachsene geeignet. Zudem trugen ihre Springbegabung und Anspruchslosigkeit zu ihrer raschen Verbreitung bei.
Viele erstklassige Springponys mit nationalen und internationalen Turniererfolgen stammen aus der Zucht »de Garenne«, das bekannteste war wohl Ira de Garenne, die unter Alexandra Lederman große Erfolge errang. Nach ihrer bemerkenswerten Sportkarriere kam sie in die Zucht, gebar aber nur einen Sohn nach Island Earl vor ihrem frühzeitigen Tode. Dieser junge Hengst namens Vlakvent de Ruere macht sich bereits einen Namen als Springpony und steht bei Michel Nemès im Deckeinsatz, obwohl eigentlich auf dem Gestüt von Herrn Bouchet-Pillon in der Morvan geboren, wo Island Earl seine letzten Lebensjahre verbrachte.

**Haras du Chesnay**
Vor etwa 18 Jahren begann Françoise Birkigt mit der Zucht von Connemaras, seither hat sie sich wiederholte Male als eine besonders erfolgreiche französische Züchterin bewiesen. Wesentlich beteiligt am guten Ruf ihrer Zucht ist der Hengst Knockadreen Holiday Cliff, der 1978 auf dem Briefwege gekauft wurde. Seine Geschichte ist amüsant und vielleicht auch ein bißchen typisch für ein Connemara. Diese Ponys sind ja oft rohe Diamanten, wenn sie Irland verlassen und stellen sich schon bald als besonders talentiert heraus.
Cliff kam jedenfalls in die Schweiz, nachdem er in Irland von einem schweizer Pferdehändler gekauft worden war. Dies geschah nur deshalb, weil auf dem Lkw gerade noch ein Platz frei war und der Connemarahengst zufällig zum Verkauf stand.

Der Sohn des Händlers startete den Hengst unmittelbar nach dessen langer Reise in einem Turnier in Yverdon, wo er nur einen Abwurf und eine Verweigerung hatte. Was aber noch mehr verwunderte, war die Tatsache, daß er sich weigerte, anders als aus dem Trab zu springen. Im Jahr darauf, als er sich bereits in ihrem Besitz befand, traf Madame Birkigt den Vorbesitzer und fragte ihn, ob er schon früher gesprungen sei. Es wurde ihr gesagt, daß der Hengst nur zwei Sprünge an der Longe, und zwar aus dem Trab absolviert hatte, am Tage seines Verkaufes! Er hatte sich seine erste Springlektion also genau gemerkt!
Zwei Jahre später wurde er bei der Hengstshow von Cluny im Geschirr vorgestellt, wo er den zweiten Platz erringen konnte – nach nur zwei Wochen Training. Aufgrund seines hervorragenden Temperamentes, seiner Leistungsfähigkeit und der guten Nachzucht ist Cliff ein bekannter und beliebter Beschäler.

**Haras de Chauleuse**
Um 1970 mußte Ursula Melcher nach einem schweren Reitunfall das Bett hüten. Sie las in einem englischen Buch über die Rasse der Connemaras und fand darin auch die Adresse des englischen Zuchtverbandes. Ein Telefongespräch mit der damaligen Sekretärin, Louise Barthorp, resultierte im Kauf zweier Stuten, Moytura und Oakleigh Nell. Nell war von Macnamara gedeckt und eine besonders attraktive Falbstute, Moytura ein hervorragendes Sportpony. Drei Jahre später wurde Nell nach England zu Sprig of Heather gebracht, aus dieser Paarung fiel die gute Zuchtstute Farandola. Noch vor ihrer Rückkehr nach Frankreich wurde sie von Ursula Melcher unter der Anleitung von Louise Barthorp auf der jährlichen Zuchtschau vorgestellt und gewann das Championat!
Beide Stuten wurden rund 30 Jahre alt und brachten zahlreiche, gute Nachzucht. Frau Melchers Ponys tragen keinen Gestütsnamen, sondern als »Zunamen« den eines französischen Departements, welcher jährlich geändert wird, sodaß ein Jahrgang z. B. ... de Jura heißt, ein anderer ... de Gironde etc.
Im Jahr der internationalen Konferenz 19971 besuchten Herr und Frau Mel-

*Moytura – Haras du Chauleuse*

cher Irland und kauften dort die Stute Ocean Moon, die in Irland blieb und von Finney Master und ein Jahr darauf von Ballydonagh Rob gedeckt wurde. Daraus resultierten die Stuten Gironde und Hermine, ein BEC. Letztere brachte sehr gute Partbreds, die im Sport sehr erfolgreich sind.
Der aus England stammende Hengst Spinway Zepher (Spinway Corsaire – Zet Dixie) bewährt sich sehr gut und hat in Berry III einen gekörten Sohn, der ebenfalls auf dem Gestüt eingesetzt wird.

**Haras du Laps**
Herr Bozzo stammt aus Laps in der Auvergne, nahe Clermont-Ferrand, im Herzen einer Region, die für ihr vulkanisches Muttergestein und ihre Thermalquellen berühmt ist. Er ist ein großer Pferdefreund und Liebhaber alles Schönen, sammelt antike Möbel, Bilder und – gute Connemaras. 1974 kaufte er sein erstes Pony, eine Stute von Ben Lettery, mit deren fünf Nachkommen er sein Gestüt begründete. Schon früh begann er ein intensives Studium der Blutlinien und der internationalen Stutbücher, auf das er seine extrem umsichtige und erfolgreiche Zuchtpolitik stützt.
1979 bereiste er Irland, wo er einige Gestüte und die Schau in Clifden besuchte, was ihm weitere Anregungen gab. Er arbeitete unermüdlich weiter an der Erstellung einer auf Pedigree-Analysen aufbauenden Zuchtrichtung und erwarb auf einer weiteren Irlandreise 1982 seine beiden ersten irischen Stuten, Ballymadun Belle (The Fugitive – Ballydonagh Blue Bird) und Westside Little Madam (Sticky – Lady Grey). Belle hatte in Clifden gewonnen, war Zweite und Reservechampion in Dublin und gewann 1987 ihre Klasse in Tours. Sie bringt hervorragende Nachzucht. Little Madam war ebenfalls in Irland erfolgreich gewesen, sie wurde 1991 Klassensiegerin und Reservechampion in Tours. Ihre vier Söhne bis dato sind allesamt Deckhengste, deren bekanntester Silver of Laps nach Checkpoint Charlie ist. Er und seine Brüder waren und sind allesamt Sieger im Showring.
Dieses kleine, aber sehr erlesene Gestüt bringt auf Grund der intensiven Beschäftigung seines Besitzers mit der Materie hervorragende Resultate.

# Holland

Die niederländische Pferdezucht erlangte in den letzten Jahrzehnten neuerlich einen erstklassigen Ruf. Man ging nach dem Krieg mit viel Verstand und Selbstdisziplin daran, aus den nicht mehr ganz zeitgemäßen Rassen Groninger und Gelderländer unter Zuhilfenahme von Fremdblut eine neue, höchst leistungsfähige Population zu schaffen. Die sehr praktisch denkenden Holländer haben es innerhalb relativ kurzer Zeit verstanden, eine Spitzenposition in Zucht und Sport zu erringen, was nicht zuletzt auf die gezielte Förderung des Nachwuchses zurückzuführen ist. Einige englische Ponyrassen,wie Shetland, Welsh und New Forest erfreuen sich seit Jahrzehnten großer Beliebtheit und die Bestände werden eifrig vermehrt. Die Connemaras gelangten erst später hierher, etwa um 1967. Damals wurden einige Transporte aus Irland durchgeführt, ich nehme aber an, daß man diese Ponys weitgehend als Reit-

pferde und nicht zur Zucht verwendete.
Dennoch wurde 1968 ein Zuchtverband gegründet, der sich auch der Vermarktung annahm. Noch im selben Jahr traten Connemaras beim internationalen Springturnier von Rotterdam als Schaunummer auf und bereits im Herbst erfolgte die erste Zuchtschau. 54 Ponys, darunter 14 Fohlen, nahmen teil und schon bald ging man dazu über, alljährlich zwei Regionalschauen und eine nationale Schau abzuhalten. 1978 wurde der erste Band des Stutbuches veröffentlicht, der Bestand an Ponys war inzwischen auf rund 1.000 angewachsen und der Verband zählte um diese Zeit rund 250 Mitglieder. Im Unterschied zu den meisten anderen europäischen Nachzuchtländern war das Nederlands Connemara Pony Stamboek nie einer übergeordneten Organisation angegliedert, sondern führte sein eigenes Stutbuch und betreute die Rasse auch sonst weitestgehend selbständig. Der langjährige Präsident der Organisation, Dr. Lockefee, war ein international angesehener Pferdemann und auch Präsident der Sektion für Pferde innerhalb der COPA sowie aktiver Züchter. In relativ kurzer Zeit gelangte die Rasse in Holland zu großer Popularität, was besonders auf die zahlreichen öffentlichen Auftritte bei großen Veranstaltungen zurückzuführen war. Diese Großereignisse sind in den westlichen Staaten

*Oben: Atlantic Curragh*

*Mitte: Surprise v. d. Kiboets*

*Unten: Ballydonagh Deidre (Archiv Milleder)*

Europas sehr beliebt und werden von zehntausenden Besuchern frequentiert, sind also ideale Schaufenster der Zucht.

Die Hengstkörungen werden alljährlich zentral durchgeführt, Junghengste erhalten eine auf ein Jahr beschränkte Deckerlaubnis, Althengste eine für drei Jahre gültige. Die Inspektionen werden unter der Oberaufsicht des Landwirtschaftsministeriums durchgeführt und beinhalten auch eine strenge veterinärmedizinische Kontrolle. Wie in einigen anderen Ländern, erweist sich die vorwiegend sportliche Nutzung der Connemaras als problematisch, da der ursprüngliche Ponytyp darunter manchmal leidet. Mit Verwunderung stellte ich anhand des Hengstkataloges 1993 fest, daß auch ein 3/4-Connemara-Hengst gekört wurde, dessen Nachzucht in das Stutbuch aufgenommen wird. Man sieht also, daß die leistungsorientierte Zucht mit den Grundanforderungen der Reinzucht manchmal in Konflikt gerät, was nicht im Sinne einer einheitlichen, europaweiten Zuchtbuchordnung liegen kann.

Der Gründerhengst in Holland war Glenarde (Mac Dara – Ballinahown Grey), der sechsjährig aus Galway importiert wurde und dem Gestüt der Baronin van Tuyll gute Dienste leistete. Das Gestüt – eines der wichtigsten in der Aufbauphase – wurde später unter Mitnahme fast aller Ponys nach England verlegt, wo es sich weiterhin großer Erfolge erfreute.

Viele holländische Hengste, besonders in den Anfängen der Zucht, führten sich auf Rebel Wind zurück. Dies ist nun an sich nicht nachteilig, bedenkt man, daß gerade dieser Hengst in manchen anderen Ländern nicht sehr stark vertreten ist. In Holland schien er dies auszugleichen, denn nicht weniger als vier Söhne und zwei Enkel gelangten hierher, was wohl zuviel des Guten ist. Easter William a.d. Miss Gortalowery war ein beliebter und nützlicher Enkelsohn des Rebel Wind, der zwar keinen Sohn stellt, aber eine florierende Familie begründete.

Ocean Wind (323, Rebel Wind – Ocean Melody) wurde von Leon und Martha Verschueren, den Besitzern des bekannten Arenbosch-Gestütes, importiert. Mit Arenbosch Kevin a.d. Twiggy v. Carna Bobby hat er einen Sohn in Deutschland, daneben zahlreiche gute Nachzucht in Holland. Black Billy (461, Rebel Wind – Dooneen Grey) war ein kräftiger Hengst des alten Schlages,er wurde nach zwei Jahren kastriert. Später wurde man sich seines Wertes bewußt, aber der Schaden ließ sich nicht mehr rückgängig machen.

Cannon (533) wurde von Michael Conroy aus der guten Breath of Spring gezogen und zeugte vor seinem Export nach Holland in Ballyheane Cannon einen irischen Sohn. Cannon selbst wurde in Holland nicht sehr geschätzt.

Rough Diamond (292) a.d. Morning Pearl wurde ebenfalls von Baronin van Tuyll importiert und hatte neben anderen guten Nachkommen in Moonstone einen mehr als nützlichen Sohn, der gute Stuten machte.

Mit Atlantic Cliff (663) kommen wir zu einem interessant gezogenen Pony, denn sein Vater Dangan Dan, ein Sohn Rebel Winds aus der Hillswood Helena, ist somit ein Vollbruder zu Cannon. Atlantic Cliff a.d. Hillswood Helena ist niemand geringerer als der Vater des bekannten Mervyn Kings-

*Mervyn Kingsmill (Foto: J. Buxton)*

mill, der sich jahrelang größter Beliebtheit in Irland erfreute. Dieser steht heute in England, sein Stern dürfte nach den phänomenalen Erfolgen in Irland nun im Sinken sein. A. Cliff bewährt sich als vielseitiges Sportpony.

Atlantic Curragh (294, Dun Aengus – A. Surf) war der Senior unter Hollands Hengsten und stellt mit Surprise und Second van de Kiboets zwei gekörte Söhne. Er war immens populär, gewann zahlreiche Preise und Championate und deckte viele Stuten. Seinen guten Typ, seine Härte und guten Reiteigenschaften gab er getreu weiter. Durch seinen Kauf ging Dr. Lockefeer den Züchtern mit gutem Beispiel voran.

Sticky (377, Carna Bobby – Cashel Kate) ist ein betagter Herr, doch einer der wertvollsten holländischen Vererber. Mit Brimstone van Graaf Janshof aus einer Abbeyleix Owen-Stute hat er einen guten Sohn, der derzeit in Deutschland steht. Dieser konnte die Linie mit Stan und Iltschi van de Leliaard weiterführen. Sticky ist selbst in Dressur und Springen weit gefördert und gibt seine sportlichen Qualitäten weiter. Neben ihm waren mit Leam Silver Finn und Van de Arenbosch Jelle weitere Hengste der Carna Bobby-Linie im Einsatz.

Mit Abbeyleix Finn (675, A. Rí – Finola of Leam) kommen wir zu einem Hengst, der in Irland wenig Eindruck machte, aber ein gutes Pedigree hat, aufgrund dessen er sich vorteilhaft vererben sollte. Er stammt aus Lady de Vescis berühmter Lavalley Rebel-Tochter, die auch Mutter der berühmten Brüder Leam Bobby Finn (England) und Coosheeen Finn (Irland) war. Väterlicherseit führt er Clonkeehan Auratum, was der Grund für seine relativ geringe Popularität in Irland gewesen sein könnte.

Fremdblut finden wir noch in den Hengsten Carna Gold (Carna Dun – Carrabaun Colleen) und damit abgeschwächt in seinem Sohn Marvel van Graaf Janshof, dessen Mutter die vorzügliche Ballydonagh Deirdre ist. Auch Diplomat von Diamonds Rum führt Fremdblut, er kam unter seinem ersten Namen Diamonds Dandy nach Deutschland und ist ebenfalls ein Sohn Carna Duns. Diplomat dürfte sowohl in Deutschland als in Holland als Beschäler tätig sein, jedenfalls fand ich ihn in beiden Hengstlisten. Fort Tynion führt über seinen Vater Rory Ruadh verschiedene Fremdbluteinflüsse, mehr darüber findet man in der Besprechung Dänemarks.
Ich muß zugeben, daß mich das komplexe Körsystem mit ein- und dreijährigen Deckperioden bei der Aufstellung der Hengstlinien sehr behindert hat. Der ständige Wechsel im Hengstbestand durch die dauernden An- und Abkörungen macht es für einen außenstehenden Beobachter unmöglich, Kontinuitäten festzustellen.
Insgesamt kann man sagen, daß die holländische Zucht bei den Hengsten keine sehr breite Basis aufweist, die Stutenfamilien sind, wie ich meinen Quellen entnehme, wesentlich besser bestückt. Schon bei der ersten Einkaufsreise holländischer Käufer nach Irland konnten mit Kingstown Swallow und ihren Töchtern, Lor Blue Belle, Heather Mixture, Errislannan Fuchsia und Beauty Queen und noch etlichen anderen guten Stuten die Weichen gestellt werden. In den folgenden Jahren wurden ein paar gute Zuchtstuten aus England geholt. Carna Bobby findet sich in etlichen Pedigrees einiger der besten holländischen Stuten, daneben auch Carna Dun, Cl. Auratum und Clonjoy und Ben Lettery.

Das holländische Ausstellungs- und Prämienwesen ist etwas unterschiedlich zu den übrigen Ländern und verdient eine kurze Erläuterung. Die Pferde werden bei Zuchtschauen mit Prämien von 1 bis 3 ausgezeichnet, wobei durchaus mehrere Tiere in einer Klasse eine Prämie 1 etc. erhalten können. 1980 führte man ein neues, zusätzliches Prämiierungssystem ein, das den Züchtern Anreiz zu vermehrter Qualitätszucht und eifrigem Besuch von Ausstellungen bieten soll. Jede vierjährige oder ältere Stute kann bei der nationalen Schau aufgrund ihres Typs, Exterieurs und Bewegungsablaufes eine »Star-Prämie« bekommen, die lebenslange Gültigkeit hat. Fünfjährige und ältere Star-Stuten, die ein gutes Fohlen gebracht haben und Erfolge in einer sportlichen Disziplin aufzuweisen haben, können die »Selekt-Prämie« erringen. In der Praxis sind nur ausgezeichnete Star-Trägerinnen dazu in der Lage. Als letzte Steigerung wird die »Präferent-Prämie« an jene Selekt-Stuten verliehen, die unter ihren Nachkommen mindestens zwei oder drei hervorragende Ponys haben, z. B. Deckhengste oder Star-Stuten .
Hengste können seit 1988 ebenfalls eine Selekt-Prämie erringen, wenn sie mindestens eine Prämie 1 auf der nationalen Show erringen, gute Erfolge im Sport nachweisen können und drei Nachkommen mit jeweils Prämie 1 gezeugt haben.
Seit 1983 gibt es daneben auch den Connemara Prize of the Year für jenes Pony, das in mindestens sieben sportlichen Bewerben aller Sparten (Sprin-

gen, Dressur und Vielseitigkeit) die höchste Gesamtpunktezahl erreicht.

## Irland

Über die Lage und Organisation der Zucht in Irland wurde ausführlich in einem früheren Kapitel berichtet, weshalb hier nur mehr auf einige der bedeutenden Gestüte eingegangen wird. Im Mutterland der Rasse sind Connemaras natürlich ziemlich weit verbreitet und man findet auch außerhalb der Region Connemara allenthalben gute Populationen, wenn auch nicht so konzentriert wie in Co. Galway. Die Connemara selbst ist für den interessierten Besucher ein wahres Eldorado, doch lohnt es sich, auch die anderen Landesteile zu bereisen, um einen etwas umfassenderen Eindruck zu bekommen. Die folgende Beschreibung einiger irischer Gestüte kann nur eine Anregung sein, nicht mehr. Die vielen verstreut lebenden Zuchtstuten von guter Qualität, die engagierten kleinen Privatzüchter in der Connemara und anderswo im Lande, die populären Hengste mit ihren stolzen Besitzern, sie alle sind eine Suche und einen Besuch wert.

**Connemara National Park**
Einige Kilometer nordöstlich von Clifden liegt an der Straße nach Westport der Ort Letterfrack mit dem Connemara National Park. In diesem großzügigen Gebiet von rund 2.000 Hektar findet der naturgeschichtlich interessierte Besucher eine Vielfalt von typischen Tieren und Pflanzen. Ein Teil des Parks ist gebirgiger Natur und umfaßt einige Gipfel der Twelve Bens, während ein anderer von Torfmoor

*Fort Hazel*

bedeckt ist und ein dritter einen Teil des Geländes von Kylemore Abbey darstellt. Für den an Connemara Ponys interessierten Besucher hält der Park eine besondere Attraktion bereit, nämlich eine Kollektion von Zuchtstuten und deren Nachzucht von verschiedenen Hengsten. Die Ponys leben

*Ganty Heather*

frei, sind aber weder aufdringlich-zutraulich noch scheu und bieten dem Betrachter die Möglichkeit eines eingehenden Studiums verschiedener Typen.
Der Kern der Herde, bestehend aus sechs Stuten und einem Hengst,

wurde 1975 dem Präsidenten der Republik, Eamon de Valera, von der CPBS. zum Geschenk gemacht. Die Ponys verbrachten die nächsten Jahre im Freizeitgelände »Phönix Park« in Dublin. Mit den Budgetkürzungen bei Regierungsgeldern wurde man sich der Ponys wieder bewußt und beschloß, die Tiere einer weniger aufwendigen Haltungsform zuzuführen. Damals wurde der Connemara National Park gerade aufgebaut und es lag nahe, die Ponys wieder in ihre alte Heimat zu verbringen. Anfängliche Probleme mit der Unterbringung, dem Zuchtprogramm und dem Handling konnten unter Mithilfe einiger engagierter Züchter aus der näheren Umgebung gelöst werden.

Von den ursprünglichen sechs Stuten sind noch vier am Leben, der Hengst, dessen Name mir nicht bekannt ist, wurde nicht behalten. Die Seniorin der Herde, die derzeit 24-jährige Ganty Heather, ist eine kräftige Carna Bobby-Tochter, erstaunlicherweise trotz ihres Alters noch dunkelgrau. Ihre neunjährige Tochter Park Heather von Marble führt gute, alte Blutlinien und tritt als Zuchtstute in die Fußstapfen ihrer Mutter. Zweitälteste ist Fort Hazel, eine sehr attraktive Marble-Tochter. Sie lieferte in Park Wilhelmina eine Nachwuchsstute. Funny Girl von Cream Cracker ist eine hübsche Falbstute, 22 Jahre alt und mit drei Töchtern in der Park-Herde vertreten. Eine sehr typvolle Falbin ist Park Mweelin, die etwas derber als ihre Mutter Funny Girl ist. Besonders kräftig und typvoll zeigt sich die ebenfalls 22-jährige Knockdoe Walnut, eine Marble-Tochter.

Alle Stuten werden zur Zucht verwendet, ihre Nachzucht wird entweder abgegeben oder als zukünftige Zuchtstuten behalten. Als Beschäler kommen verschiedene Hengste zum Einsatz, doch überwiegt der in der Nähe stationierte Loobeen Larry im Besitz der Familie Musgrave. Frau Nicola Musgrave, eine erfahrene Züchterin, ist auch bei der Betreuung der Park-Herde behilflich. Die junge Madeline Hannigan ist für das Wohlergehen und Management der Ponys zuständig, sie zeigt auch hin und wieder die eine oder andere Stute auf Ausstellungen.

Die Qualität der Herde kann als überdurchschnittlich angesehen werden und es ist erfreulich, daß man sich in der Connemara der historischen Bedeutung der Ponys bewußt ist und diese auch einem breiten internationalen Publikum in so ansprechender Form zeigt.

**Coosheen Stud**

Im County Cork, nahe dem Ort Kilbrittain, liegt über dem Atlantik die Farm des Ehepaares Jeanot und Libby Petch. Während sich Jeanot der Seefahrt und der Herstellung von handgeschnitzten Schaukelpferden widmet, ist seine Frau seit 34 Jahren eine der eifrigsten und erfolgreichsten Züchterinnen von Connemaras. Quasi nebenbei fungiert sie auch als internationale Richterin und als Vorstandsmitglied der irischen Society.

Das Gestüt wurde 1960 gegründet und bald konnte mit Ceileog (109) der erste Hengst erworben werden, der zweijährig in Clifden siegte und 1962 diesen Erfolg wiederholte. Mit Coosheen Alanna (Tiger Gil) und Petronella (Carna Dun) gesellten sich zwei erfolgreiche und gute Stuten zur rasch anwachsenden Herde; sie brachten über Jahre ausgezeichnete Nachzucht.

*Coosheen Finn*

Mit C. Samba brachte Petronella eine der Säulen der Zucht, die über viele Jahre den Showring von Dublin und Clifden dominierte und zudem ein hervorragendes Reitpony war. Ceileogs beste Töchter C. Cockle und Laura wurden der Herde eingegliedert und gewannen zahlreiche Preise. Sie waren bereits Töchter von C. Finn, dem Vollbruder von Leam Bobby Finn (England) von Carna Bobby aus der Laura of Leam. Finn war 1968 als Fohlen erworben worden und erfüllte ab 1971 die Rolle des Gestütshengstes. Die größten Erfolge seiner Nachkommen fielen zeitlich mit seinen eigenen zusammen. Die Stute C. Nutmeg wurde 1980 und 81 Champion in Clifden, ehe sie nach Deutschland verkauft wurde und dort ihre Erfolgsserie als Mutter und Showpony für das Gestüt Nordhorn des Herrn Kwade fortsetzte. Der Hengst Abbeyleix Dolphin und seine Schwester A. Delphinium entsprangen der fruchtbaren Zusammenarbeit mit dem berühmten Gestüt der verstorbenen Lady de Vesci, beide errangen große Erfolge und wurden anschließend nach Österreich, bzw. England exportiert. C. Finn selbst konnte 1979 in Clifden seine Klasse gewinnen, 1980 gewannen

*Elizabeth Petch mit Abbeyleix Molly*

seine Kinder sämtliche Klassen für 2-, 3- und 4-jährige Ponys in Clifden und Dublin, was wohl eine Rekordleistung sein dürfte. Bald danach wurde ihm die Ehre zuteil, das Connemara Pony auf einer irischen Briefmarkenserie zu verkörpern.

Die berühmte Stute Village Belle (1855) gelangte im Alter von 22 Jahren nach Coosheen, ihre letzte Tochter C. Swallow wurde zu einer der besten Stuten und lieferte etliche sehr nützliche Töchter in C. Skylark, Kittiwake, Pheasant und Cuckoo. Die überdurchschnittlich guten Mütter und ein konstant vererbender Hengst machten das Gestüt über die Grenzen Irlands bekannt und sind beispielhaft für eine konsequente und planmäßige Zucht, die weltweiten Einfluß nahm. Exporte von hier gingen in neun Länder, wo sie sich als Zucht- und Sportponys bewährten. Das Zuchtziel ist ein ansprechendes, kräftiges Pony mit viel Schmelz und guten Bewegungen.

**Errislannan Manor**

heißt eines jener Gestüte, die wegen ihrer Nähe zu Clifden gerne und häufig auch von ausländischen Gästen besucht werden. Errsilannan ist eine große Halbinsel, welche die südliche Begrenzung der Bucht von Clifden bildet. Das Herrenhaus am äußeren Ende der recht exponiert gelegenen Landzunge liegt in einer grünen Oase. Der parkähnliche Garten wird liebevoll gepflegt und hat beinahe südländischen Charakter. Auf den weitläufigen Weiden grasen rund 30 Connemaras, die nicht nur der Zucht dienen. Auf Errislannan wird ein reger Reitbetrieb mit Betonung auf der Ausbildung junger Reiter gepflegt.

1957 wurde das Anwesen von der Familie Brooks erworben, zum lebenden Inventar gehörte auch die Stute Drimeen Dun, deren Nachkommen noch heute dort sind. Die sechs Kinder der Familie brauchten natürlich auch sechs Ponys, sodaß die Herde bald einen stattlichen Umfang erhielt. Aus dem anfänglichen Hobby wurde mit der Zeit ein regelrechter Reit- und Ausbildungsbetrieb, der heute ausschließlich mit Connemaras durchgeführt wird. Somit werden alle Zuchttiere auch einer Leistungsprüfung unterzogen, denn sie müssen wesensfest, gelehrig, ausdauernd und sehr trittsicher sein.

Die Stammstuten der Zucht waren neben anderen Errislannan Daisy und ihre Töchter E. Dana, Diamante, Dreamer und Double Daisy. Sie waren nicht nur gute Mutterstuten, sondern auch erfolgreiche Show-Ponys mit zahlreichen Erfolgen in Zucht- und Reitklassen. Auch E. Asphodel gründete über ihre Tochter E. Ayesha und Enkelin Aisling eine blühende Dynastie. Ihre Nachzucht ist weltweit zu finden, denn Ponys von hier fanden den Weg nach England, Frankreich, Holland, Schweden, Italien und Australien.

Drei Hengste wurden in der Vergangenheit erfolgreich eingesetzt. Dies waren der selbstgezogene E. Coltsfoot (Mac Dara – Drimeen Dun), der auf beiden Seiten seines Pedigrees den famosen Dun Lorenzo führte. Er verbrachte einige Zeit in England und auch auf Coosheen Stud in Südirland. Im hohen Alter von 20 Jahren wurde er kastriert und diente noch weitere 10 Jahre als Schulpferd. E. Sparkler (Rebel Wind – Orphan Dolly) brachte mit E. Spartan a.d. E. Daisy einen Hengst, der große Bedeutung für die Zucht in Westaustralien erlangte. The Jester

(Killyreagh Kim – Village Belle) hatte zwar ein fabelhaftes Pedigree, aber auch einen Nachteil: er sprang zu gut. Es war fast unmöglich, ihn im Rahmen eines großen Betriebes zu halten, denn er überwand mühelos alle Zäune. So wurde er schließlich kastriert und führt seither ein wesentlich ruhigeres Leben als Reitpony.

Mit E. Diamante gelangte eine hervorragende Stute, die eine gute Familie gründete, in das englische Millfields Stud. Auch das Spinway Stud hatte mit E. Dana so eine Stammstute, deren Tochter Sp. Caitlin heute zu den Säulen des Gestütes zählt. Besonders stolz ist man auf die Tatsache, daß ein direkter Nachkomme des Hengstes Sparkler zum persönlichen »Leibroß« des Sohnes von Prinzessin Anne wurde.

Stephanie und Donal Brooks sind zwar vielbeschäftigt, empfangen aber nach Voranmeldung gerne Besucher in ihrem kleinen Paradies. Auch die Ausritte auf ihren braven Connemaras über die malerische Halbinsel sind empfehlenswert.

**Tulira Stud**

Jahrzehnte hindurch war Tulira Castle eine hinreißend schöne Kulisse für eines der führenden Gestüte Irlands. Familiensitz von Lord Peter Patrick Martyn-Hemphill, war das neo-gotische Schloß nicht nur ein geschichtsträchtiger Ort mit ungeheuer interessanten und vielfältigen Verbindungen

*Oben: Steph Brooks mit Errislannan Gazania*

*Mitte: Tulira Finn McCool*

*Unten: Tulira Mary Claire mit Fohlen*

zur irischen Geschichte und Literatur, sondern auch Zuchtstätte einer großen Zahl erstklassiger Connemaras. Pferde spielten schon immer eine große Rolle bei den Hemphills, doch war man zumeist in die Szene des Rennsports und Jagdreitens aktiv involviert. Lady Anne hatte jedoch schon als Kind ihr erstes Connemara bekommen und war daher Jahrzehnte später noch immer von der Rasse begeistert. Durch die Freundschaft mit Filmregisseur John Huston, der ein ausgezeichnetes Connemara-Gestüt in unmittelbarer Nachbarschaft Tuliras unterhielt, kam man wieder zum Pony. 1962 verkaufte Huston seine Connemaras, um sich ganz Rennpferden zu widmen und die Hemphills erwarben zwei seiner Stuten, Glen Nelly und Star of Fahy. Glen Nelly wurde mit Tooreen Ross gepaart und brachte in Tulira Mairtin ihren besten Sohn. Somit war Tulira Stud geboren und lieferte in den nächsten 25 Jahren eine Unzahl von Deckhengsten und Sportponys in nahezu alle Erdteile. Tulira Castle wurde 1983 verkauft, die Mehrzahl der 50-köpfigen Herde auf einer Auktion versteigert, nur sieben Ponys bildeten den Kern der von der Käuferin Tuliras, Mrs. Keiran Breeden, weitergeführten Zucht. Diese war einige Jahre lang recht erfolgreich, bis sich Lady Hemphill entschloß, den Bestand wieder zurückzukaufen und 1988 neuerlich ein Tulira Stud, diesmal auf ihrem Anwesen Radford, aufzubauen. Heute besteht das Gestüt aus einigen älteren Stuten, der Hengst Smokey Playboy, ein Sohn von Tulira Mairtin, wurde kürzlich nach Belgien verkauft. Derzeit werden der Clifden-Sieger T. Finn Mc Cool und T. New Beginnings als Vatertiere eingesetzt. Einige wenige vielversprechende Stutfohlen werden behalten, die meisten Jungtiere jedoch angeritten verkauft.

T. Mairtin war einer der einflußreichsten Hengste der jüngeren Vergangenheit, seine Söhne sind in England mit T. Mairtinson, Corncrake und Boreen Sprat vertreten, in der BRD stehen T. Nimble Dick und Todd, T. Smasher wurde der Stammvater der belgischen Zucht. Zahlreiche weitere Söhne und Töchter gingen in andere Länder und wurden dort zu Stützen der Zucht. Es ist nahezu unmöglich, alle bedeutenden Nachkommen beiderlei Geschlechtes dieses Hengstes anzuführen, zu umfangreich war der Zuchtbetrieb in der ersten Phase des Tulira Studs und zu weit verstreut seine internationale Klientel. Tulira Ponys bestechen heute wie damals durch ihre Substanz, Brauchbarkeit und gute Zuchtleistung. Sie sind manchmal nicht auffallend »hübsch«, aber stets von ausgezeichnetem Typ und hoher Leistungsbereitschaft.

## Österreich

Den Weg in die Alpenrepublik fanden die Connemaras erst sehr spät und in mehreren Wellen. Zu Beginn der 80er Jahre, als andere Länder schon eine florierende Zucht aufzuweisen hatten, gelangten vereinzelte Ponys hierher.

Den Anfang machte Ing. Erhard Schneider, der 1980 durch Zufall die Stute Irish Grace erwerben konnte. Da es zu diesem Zeitpunkt noch keine Connemaraszene in Österreich gab, knüpfte er Kontakte zu bayerischen Züchtern. Die Stute wurde 1983 und 1985 vom mehrfachen Sieger in Pony-Vielseitigkeiten, Marcellus (Mervyn

Grey Monkey – Lisdeligna Lily), gedeckt. Die daraus resultierenden Fohlen Gina und Marc blieben in Herrn Schneiders Besitz und wurden später jugendlichen Reitern als Turnierponys zur Verfügung gestellt. Sie zählen heute zu den wenigen im Sport eingesetzten Connemaras in Österreich.

Ebenfalls zu Beginn der 80er Jahre kam der aus Irland stammende und in Deutschland sportlich erfolgreich gewesene Hengst Lambay Lord (Murrisk – Roan Tiger) aus der bekannten Zucht Lord Revelstokes nach Österreich. Er errang auch in den folgenden Jahren zahlreiche Siege und Plazierungen in Springbewerben, auch gegen Großpferde, wobei er sich als außergewöhnlich verläßliches und talentiertes Pony erwies. 1987 wurde er an seinen derzeitigen Eigentümer, Dr. Manfred Maier verkauft. Dessen Tochter Isolde konnte auf dem Hengst zahlreiche Prüfungen der schweren Garnitur gewinnen, darunter internationale Springbewerbe und die Staatsmeisterschaft in der Pony–Vielseitigkeit 1992. Neben seinen sportlichen Einsätzen wurde Lord in geringem Umfang auch zur Zucht verwendet, allerdings gab und gibt es im Raum um Wien kaum Stuten, sodaß er bisher nur wenige Produkte zeugen konnte. Der mittlerweile 22jährige Schimmel erfreut sich bester Gesundheit und soll nach der nunmehr erfolgten Beendigung seiner Turnierlaufbahn vermehrt zum Zuchteinsatz kommen. Um sein wertvolles Blut erhalten zu können, müßte sich allerdings auch im Osten des Bundesgebietes die Zucht ausweiten. Lord ist einer der wenigen »auf Herz und Nieren« geprüften Connemara-Hengste

*Catcombe Chevron*

und vereint in sich Härte und Leistungsvermögen. Dr. Maier verdankt dem Hengst nicht nur, daß seine Tochter auf ihm zahlreiche Erfolge verbuchen konnte und zu einer erfahrenen Turnierreiterin wurde, er kam über Lord auch mit dem Verband der Ponyzüchter in Kontakt. Einige glückliche Zufälle und sanfter Druck von Seiten seiner Freunde aus der Connemara-Szene brachten den Universitätsdozenten für Physiologie dazu, sich vermehrt für die Ponys einzusetzen. Als Finanzreferent des Verbandes begann er eine kometenhafte Karriere, die ihn zuerst als Bundesreferent für den Ponysport in die FN führte. Im Herbst 1993, nach dem Abschied des langjährigen Verbandspräsidenten Ing. Franz Schröder, wurde er als neuer Präsident vorgeschlagen und einstimmig gewählt. Somit steht ein Connemara-Mann an der Spitze der beiden wichtigsten übergeordneten Organisationen, sowohl den Sport, als auch die Zucht betreffend.

Ein Grund für das spät und zögernd einsetzende Interesse an Connemaras ist die konservative Einstellung der österreichischen Ponyzüchter. Auch läßt die Verbreitung des Haflinger Pferdes, das früher als bodenständiges Kleinpferd die Szene völlig beherrschte, anderen Rassen wenig Chance, vor allem deshalb, weil die Haflingerzucht finanzielle Stützungen erhält. Damit wird die Produktion von Schlachtpferden gefördert und den bäuerlichen Züchtern ein Nebeneinkommen gesichert.

Die ab 1986 einsetzende rasche Verbreitung der Connemaras und die – im kleinen Rahmen – erfolgreiche Zuchtarbeit sind im wesentlichen der aus Linz stammenden Turnierreiterin Helga Auerbach zu verdanken. Sie und ein Begleiter machten durch einen Langstreckenritt auf Connemaras von Le Havre nach Linz auf diese Rasse aufmerksam. Von den Qualitäten der Ponys überzeugt, übernahm sie für einige Monate den irischen Hengst Grange Finn Sparrow in Pacht und konnte innerhalb kurzer Zeit beachtliche Turniererfolge vorweisen. Der Hengst wurde allerdings bald darauf in die USA überstellt, sodaß die Rasse wieder in Vergessenheit zu geraten drohte. Zwischenzeitlich waren auf Anraten Helga Auerbachs einige Reiter aus dem oberösterreichischen Raum zu Connemarabesitzern geworden. Zumeist stammten die Ponys (Stuten und Wallache) aus dem Bestand von Mr. Willy Leahy, der in der Nähe Galways eine große Zucht und einen Reitstall betreibt. Helga Auerbach kaufte 1988 in Irland den Hengst Abbeyleix Dolphin (Coosheen Finn – Callowfeenish Dolly II), einen zweifachen Clifden-Sieger und sicherte so den weiteren Aufbau der Zucht in Österreich, denn damit war es möglich, die wenigen Stuten, die fast alle in Oberösterreich standen, der Zucht zuzuführen. Zudem bildete sie den bis dahin ungerittenen Hengst in kurzer Zeit soweit aus, daß er in Spring- und Vielseitigkeitsprüfungen auch gegen Großpferde erfolgreich blieb.

Mit Dolphin in Oberösterreich und Lord in Niederösterreich hatte die Rasse zwei hervorragende Botschafter im Sport, deren Leistungswille und Springvermögen für wachsendes Interesse an Connemaras sorgten. Dieses wurde in der Hauptsache durch weitere von Helga Auerbach organisierte Importe aus dem Gestüt »Aille Cross« von Willy Leahy befriedigt.

*Oben: Skatholm Big Chief, unten: Lambay Lord*

*Arrow Stud – Arrow Chevalier (Foto: S. Lehmann)*

*Coosheen Stud – C. Swallow mit Fohlen C. Pheasant*

Leider verstarb Dolphin Anfang 1991 an einer chronischen Herzerkrankung, hinterließ aber in seinem letzten Sohn Silver Rock (a.d. Aille Rocky) einen Nachfolger, der inzwischen gekört ist und im Zuchteinsatz steht. Dolphins Nachzucht kann allgemein als sehr gut angesehen werden und zeichnet sich durch hübsche Köpfe und korrekte Fundamente aus. Neben Silver Rock steht seit 1992 auch der dänische Hengst Skatholm Big Chief (Munkholm Cobbergate – Oxenholm Columbine) im Auerbach´schen Gestüt. Dieser kräftige Grauschimmel könnte sich als nützlicher Outcross erweisen. Frau Auerbach bildet in erster Linie junge Ponys und Reiter aus, durch ihre Erfahrung als Turnierreiterin ist sie dafür bestens qualifiziert.

Die Zucht von Ponys jeglicher Rasse wird vom »Verband der Pony- und Kleinpferdezüchter in Österreich« gelenkt, der seit 1966 besteht. Innerhalb des Verbandes gibt es die sogenannten Sektionen für die einzelnen Rassen, die weitgehend eigenständig die Züchter betreuen. Die Eintragungen in das Stutbuch und übergeordnete Maßnahmen erfolgen durch den Verband. Die kurz »Ponyzuchtverband« genannte Körperschaft ist die von den Landwirtschaftskammern anerkannte Fachorganisation und unterliegt daher auch den entsprechenden rechtlichen Vorschriften. Die Körung der Hengste wird nicht vom Verband, sondern in der auch für Warm- und Kaltblüter geltenden Form durch die Landes-Landwirtschaftskammern vorgenommen. Diese Kompetenzteilung brachte nicht immer befriedigende Resultate, da die jeweiligen Körkommissionen die Hengste nur nach allgemeinen Gesichtspunkten beurteilten, nicht aber nach Rassetyp und Abstammung. Seit der Angleichung Österreichs an die internationalen Tierzuchtgesetze im EU-Raum hofft man auf eine grundlegende Änderung dieser Situation. Die Sektion Connemara war von diesen Nachteilen nur sehr geringfügig betroffen, da durch den Einfluß Helga Auerbachs nur Junghengste zur Körung vorgestellt wurden, die ohnedies weitgehend dem Zuchtziel entsprachen. Die Sektion Connemara wurde 1986 auf Bestreben von Helga Auerbach ins Leben gerufen, die auch den Vorsitz übernahm und durch eine enge Zusammenarbeit mit Irland und Deutschland das Zuchtgeschehen positiv beeinflußte. Ein Nachteil des großen Vertrauens, das ihr von Seiten der Züchter entgegengebracht wird, ist in der Passivität letztgenannter zu sehen. Die meisten Züchter sehen keine Notwendigkeit für ihre eigene Weiterbildung, da es viel bequemer ist, sich leiten zu lassen.

Inzwischen wurde die allgemeine Zuchtbuchordnung des Ponyzuchtverbandes, die auf einzelne Rassen nicht näher eingeht, von der Sektion Connemara für ihren Bereich ergänzt und modifiziert, sodaß die gewünschte Angleichung an die internationalen Regeln des EU-Raumes praktiziert werden kann. Während der Gründungsphase des International Committee of Connemara Pony Societies (ICCPS.) war die Sektion bei den jährlichen Konferenzen in Clifden vertreten und übernahm das 1992 fertiggestellte Reglement. Aufgrund dessen wurde Österreich vor kurzem in die ICCPS. aufgenommen. Darüber hinaus wurde mit Anfang 1993 die Möglichkeit der Hengstleistungsprüfung geschaffen. Jeder Hengst, der eine Vielseitigkeitsprüfung der Klasse A für Ponys oder der Klasse A-Leicht für Großpferde mit einer Gesamtsumme von weniger als 100 Punkten beendet, gilt als geprüft. Möglicherweise wird man im Zuge der Änderungen der ÖTO. (Österr. Turnierordnung) die Anforderungen modifizieren müssen, derzeit scheinen sie ausreichend. Der Einsatz eines Hengstes am Turnier ermöglicht eine weitgehende Überprüfung seiner körperlichen und mentalen Fähigkeiten und schließt die Nachteile einer stationären HLP., wie hohe Kosten und lange Abwesenheit, aus.

1989 wurde ich mit der Aufgabe des Sekretärs innerhalb der Sektion betraut. Mit der Einführung einer vierteljährlichen Rundschrift, des »Connemara Expreß«, gelang eine stärkere Bindung der Mitglieder an das Verbandsgeschehen, die theoretische Weiterbildung und der Informationsfluß wurden verbessert.

Drei bundesweite Zuchtschauen (1988, 1991 und 1993) waren sehr erfolgreich, jedesmal wurde ein beachtlicher Prozentsatz der Connemaras des gesamten Bundesgebietes vorgestellt. Die Schau 1991 im oberösterreichischen Pelmberg zeigte auch die Schwächen und Stärken der ersten Zuchtjahre auf: Die Stuten sind zum Teil überdurchschnittlich gut, allerdings wird nur rund ein Drittel derselben zur Zucht eingesetzt.

Durch die Popularität Dolphins als Beschäler ist die Mehrzahl der Jungtiere miteinander verwandt und dieser Umstand könnte durch seinen gekörten Sohn noch unterstrichen werden. So bedauerlich sein früher Tod ist, ein längerer Einsatz des Hengstes hätte unweigerlich zu einer allzu engen Blutbasis geführt.

Durch die Konzentration des Interesses an der Rasse in Oberösterreich bekommen Hengste in den übrigen Bundesländern kaum genügend Stuten, um als Vererber einschätzbare Leistungen erbringen zu können. In der jüngsten Vergangenheit kam es zu einem erneuten Aufstocken des Hengstbestandes, der mittlerweile sechs Tiere umfaßt. Die Pferdezucht in Österreich ist allgemein problematisch, da die Absatzmöglichkeiten zu kostendeckenden oder gar gewinnbringenden Preisen gering sind. Die Ponyrassen sind hiervon besonders betroffen, da auch für gutes Material kaum lohnende Preise zu erzielen sind und daher niemand professionell züchtet (mit Ausnahme der Rassen Isländer und Haflinger). Die kleinen Privatgestüte tendieren eher dazu, die Nachzucht zu behalten oder untereinander auszutauschen. Längerfristig ist allerdings eine Verbesserung der Situation zu erwarten, da von Seiten des Zuchtverbandes und der Federation Equestre National vielfältige Anstrengungen unternommen werden, den Ponysport zu fördern. Auch das stete Ansteigen der Preise für Haflinger sollte der Entwicklung der Ponyzucht förderlich sein, besonders aber der Connemarazucht, denn die beiden Rassen stehen in direkter Konkurrenz. Es wäre jedoch vermessen, würde man irgendeiner anderen Rasse prophezeien, daß sie jemals dem Haflinger gänzlich den Rang ablaufen könnte.

**Österreichische Zuchtbetriebe**

Frau Auerbachs Gestüt in Hartkirchen bei Linz ist der größte Betrieb, mit einer Weidefläche von rund 30 ha und einem Bestand von etwa sechs Stuten, diverser Nachzucht und zwei Hengsten. Im Burgenland entstehen zwei weitere kleine Zuchtbetriebe, die jeweils über drei bis vier Stuten verfügen. Im Gestüt Althof nahe Frauenkirchen der Züchterin Elisabeth Wetschka werden die Stuten neben zeitweiliger Zuchtverwendung auch im Reitschulbetrieb eingesetzt; als Deckhengste kamen bisher Lambay Lord und Big Chief zum Einsatz. Das südburgenländische Gestüt Epona Ludus des Züchters Joachim Unger aus Litzelsdorf verfügt mit El Larry über einen jungen Hengst, der als Sohn der gestütseigenen Stammstute Grey Rock Star II nur bedingt zum Einsatz kommen kann, da es in der näheren Umgebung keine weiteren Connemarastuten gibt.

1988 gründete ich mit zwei Stuten und dem aus England importierten Hengst Spinway Keepsake das Gestüt Kohlreit, womit auch im Osten des Landes ein Zuchtbetrieb entstand, dessen Bestand rasch anwuchs. Das Gestüt konnte etliche sportliche und züchterische Erfolge verzeichnen, die Nachzucht erwies sich als zufriedenstellend. Keepsake legte die 1993 eingeführte Hengstleistungsprüfung im Rahmen eines VS- Turnieres als erster österreichischer Hengst ab. Die Stute Mystic Shades of Pale (Hearnesbrook Fastnet – Mystic Moonlight) wurde 1991 Austrian Connemara Champion. Das Gestüt siedelte Ende 1993 nach Irland über, wo es in Co. Clare mit erweitertem Bestand fortgeführt wird. Die Stute Sunica, eine auf Rebel Wind liniengezogene hessische Hauptstammbuchstute, wurde tragend an Ing. Erhard Schneider abgegeben, der sie weiterhin zur Zucht verwendet. Auch einige Jungpferde, die Keepsake zum Vater haben, verblieben in Österreich, darunter drei Kreuzungsprodukte aus Vollblutstuten, sodaß der Hengst auch zukünftig in Österreich durch seine Nachzucht vertreten sein wird.

Daneben gibt es noch einige Stutenbesitzer, die in kleinem Rahmen zur Deckung des Eigenbedarfes oder einfach aus Spaß Connemaras vermehren, ohne besondere züchterische Ambitionen zu haben.

Helga Auerbach importierte aus Dänemark den Junghengst Skatholm Big Chief (geb. 1988, Munkholm Cobbergate – Oxenholm Columbine), der zeitweise auch in Salzburg zum Einsatz kommt. Big Chief war vor seinem Export zweimaliger Reservesieger der Connemaras auf Jütland und hinterließ gute Nachzucht. Er steht derzeit in Ausbildung und zeigt sich als gelehriges, talentiertes Pony. Neben L. Lord, Sp. Keepsake und dem im Burgenland stationierten El Larry (geb. 1988, Loobeen Larry-Grey Rock Star II) steht nun auch der englische Junghengst Gatcombe Chevron (geb. 1990, Hinton Bush Law – Clementine) in Tirol. Er hat in seinem Vater einen in England überaus erfolgreichen Garant für Vermögen und Rittigkeit im Pedigree. Bush Law konnte neben anderen mit Finchampstead Rolling Stone und Wotan Sir Belvedere zwei herausragende Sportponys zeugen. Chevron ist ein typvoller, korrekter Hengst von bester Veranlagung, auf dessen Produkte man zu Recht gespannt sein darf. Leider hat er mit seinem Standort kein großes Los gezogen, denn Tirol zählt zu den traditionellen Hochburgen des Haflingers; ein Hengst anderer Rasse dürfte es schwer haben.

Chevron konnte bei der Connemara-Schau 1993 die Hengstklasse gewinnen, wobei er durch seinen Typ und den Bewegungsablauf überzeugte.

## Schweiz

Die Situation ist trotz der Kleinheit des Landes und der geringen Anzahl von Connemara Ponys recht schwer zu schildern. Die Nachrichten über die Zucht sind sporadisch und zeugen von wechselndem Interesse, was insoferne verwunderlich ist, als man in der Schweiz irische Pferde stets schätzte und häufig importierte (und es wohl noch tut). Zudem hat der Ponysport einen relativ hohen Stellenwert, man zählt rund 2.000 aktive Jugendliche, die durch ein ausgeklügeltes Leistungssystem gefördert werden. Die Zucht wird vom Schweizerischen Verband für Ponys und Kleinpferde (SVPK.) gelenkt, der rund 5.000 Tiere betreut, eine beachtliche Zahl verglichen etwa mit Österreich, das nur auf ein Zehntel dieses Bestandes verweisen kann. Umso mehr war ich verwundert, daß Connemaras keine große Rolle im Ponygeschehen spielen und wohl auch nur sporadisch im Sport verwendet werden. Die Hauptverwendung liegt im Freizeitbereich und einige Connemaras haben sich auch im heilpädagogischen Reiten bewährt.

Der SVPK. betreut sechs Regionen des Landes durch seine Sektionen, die auch für die Ausrichtung der regionalen Schauen verantwortlich sind. Die Richter bleiben auf allen Ausstellungen dieselben, um eine gewisse Kontinuität zu wahren. Insgesamt werden 18 Rassen vom SVPK. betreut. Ich nehme an, daß es sich bei den Richtern um Funktionäre des Dachverbandes handelt und somit keine ausgesprochenen Spezialrichter für die einzelnen Rassen zur Verfügung stehen. Ähnliche Systeme sind aus der föderalistisch konzipierten Pferdezucht der Nachbarstaaten Deutschland und Österreich bekannt, dort ist man geteilter Meinung über die Aussagekraft dieser Vorgangsweise. Importierte Ponys müssen im Rahmen einer Ausstellung vorgeführt werden. Stuten, die keine Fohlen führen, müssen innerhalb von drei Jahren nochmals vorgestellt werden, Fohlen im ersten Lebensjahr. Hengste werden nach folgenden Kriterien beurteilt:

Vollständige Abstammung über mindestens drei Generationen

Gekörte, bzw. eingetragene Eltern

Absolvierung einer HLP. unter dem Reiter oder im Zug

Exterieur

Rassetyp

Gesundheitszustand

Ev. Auflagen aus dem Herkunftsland.

Die Körkommission besteht aus zwei bis drei Richtern, die auch beschränkte Zuchtberechtigungen verleihen können, ähnlich wie in Österreich. Auch dort – wie in der Schweiz – nimmt man gerne zu dieser »halben« Körung Zuflucht, wenn sich die Körkommission nicht über die Zuchttauglichkeit eines Hengstes einigen kann oder zu keiner eindeutigen Entscheidung kommt. Die Objektivierung des Zuchtwertes eines Tieres auf anderem Weg als durch Leistung ist stets problematisch und erfordert manchmal eine präventive Schadensbegrenzung. In der Praxis scheint sich jedoch ein System der »freien Marktwirtschaft« besser zu bewähren als die strikte Kontrolle durch Verbände, die nicht völlig

mit den spezifischen Eigenschaften einer Rasse vertraut sind.
Die erste engagierte Züchterin von Connemaras in der Schweiz dürfte Frau Trudy Amstutz gewesen sein, die in den 70er Jahren mit einigen Stuten und viel Ambition, allerdings ohne Gestütshengst, züchtete. Sie scheute die Reise nach Frankreich nicht, um ihre Stuten dort decken zu lassen. Trotz ihres Engagements blieb das Connemara in der Schweiz relativ unbekannt. Um 1981 fand Frau Ruth Markstaller zum Connemara und importierte einige Stuten aus Deutschland, mit denen sie eine kleine, aber recht erfolgreiche Zucht aufbaute. Ihr folgte Frau Yvonne Held, die gutes Zuchtmaterial aus Irland und besonders aus England einkaufte, darunter den Hengst Cheviot Midas von Smokey Shane a. d. Celebration Cream. Smokey Shane von Kilgreany Lad a. d. Lucky Smokey stand zuletzt in Schottland, wo der etwas untypische Braune unter dem damals noch unbekannten Ian Stark an Vielseitigkeitsprüfungen teilnahm. Er mußte inzwischen im Alter von nur 15 Jahren wegen eines inoperablen Geschwürs abgetan werden. Neben zahlreichen eigenen Erfolgen in sportlichen Bewerben hinterließ er auch einige sehr talentierte Nachkommen, die teilweise mehr Typ zeigen, als er selbst es tat. Mit Celebration Cream (Marble – Moycullen Mite) zeugte er nicht nur Ch. Midas, sondern in Ch. Bracken eines der besten englischen Sportponys. Dieser Schimmel konnte 1990 die Performance Award Scheme und die begehrte Mills-Trophy gewinnen. Frau Held weitete ihre Zucht mit einigen Stuten vom Shipton Stud und Tulira Stud aus und konnte bei der ersten schweizerischen Connemaraschau 1989 einen großen Erfolg verbuchen. Mir ist nicht bekannt, ob und wie starke Konkurrenz sie hatte, jedenfalls wurden ihre Stuten Shipton Corn Dolly, Tulira Curlew und Rathaldron Kate in dieser Reihenfolge in der Stutenklasse plaziert. Drei Fohlen von Midas aus den genannten Stuten waren in der Fohlenklasse plaziert. Bei der nationalen Ponyschau in Bex gewann Midas das Championat aller Rassen und stellte das Siegerfohlen und die Siegerin der Jungstuten mit Schüracker Charisma (Ch. Midas – Tulira Curlew). Shipton Blue Swallow und Blue Bonnet kamen auf die Plätze eins und zwei in der Stutenklasse. Kürzlich verließ Frau Held mit ihren Ponys die Schweiz, sie lebt nun in Frankreich, was einen großen Verlust für die erst im Aufbau begriffene schweizerische Zucht darstellt. Es scheint, als ob derzeit nur ein einziger Zuchtbetrieb eine nennenswerte Zahl von Connemaras hält. Wegen diverser verbandsinterner Umschichtungen ist es im Moment sehr schwierig, umfassende Information über die Schweiz zu bekommen. Im Jahr 1993 dürfte ein Fohlen gefallen sein, für 1994 scheinen keine belegten Stuten auf. Es wäre der Schweiz zu wünschen, daß man sich der Vorzüge dieser Rasse wieder vermehrt besinnt und den Anschluß an das internationale Zuchtgeschehen findet.

**Ponyhof Schwarzenberg**
Durch ein Buch über Connemaras der bekannten Autorin Ursula Bruns kam um 1979 Frau Ruth Markstaller auf die Idee, diese ihr so liebenswert erscheinenden Ponys näher kennenzulernen und möglicherweise eines zu erwerben. Sie besuchte die Ponyschau von

*Ponyhof Schwarzenberg (Archiv Unseld)*

Langenthal und traf dort mit der ambitionierten Züchterin Trudy Amstutz zusammen, deren Ponys ihr Interesse weiter anfachten, sodaß bald darauf die erste Stute gekauft wurde. Eine Reise nach Irland und ein Besuch der süddeutschen Connemaraschau folgten und Familie Markstaller erwarb weitere Zuchtstuten in Deutschland. Damit war der Grundstein für eine kleine, aber ambitionierte Zucht gelegt, die vorerst mit zwei Fohlen der Stute Beauty (Lotos – Clynagh Bridget) aufwarten konnte. Die Stute Fabienne stammte von Barni, einem aus Irland importierten Hengst der damaligen Zuchtbuchführerin des SVPK., Frau Kathrin Zwygart. Leider sind mir keine Details über den Schimmel bekannt, er scheint auch heute nicht mehr als Beschäler auf. Fabienne wurde als gutes Produkt eingestuft. Man erweiterte den Bestand um zwei deutsche Stuten, Elfe (Odysseus – Errulough Eve) und Gracy (Lotos – Ganty Bay). Zwischen 1981 und 1984 importierte man vier Stuten aus Deutschland, die dort teilweise als sehr gut eingestuft waren. Der Hengst Cheviot Midas von Frau Held wurde mit der Stute Finesse v. Arenbosch Kevin a. d. Festival gepaart und brachte mit ihr den derzeit einzigen gekörten Hengst der Schweiz, – Schwarzenberg Mister Pinocchio darf allerdings nur wenige eigene Stuten decken.

Die Zuchtpolitik von Schwarzenberg war und ist auf guten Charakter und dunkle Farbe ausgerichtet. Die relativ stark vom Hengst Lotos und seinem Sohn Little Lord beeinflußte Stutenherde macht dies deutlich. Damit wurde aber auch der Gegensatz zwischen den heute wieder verstärkt geforderten Connemaras im Ideal- oder Ponytyp und der eher sportlichen Zuchtrichtung der Familie Markstaller verschärft. Ruth Markstaller zog sich nach einigen Enttäuschungen aus der

*Elfe (Archiv Unseld)*

aktiven Züchterei zurück und übergab den Bestand an ihre Tochter Doris Unseld. Diese ambitionierte junge Züchterin versucht derzeit, die Connemara-Szene aus ihrem Dornröschenschlaf wachzurütteln und führt nicht nur die von ihrer Mutter begonnene Zucht, sondern auch das schweizerische Zuchtbuch für die Rasse Connemara. Der derzeitige Zuchtstutenbestand Frau Unselds beläuft sich auf vier Tiere, von denen Elfe, Gracy und Beauty über ganz vorzügliche Pedigrees auf der Mutterseite verfügen. Immerhin begegnen wir hier Inver Rebel, Rebel Wind und Mac Dara als Muttervätern.

Sämtliche Ponys auf Schwarzenberg werden im Reitunterricht und bei Ponyspielen, Jugendreitlagern und Wanderritten eingesetzt, ihr guter Charakter erfüllt damit in idealer Weise eine wichtige Anforderung dieses Betriebes.

Damit beenden wir unseren Streifzug durch einige der europäischen Nachzuchtländer. Es ist ersichtlich, daß die Rasse Connemara vielfältigen Ansprüchen in idealer Weise genügt und man auch in Zukunft auf eine vermehrte Popularität dieser leistungsfähigen und liebenswerten Ponys hoffen darf.

# Kapitel VII

## Die Haltung

Grundlegende Voraussetzung für das Wohlbefinden jedes Pferdes und daher auch für seine Leistungsbereitschaft und -fähigkeit ist eine möglichst artgerechte Haltung. Diese einfache Grundregel darf aber nicht dahingehend interpretiert werden, daß man alle Pferde, egal welcher Rasse und für welche Bestimmung, auf großen Weiden in einem naturnahen Zustand zu halten versucht. Das wäre zwar für die Tiere sehr angenehm, allerdings würden sie nur in wenigen Fällen ihre optimale Leistung erbringen können und bei starker Belastung versagen. Ein hoch im Blut stehendes Pferd, von dem regelmäßig körperliche Spitzenleistungen verlangt werden, wird mit ein paar Stunden täglichem Aufenthalt im Paddock oder auf der Weide und mit relativ konzentrierter Fütterung und Arbeit sein Leistungsoptimum erbringen. Ein wenig beanspruchtes Pony hingegen würde bei dieser Haltungsform mit ziemlicher Sicherheit zu »heiß« werden und seine Robustheit, Instinktsicherheit und Gesundheit nach und nach einbüßen.

Man muß also differenzieren und für jedes einzelne Pferd die der geforderten Leistung entsprechende Haltungsform wählen. Diese sollte man dann so nahe wie möglich an den Naturzustand angleichen.

Ponys und Kleinpferde, sofern sie nicht bloß verkümmerte Großpferde sind und nur aufgrund ihrer geringen Größe zu dieser Gruppe zählen, sind ausgesprochen widerstandsfähige Tiere. Sie stammen meist aus Gebieten, wo die Lebensbedingungen noch weitgehend denen des wildlebenden Pferdes entsprechen und sind durchaus imstande, mit geringem Zutun des Menschen zu gedeihen, genügend großer Lebensraum vorausgesetzt. Der in den letzten Jahren immer stärker werdende Trend zur sogenannten Robusthaltung trägt dieser Fähigkeit Rechnung, birgt aber eine große Gefahr in sich, nämlich dann, wenn Robusthaltung mit Vernachlässigung verwechselt wird!

Die Robusthaltung ist, wenn richtig durchgeführt, für leichtfuttrige, witterungsunempfindliche Pferde und Ponys ideal, somit auch für Connemaras. Wird allerdings eine überdurchschnittliche sportliche Leistung verlangt, so sollte man die Haltung dahingehend modifizieren, daß man dem Tier neben dem Koppelgang auch die Ruhe einer Box und entsprechendes Kraftfutter bietet. Zwei Fehler werden häufig begangen: Zum einen der, ein weidegefüttertes, untrainiertes Pony in unregelmäßigen Abständen zu überanstrengen, ohne das Training und die Fütterung entsprechend angepaßt zu haben, zum anderen der, ein unterbeschäftigtes Pony bei viel zu üppiger Fütterung unnötig in einer Box eingesperrt zu halten. Beides kann und wird auf lange Sicht in charakterlichen und gesundheitlichen Problemen enden!

Die ideale Lebensform für Kleinpferde ist grundsätzlich die im Herdenverband, der sich auf ausreichend großen Flächen mit eher kargem Futter nach Belieben bewegen kann. Damit sind funktionierendes Sozialverhalten, charakterliche Ausgeglichenheit, natürliche Freß- und Bewegungsgewohnheiten und körperliches Wohlbefinden gegeben, die ihrerseits wieder zu relativ großer Leistungsfähigkeit führen. Man kann aber von einem solcherart gehaltenen Pony nicht ohne weiteres sportliche Spitzenleistungen erwarten. Gehen wir auf die einzelnen Aspekte der Robusthaltung etwas näher ein; zur weiteren Information empfehle ich jedoch ausgesprochene Fachbücher zu diesem Thema, da es den Rahmen dieses Buches sprengen würde, sie alle hier ausführlich zu besprechen.

## Die Fläche

Genügend große Weideflächen sind eine Voraussetzung, ohne die – zumindest im Sommerhalbjahr – eine naturnahe Haltung nicht funktioniert. Als Faustregel kann man sagen, daß ein Pferd ein Hektar gute Weide benötigt, um sich während der Vegetationsperiode (ca. Mai bis Oktober) ernähren zu können. Der Qualität der Weide ist dabei aber Rechnung zu tragen, bei extrem armen Böden wird man eine Zufütterung mit Rauhfutter durchführen müssen oder noch mehr Land brauchen. In milden Zonen mit guten Böden kann die Zufütterung während

*Shipton-Stuten im Winter – Robusthaltung*

der Weidesaison unterbleiben. Die Pflege der Weideflächen ist häufig ein Problem, da sie ökonomisch nur mit Maschinen erfolgen kann oder andernfalls in mühevoller Handarbeit, eventuell mit Hilfe eines Ponygespannes, durchgeführt werden muß.
Im Frühjahr werden die Ponys langsam mit Gras angefüttert, um Probleme bei der Umstellung von Rauhfutter auf Grünfutter zu vermeiden. Über einige Tage gibt man neben dem Heu oder Futterstroh steigende Gaben frischen Grases, gleichzeitig wird das Rauhfutter schrittweise reduziert. Es empfiehlt sich, den Weidegang anfänglich auf einige Stunden täglich zu beschränken und noch etwas Heu oder Stroh anzubieten. Anschließend verbringen die Ponys die Sommermonate auf den Weiden, die je nach Größe und Qualität gewechselt werden müssen. Ausreichend große Flächen helfen, zu starken Verbiß und Trittschäden zu vermeiden. Bevor die Weide nicht mehr ausreichend Nahrung bietet, was durch leichte Gewichtsabnahme, gieriges Suchen, Ausbruchsversuche etc. angezeigt wird, sollten die Tiere umgetrieben werden und neue Flächen zur Verfügung haben. Die abgegraste Weide wird dann nachgemäht, der Mist entfernt und die Grasnarbe durch Eggen oder Abstreifen gepflegt. Zuvor kann eventuell noch eine kurze Nachbeweidung mit Rindern oder Schafen erfolgen, die auch jene Gräser annehmen, welche von Pferden verschmäht werden.
Die beschädigten Flächen sollten neu eingesät werden, als Saatgut empfiehlt sich eine harte Dauerwiese mit 25% Wiesenschwingel, 50% Weidelgras (Ryegras) und 25% Rispe und Weißklee. Die Düngung mit einem geeigneten Handels- oder Stalldünger erfolgt vom Herbst bis in das zeitige Frühjahr, aber keinesfalls kurz vor der Weideperiode.
Im Winter werden Pferdebestände üblicherweise nicht auf den Weiden gehalten, da sie bei feuchter Witterung den Boden nachhaltig schädigen würden. Die Paddocks (Ausläufe) müssen jedoch auf Grund ihrer meist geringeren Größe besonders gut gepflegt werden, indem man sie regelmäßig und sorgfältig ausmistet, um die Verwurmung hintan zu halten. Auch Paddocks müssen genügend groß sein, um rangniederen Ponys ein Ausweichen und ausreichenden Zugang zum Futter zu ermöglichen.
Connemaras zeigen eine relativ große Individualdistanz, sie fressen gerne mit »Seitenabstand« und können ziemlich kratzbürstig werden, wenn sie sich eingeengt fühlen. Deshalb sollte man ihnen in jedem Fall ausreichende Flächen bieten und die Futterstellen weit genug voneinander anlegen.

## Die Fütterung

Bei ausreichend großen Weiden und geringer körperlicher Belastung kann in der Regel während der Weideperiode auf jegliche Zufütterung verzichtet werden. Man sollte jedoch Minerale und Salze in Form von Lecksteinen zur freien Aufnahme bieten und natürlich stets genügend frisches Wasser.
Steigt die Belastung durch sportliche Verwendung oder Zuchteinsatz, so kann die Zufütterung von entsprechenden Mengen Konzentratfutter nötig werden. Sie wird in der Regel als tägliche Gabe einer relativ geringen Menge Hafer oder Pellets erfolgen,

auch eiweißarme, energiereiche Futtermittel, wie aufgeweichte Rübenschnitte, bewähren sich.
Die Umstellung auf die Winterperiode erfolgt ebenfalls langsam, indem man die Ponys stundenweise aufstallt oder in die Paddocks bringt und ihnen Rauhfutter anbietet. Im Winter wird ein Robustpferd zumeist mit ausreichend Heu, gutem Futterstroh und etwas Saftfutter in Form von Möhren, Futterrüben oder aufgeweichter Trockenschnitte das Auslangen finden. Bei sportlicher Verwendung wird ebenfalls dosiert Kraftfutter geboten; besonders in der Zeit des Fellwechsels können Defizite an Mineralstoffen und Energie auftreten, die mit den entsprechenden handelsüblichen Präparaten aber leicht ausgeglichen werden können.
Futterzusätze, die sich nach den Erfahrungen des Autors ausgezeichnet bewährt haben, sind getrockneter Seetang (Kelp), der im Winter einen positiven Effekt auf den Gesamtzustand und besonders das Fell zu haben scheint. Weiters reiner Apfelessig, der nach kurzer Gewöhnungsphase gerne mit Mash, Rübenschnitte oder mit dem Kraftfutter genommen wird. Durch den hohen Kaliumgehalt und andere tonisierende Stoffe wirkt er abwehrkraftsteigernd. Fohlen und Jungpferde profitieren von einem ausreichenden Kalziumangebot; ist das vorhandene Gras, Heu und Wasser kalkarm, so sollte dieser Mangel durch Beimischung von hochwertigem Futterkalk (Calcuimdiphosphat) ausgeglichen werden. Auch der etwas in Vergessenheit geratene Lebertran hat durchaus seine Vorzüge. Er verleiht dem Fell einen schönen Glanz und ist der Vitaminaufschlieszung förderlich, enthält allerdings auch viel Energie und sollte daher bei zur Fettleibigkeit neigenden Ponys mit Vorsicht verwendet werden.
Unter strengen klimatischen Bedingungen brauchen freilebende Pferde genügend Energie, um ihre Körpertemperatur aufrecht erhalten zu können. Gewichtsabnahme, starrendes Fell, Trägheit, Heißhunger, generell »armes« Aussehen und vermindertes Wachstum bei Jungpferden deuten auf starke Verwurmung und/oder Futtermangel hin und sollten schleunigst behoben werden. Connemaras, die in gemäßigten klimatischen Zonen unter reichem Futterangebot gehalten werden, neigen zum Fettwerden, Jungtiere wachsen unter diesen Bedingungen manchmal über das Ponymaß von 148 cm hinaus. Eine übertriebene Fütterung, besonders mit Konzentraten, ist deshalb abzulehnen.

## Wurm und Virus

Parasiten sind in der Haltung domestizierter Pferde zu einer echten Plage geworden! Durch nicht artgemäße Haltung, unsachgemäße Bekämpfung und steigende Resistenz kann der Befall mit diesen Schmarotzern an Häufigkeit und Intensität stark zunehmen. Möglicherweise scheint uns das aber nur deshalb so, weil moderne Untersuchungsmethoden und vermehrte Information dieses Übel verstärkt aufzeigen, während man in früheren Zeiten einfach glaubte, ein Pferd sei gesund, solange es nicht absolut arbeitsunfähig war.
In England ist es inzwischen üblich, Pferde alle sechs bis acht Wochen zu entwurmen, eine Frequenz, die am

Kontinent noch nicht oft zu beobachten ist. Lange Zeit war man hier der Meinung, mit zwei jährlichen Wurmkuren das Auslangen finden zu können, dies ist inzwischen überholt. Doch nicht nur die bloße Anzahl der Wurmkuren, auch die Wahl der Präparate und die Art der Durchführung sowie der Zeitpunkt und die begleitenden Maßnahmen entscheiden über Erfolg und Mißerfolg. Es hat beispielsweise wenig Sinn, Pferde zu entwurmen und danach auf einer mit Parasiteneiern völlig verseuchten Koppel stehen zu lassen, da die Tiere umgehend wieder befallen werden und man nur einen kurzfristigen Effekt erzielt. Zugleich mit der Kur muß auch gewährleistet werden, daß der Infektionsdruck stark gemindert, bzw. ausgeschaltet wird, was nur durch einen Wechsel auf parasitenfreie Weiden oder Paddocks oder peinlich genaues Ausmisten geschehen kann.

Die in Pferden häufig vorkommenden Wurmarten sind:
a) Palisadenwürmer (Strongyliden)
b) Spulwürmer (Askariden)
c) Zwergfadenwürmer (Oxyuren)
d) Bandwürmer (Anaploccephala)
e) Lungenwürmer (Dictyocauli)
f) Dassellarven (Gasterophilus)

Die Mehrzahl der Wurmmittel wirkt nur gegen einige Gruppen von Parasiten, sodaß man die Präparate abwechselnd, bzw. in Kombination verwenden sollte, um eine breite Abdeckung zu erreichen. Im Folgenden eine kurze alphabetische Übersicht über die in Europa von führenden Herstellern erzeugten Präparate und deren Wirksamkeit (keine Gewähr für Vollständigkeit):

**Banminth,** Hersteller: Pfizer
Wirkstoff: Pyrantelpamoat
Anwendung: Paste und Granulat
Wirksamkeit: Breitbandmittel gegen Rundwürmer

**Equvalan,** Hersteller: MSD Agvet
Wirkstoff: Ivermectin
Anwendung: Paste
Wirksamkeit: alle Stadien von Parasiten, außer Bandwürmern

**Panacur,** Hersteller: Hoechst
Wirkstoff: Fenbendazol
Anwendung: Paste oder Granulat im Futter
Wirksamkeit: Rund-, Lungenwürmer

**Rintal,** Hersteller: Bayer
Wirkstoff: Febantel
Anwendung: Paste
Wirksamkeit: Rundwürmer, Magenbremsen

**Telmin,** Hersteller: Janssen
Wirkstoff: Mebendazol
Anwendung: Paste und Granulat
Wirksamkeit: Rund-, Lungenwürmer

Wegen einer möglichen Resistenz sollte man die Präparate häufig wechseln. Wurmmittel sind als Granulate (Pulver) oder Pasten (in sogenannten Injektoren) erhältlich. Da Pferde über einen ausgezeichneten Geruchs- und Geschmackssinn verfügen, kommt es oft vor, daß ein Pulver im Futter abgelehnt wird. Dann wird es mit Zucker abgemischt und in feuchtem, sehr geschmackvollem Futter verabreicht, Kleiemash oder Naßschnitte eignen sich hierfür.
Die Injektoren enthalten eine bestimmte Menge Paste, meist für ein Großpferd von 500 bis 600 kg Gewicht

ausreichend. Man kann mittels einer Skala auch geringere Mengen verabreichen, die dem Pferd seitlich in das Maul gedrückt werden und dort haften bleiben. Diese Art der Verabreichung ist, wenn sie nicht gleichzeitig mit der Fütterung durchgeführt wird (Gefahr des Ausspuckens), sehr einfach und sicher.
Fohlen sollten im Alter von einigen Wochen erstmals und dann weiterhin in Abständen von acht Wochen entwurmt werden, erwachsene Pferde mindestens viermal jährlich, jedenfalls aber kurz vor dem Weideaustrieb.
Viruserkrankungen treten sehr oft als Influenza- und/oder Herpesinfektionen auf. Nachfolgende bakterielle Infektionen führen bei Influenza (Grippe) oft zu lange anhaltenden Erkrankungen der Atemwege, die als chronische Krankheitsbilder nach erfolgloser Behandlung zur gefürchteten Dämpfigkeit führen können. Es existieren durchaus wirksame Impfstoffe gegen Virusabort (Herpes) und Grippe, die der Tierarzt als zweimalige Grundimmunisierung und in der Folge als jährliche Auffrischungsimpfung verabreicht. Fohlen erhalten am ersten Lebenstag eine kombinierte Impfung, die auch gegen Fohlenlähme schützt, das richtige Impfprogramm beginnt erst im Alter von sechs Monaten.
Tetanus, auch als Wundstarrkrampf bekannt, ist eine Infektion, die nach Verletzungen auftreten kann und lebensgefährlich ist. Die Erreger sind im Umfeld von Pferden sehr häufig und befallen Pferd und Mensch, weshalb beide dagegen geimpft sein sollten. In Tollwutgebieten ist ein Impfschutz gegen Wut sehr empfehlenswert. Alle Impfungen der Pferde müssen von einem Tierarzt durchgeführt werden, der diese auch in einen Impfpaß einträgt und damit für die Richtigkeit der Angaben und die ordentliche Durchführung garantiert. Der Impfpaß ist ein wichtiges Dokument und begleitet das Pferd durch das ganze Leben, somit wird es bei einem Verkauf, Standortwechsel oder Wechsel des behandelnden Tierarztes möglich, den Impfschutz problemlos aufrecht zu erhalten.

## Der Stall

An Robusthaltung gewöhnte Ponys brauchen in unseren Breiten kaum Schutz vor winterlicher Kälte. Die Haltung in einem für Warmblüter üblichen Stallgebäude verweichlicht sie und ist wegen des geringen Bewegungsraumes und der fehlenden Umweltreize ihrem geistigen und körperlichen Wohlbefinden eher abträglich. An Kälte, Schnee, Wind und Regen gewöhnt, suchen sie höchstens bei extremer Wetterlage oder großer Hitze Schutz unter Bäumen, in einer Weidehütte oder einem Offenstall.
Der ideale Offenstall ist geräumig, aus natürlichen Baustoffen errichtet, im Sommer schattig und im Winter windgeschützt gelegen. Je nach Geldbeutel und angestrebter Perfektion kann er bloß eine dreiseitig geschlossene Weidehütte oder ein ausgeklügeltes Gebäude mit diversen Einrichtungen, wie Futterkammer und Sattelkammer, oder eine Zwischenform sein. Einige grundsätzliche Überlegungen gelten jedoch für alle Bauformen: Die rangniederen Pferde müssen den Stall jederzeit verlassen können, wenn sie in Bedrängnis geraten. Deshalb sind zwei breite Türen nötig, besser noch

*Gute Außenboxen*

bleibt eine Seite gänzlich offen. Der Boden muß widerstandsfähig und trocken sein, sonst verwandelt er sich in kurzer Zeit in Morast. Die Wände und das Dach müssen so stabil ausgeführt werden, daß sie durch Wetter und Pferde nicht beschädigt und zu einem Sicherheitsrisiko werden können. Zu klein nützt der Stall nichts, denn die ranghöheren Tiere halten die übrigen fern, am besten sind zwei oder mehrere Abteilungen. Ein großzügig bemessenes Vordach erhöht den Nutzwert beträchtlich.
Die Ausstattung eines Offenstalles mit »Einrichtungsgegenständen« hat sich nach meinen Erfahrungen nicht bewährt, jegliche Form von Haken, Kübelhaltern, Futtertrögen und ähnlichem ist entweder gefährlich oder wird zerstört. Einfache Anbinderinge, stabile Futterschüsseln, ein beheizter Selbsttränker und runde Vorratsraufen aus Eisenrohren sind die notwendige Grundausstattung des Winterquartiers, bei der man es bewenden lassen sollte. Zum Thema Offenstall und Robusthaltung gibt es gute Fachliteratur, die jedem Ponyfreund ans Herz gelegt sei!
Connemaras sind gegen Kälte und Nässe relativ unempfindlich, da auch in ihrer Heimat ein kühles, feuchtes Klima vorherrscht. Der in Irland seltene Schnee stellt am Kontinent kein Problem dar, das Winterfell wird in kälteren Zonen ausreichend dicht. Dagegen wird die extreme Hitze eines kontinentalen Hochsommers weniger gut vertragen, man sollte den Ponys daher immer schattige Ruheplätze zugänglich machen.

*Ein guter Hallenstall*

## Die Pflege

Hier soll nur soweit auf dieses Thema eingegangen werden, wie es für die Robusthaltung bedeutsam ist oder stark von den üblichen Regeln abweicht. Das Putzen ist für fast alle Pferde, besonders aber für die im wahrsten Sinne des Wortes dickfelligen Ponys, eine Wohltat. Bei robust gehaltenen Pferden muß man sich allerdings etwas zurückhalten, denn die naturnahen Umweltbedingungen fordern kein sauberes, sondern ein gesundes Pony! Durch häufiges und intensives Putzen wird die natürliche Schutzschicht vom Fell des Tieres entfernt, wodurch Regenwasser und Schnee leichter durchdringen können. Man putzt also das Robustpferd nur dann gründlich, wenn es unbedingt nötig ist, im übrigen begnügt man sich mit einer Reinigung der Sattel- und Gurtlage und des Kopfes, um Druckschäden durch das Sattelzeug zu vermeiden.

Durch ihre gegenüber Stallpferden weitaus größere Bewegungsfreiheit nützen sich bei manchen robust gehaltenen Ponys die Hufe schneller oder unregelmäßiger als bei jenen ab. Dem ist durch besonders sorgfältige Hufpflege und Korrektur Rechnung zu tragen, allerdings benötigen Ponys aufgrund ihres guten Hufhornes nur selten einen Beschlag. Wenn überhaupt, so kommt man mit leichten Eisen an den Vorderhufen zumeist aus, von Stollen ist auch im Winter abzuraten, da sie ein großes Verletzungsrisiko darstellen. Bei Rutschgefahr im Winter durch Einballen von Schnee sind flexible Kunststoffeinlagen oder ähnliches vorzuziehen, bei Glatteis reitet man besser nicht. Ist es unvermeidlich, auf Eis oder anderen harten, glatten Flächen zu reiten, so sind kleine Hartstahlstifte im Zehen- und Trachtenteil der Eisen zu empfehlen, die nur wenig über die Oberfläche derselben herausragen.

In der trockenen Jahreszeit kann es zum Sprödewerden und Ausbrechen der unbeschlagenen Hufe kommen. Um dem vorzubeugen, empfiehlt sich häufiges Anfeuchten der Hufe und anschließendes Einfetten. Die dünne Fettschicht versiegelt gewissermaßen die Feuchtigkeit im Horn und hält dieses elastisch. Einfetten des trockenen Hufes ohne vorheriges Anfeuchten ist pure Kosmetik ohne praktische Wirkung. Langsam wachsende Hufe können im Wachstum unterstützt werden, indem man zweimal wöchentlich Lorbeeröl oder Cornucrescine in die Hufkrone einmassiert, was am besten mit den Fingern oder einer Zahnbürste funktioniert.

Das Langhaar darf keinesfalls geschoren, beschnitten oder ausgedünnt werden, denn sonst verliert es seine Schutzfunktion. Ponys haben meist dichte und lange Mähnen und Schweife, die zwar mühsam sauberzuhalten sind, aber einen sehr konkreten Sinn haben. Sie schützen vor Fliegen und Nässe und dürfen niemals mit einer Schere in Berührung kommen! Kletten und verfilzte Strähnen entfernt man vorsichtig mit der Hand, höchstens eine grobe Bürste darf hin und wieder zum Einsatz kommen.

Da viele Connemaras Schimmel sind, ist es besonders schwierig, sie strahlend rein zu bekommen. Übertriebenes Bürsten schadet aber dem robust gehaltenen Pony, da es das Haarfett entfernt (wie oben bereits erwähnt). Da muß man die Eitelkeit hintan stellen und ein paar bissige Bemerkungen bezüglich »gelber Flecken« einstecken. Immer noch besser als ein nicht wasserdichtes Pony, das im Regen bis auf die Haut naß wird und friert!

# Ausbildung und Training

## Die Kinderstube

Die Ausbildung eines Pferdes, gleich welcher Rasse oder Bestimmung, beginnt eigentlich schon unmittelbar nach seiner Geburt. Bereits dann sollte man es an die Gegenwart des Menschen und das Berührtwerden durch ihn gewöhnen. Fohlen sind zwar etwas scheu, aber auch unglaublich neugierig, was man sich zunutze machen sollte. Kommt ein Fohlen, wie bei Ponys recht häufig, ohne menschliche Hilfe auf der Weide zur Welt, so empfiehlt es sich, Mutter und Kind täglich eine Stunde in eine Box zu bringen, wo sie den »Aufmerksamkeiten« des Menschen nicht ausweichen können. Hier gesellt man sich ruhig zu ihnen und beginnt, ohne dabei aufdringlich zu werden, einen ersten Kontakt mit dem Ponykind herzustellen, indem man seine Neugier weckt und es nach und nach zärtlich berührt. Am ersten Lebenstag ist auch schon die erste Impfung fällig, was in vielen Fällen nicht ohne Widerstand abgeht, aber darauf kann keine Rücksicht genommen werden. Wichtig ist, diesen ersten negativen Eindruck, den der kleine Erdenbürger nun hat, rasch wieder abzubauen. Schon bald wird das Fohlen den Menschen als Teil seiner Umwelt akzeptieren und sich auch ein leichtes Halfter umlegen lassen. Damit ist das Eis meistens gebrochen, denn von nun an kann man es leichter halten und daran gewöhnen, daß »brave Kinder belohnt werden«. Fellkraulen, ein wenig Salz oder Zucker auf der Hand und später kleine Obststücke stellen das Vertrauen her. Hastige Bewegungen, laute Worte oder unverständliche Strafen zerstören ein solches und gehören nicht in die Pony-Kinderstube.

Die meisten Connemaras sind ausgesprochen ruhig und freundlich; haben sie den Menschen einmal akzeptiert, so machen sie willig bei allem mit, auch wenn sie nicht ganz verstehen, worum es geht. Meine Jungpferde wachsen relativ unbehelligt auf großen Weiden auf und haben daher im Sommer wenig direkten Kontakt mit Zweibeinern. Die notwendigen Pflegearbeiten, wie Entwurmen, Hufkorrekturen und Impfen lassen sie nach ein paar einfachen Übungen meist ohne großen Widerstand über sich ergehen. Wichtig ist es, einen Halbstarken nie zu bestrafen, weil er etwas nicht kapiert hat, denn Strafe fördert die Intelligenz nicht – im Gegenteil! Nur durch konsequente Übung und Vertrauensbildung erhält man ein ruhiges, verläßliches Pferd, das gerechte Strafe akzeptieren kann, ohne auszurasten. Bestrafung ist nur dann angebracht, wenn das Pferd eine lösbare Aufgabenstellung mit Aggression beantwortet. Unlösbare Aufgaben dürfen nicht gestellt werden; wer den Unterschied zwischen lösbar und unlösbar nicht erkennt, der sollte sich nicht mit Pferden abgeben!

## Der Kindergarten

Der Pony-Kindergarten soll eine Phase spielerischen Lernens sein und darf nicht in militärischen Drill ausarten. Ein wenig Disziplin, viel Lob und jede Menge Spaß sind der Schlüssel zum Erfolg. Wir nehmen die einjährigen Pony-Babys irgendwann an einen Führstrick und entlocken ihnen ein paar Schritte. Bald schon verstehen sie, was man von ihnen will und folgen wie überdimensionale Hunde, denn sie wissen, daß eine Belohnung winkt. Einmal halfterführig, müssen sie lernen, sich von der Herde zu trennen, wobei mit heftigerem Widerstand zu rechnen ist. Man kann sie entweder einzeln in stabile Boxen bringen und hoffen, daß sie irgendwann zu toben

*Robert Schröder mit Gaeltacht Fellow, 3 Tage alt (Foto: E. Wendl)*

*Vertrauen – Kinderspiele – Führen lernen: Hightower Tirol, 3 ½ Monate (Foto: J. Buxton)*

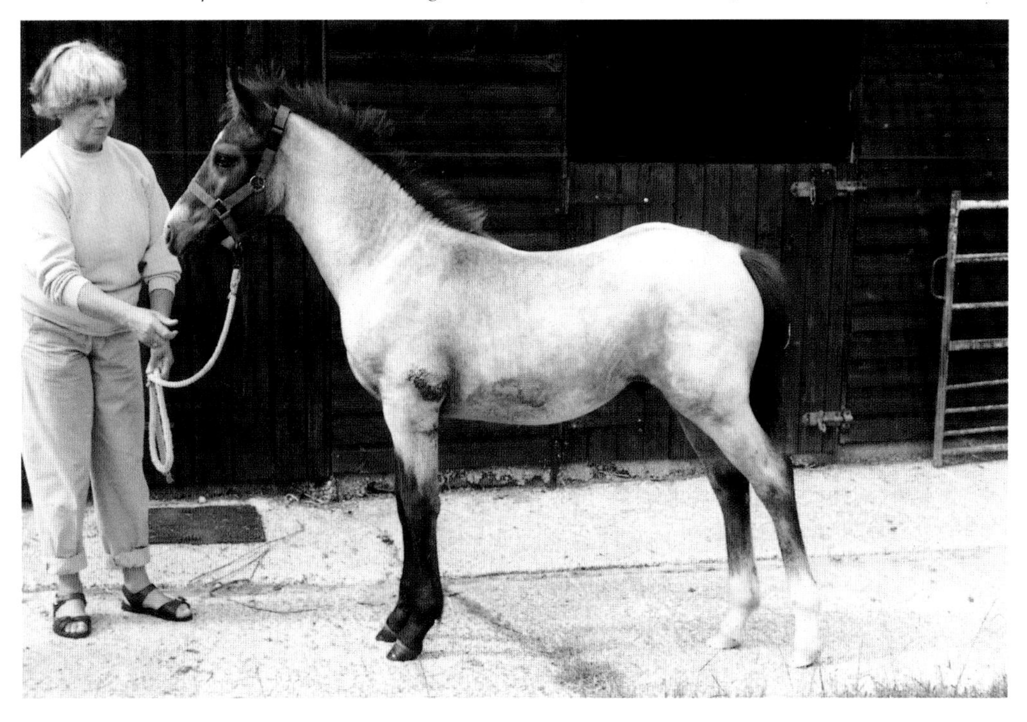

*Das Connemara-Pony im Sport – Springen …*

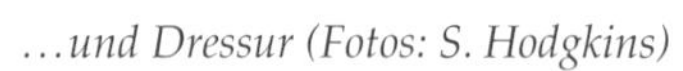

*… und Dressur (Fotos: S. Hodgkins)*

aufhören, was aber nicht gerade der angenehmste und sicherste Weg ist. Besser ist eine Politik der kleinen Schritte! Dabei führt man ein Ponykind unter ständigem Liebkosen unauffällig immer weiter von seiner Herde weg und wiederholt das, bis es sich daran gewöhnt hat. In der Regel wird es sich anfänglich nur wenige Meter von den Gefährten entfernen lassen, aber wenn man konsequent bleibt und die Lektionen nicht zu lange ausdehnt, sollte sich nach wenigen Tagen der Erfolg einstellen. Hat das Jungpferd begriffen, daß auch menschliche Gesellschaft ausreichend ist und zudem noch Köstlichkeiten abfallen, wenn man sich in das Unvermeidliche fügt, so kann mit einfachen Übungen begonnen werden. Ein paar Stangen am Boden, einige alte Autoreifen und eine Plastikplane sind alles, was man für Kindergartenspiele braucht. Der Phantasie sind kaum Grenzen gesetzt, alle Übungen finden in spielerischer Weise am lockeren Führstrick statt und dienen der Vertrauensbildung und dem unmerklichen Aufbau einer gewissen Disziplin. Das ruhige Übersteigen von Stangen und Reifen, das paniklose Untersuchen fremder Objekte, letztlich das willige Folgen über »unheimliche« Dinge – wie die Plane – sind der späteren Ausbildung förderlich. Dabei lernt das Pferd, daß der Mensch keine unmöglichen Dinge verlangt, daß man für Mitarbeit belohnt wird und daß nichts so schlimm ist, wie es aussieht. Als Ausrüstung genügen ein Halfter, ein langer Strick, eine lange Gerte und unzählige Apfelstücke. In den letzten Jahren sind diese Erziehungsmethoden von findigen Trainern vermarktet worden, die vorgeben, sie erfunden zu haben. Dem ist nicht so, denn solche Übungen wurden von guten Pferdeleuten schon immer praktiziert, die erste schriftliche Erwähnung lieferte der Hethiter Kikkuli um 1360 v. Chr. in seiner Anleitung für die Ausbildung von Wagenpferden. Auch der Grieche Xenophon (um 400 v. Chr.) gibt in seiner Reitlehre, die durchaus moderne Ansätze zeigt, ähnliche Anregungen. Man hat sie nur in unserer hektischen Zeit teilweise vergessen.

## Die Grundschule

Der Kindergarten geht mit dem dritten Lebensjahr eines Pferdes zu Ende, der Ernst des Lebens beginnt. Ponys sind durchwegs spätreif, eine volle Belastung und damit auch ein intensives Training sollte erst mit dem fünften Lebensjahr einsetzen. Was bleibt nun in der Zeit vom dritten bis zum fünften Jahr zu tun? Ganz einfach – die Grundschule, denn man will ja nicht mit dem ausgewachsenen Fünfjährigen wieder bei bei Null anfangen. Die Phase des Zureitens, die einfache Geländearbeit und die früher Campagneschule genannte erste Dressurarbeit stehen nun auf dem Programm. Man darf diese arbeitsreichen, aber sehr lohnenden zwei Jahre nicht als lästige Zwischenstufe betrachten, sie sind wahrscheinlich die vergnüglichsten überhaupt. Jetzt wird der Grundstein für zukünftige Erfolge gelegt, egal was man mit dem Pferd später vorhat. Selbst für ein Freizeitpferd gelten dieselben Grundsätze wie für ein potentielles Turnierpony, denn beide müssen die Grundbegriffe ihres Handwerkes nun erlernen. Es kann und soll hier nicht auf die Details der Ausbildung eingegangen werden, deshalb sei wiederum auf die Wichtigkeit guter Fachlektüre verwiesen. Ein paar Bemerkungen möchte ich allerdings anbringen.

## Das Longieren

Hat man das Jungpferd erfolgreich durch den Kindergarten gebracht, so wird das Longieren kaum Mühe bereiten. Das Pony kennt eine lange Leine und eine Gerte und weiß, daß von beiden keine Gefahr droht und daß man mit dem Menschen herumspazieren darf. Jetzt wird bloß die Leine etwas länger, die Gerte wird zur Peitsche und man läuft im Kreis. Anfangs braucht man zum Longieren zwei Personen, einen Longeführer und einen Pferdeführer. Erstgenannter hält die ordentlich aufgerollte Longe in der einen Hand, die Peitsche waagrecht in der anderen und bildet so mit dem Pferd das oftzitierte »V«. Zweitgenannter steht an der Innenseite des Pferdes hinter der Longe und hält einen zusätzlichen Führstrick, in der Tasche hat er die Leckerbissen. Der Longeführer gibt das Kommando »Schritt«, das Pony geht los, der Pferdeführer verhindert, daß der Schüler etwas anderes tut , als verlangt wurde. Auf beiden Händen etwa zehn Minuten geübt, mit Halten, kurzen Trabreprisen und zwischendurch einigen Belohnungen, sollte das Pony nach ein paar Tagen verstanden haben, was von ihm verlangt wird. Nach und nach tritt der Pferdeführer in den Hintergrund und tritt schließlich ganz ab. Ab nun sollte das Pony Kappzaum und Longiergurt tragen, nach ein paar Tagen kommt der ihm längst bekannte einfache Trensenzaum mit Ausbindern dazu. Diese bleiben anfänglich lange verschnallt und werden erst mit fortschreitender Arbeit nach und nach verkürzt. Das Longieren dient der Entwicklung von Takt und Schwung sowie der Vertiefung von Gehorsam und Konzentration. Es darf nie in

*Longieren – Catcombe Chevron*

unkontrollierbares Rasen oder gelangweiltes Dahinschleichen ausarten, sondern soll eine kurze, intensive Trainingseinheit darstellen. Mit der Galopparbeit beginne ich erst dann, wenn das Pony in Schritt und Trab völlig gelöst und taktrein in guter Haltung geht, was drei Wochen oder länger dauern kann.

## Die Doppellonge

Dies ist eine ideale zweite Stufe in der Ausbildung, die leider in Europa selten angewendet wird. Im Prinzip stellt sie Longearbeit unter zusätzlicher Verwendung einer begrenzenden (verwahrenden) äußeren Hilfe dar. Man bedient sich dazu einer zweiten Longe, sowohl diese wie auch die erste werden in die beiden Trensenringe eingeschnallt und verlaufen durch große seitliche Ringe oder Schlingen am Longiergurt. Anfänglich braucht man wieder einen Pferdeführer, der Vorgang ist der gleiche wie beim Longieren, mit dem Unterschied, daß der Helfer nun an der Außenseite des Pferdes geht. Die äußere Longe wird um die Hinterhand des Ponys geführt, jede Hand des Longeführers hält eine Leine und kann unabhängig agieren. Die Doppellonge ermöglicht es, dem Pony die Zügelhilfen beizubringen, sie fördert zudem das Engagement der Hinterhand und verhindert ein Ausfallen derselben. Hat das Pony nach ein paar Tagen alles begriffen, geht man zu einfachen Figuren über, wobei der Führer entweder in sicherem Abstand genau hinter dem Pferd oder leicht seitlich versetzt geht. Beim Longieren empfiehlt sich das Tragen von dünnen Lederhandschuhen, da eine schnell durch die Hand gezogene Leine böse Brandblasen verursacht.

## Das Zureiten

Es ist nahezu unmöglich, ein Patentrezept für das erfolgreiche Zureiten zu geben, da jedes Pferd anders auf das Reitergewicht reagiert. Unsere Erfahrungen mit Connemaras zeigen, daß die Rasse in dieser Hinsicht besonders problemlos ist. Eine unserer Stuten wurde zugeritten, indem sich eine junge Bereiterin ohne mein Wissen auf dem Heimweg von der Koppel einfach von ihr tragen ließ. Nicht gerade eine orthodoxe Methode, aber sie funktionierte! Sie ist nicht zur Nachahmung gedacht, sondern soll nur verdeutlichen, wie problemlos es oft ist, ein Pony an das Reitergewicht zu gewöhnen. Ich habe bei Pferden jeglicher Rasse, die gut an der Longe gearbeitet wurden und Vertrauen zum Menschen hatten, nie ein »Rodeo« erlebt. Sie alle fügten sich sofort in ihr Schicksal und gingen die anfänglich geforderten wenigen Schritte ohne heftige Gegenwehr. Ich halte sehr viel davon, schon beim ersten Aufsitzen ein extrem ruhiges, erfahrenes Begleitpferd dabei zu haben, das der jungen Remonte ein Gefühl der Sicherheit gibt. Nach ein paar Übungen an der ihm vertrauten Longe lasse ich den Youngster dann einfach dem alten Hasen in der Reitbahn folgen, zuerst im Schritt, nach ein paar Tagen auch im Trab. Jeder Trainer hat seine eigene Philosophie, was die Ausbildung anbelangt, wir lassen den Jungpferden viel Freiheit und versuchen, alles sehr beiläufig zu gestalten. Die Ponys sollen in ihre neue Rolle fast unmerklich hineinwachsen, die Anforderungen steigen langsam und alles ergibt sich aus dem Vorhergehenden. Nach dem Zureiten folgt die lange Periode des Bummelns, die Remonten gehen hinter ruhigen Führpferden ins Gelände und lernen dort im Schritt, später auch im Trab, eine neue Welt kennen. Das stärkt die Muskeln und das Selbstvertrauen und fördert das Gleichgewicht. Nach solchen Bummelritten werden ein paar Minuten Arbeit im Dressurviereck absolviert, zuerst in der Gruppe, später auch alleine. Eines führt zum anderen, die Dressurarbeit auf langen Linien bleibt nicht auf die Reitbahn beschränkt, je besser das Pony hier an die Hilfen kommt, desto konsequenter wird es auch im Gelände gearbeitet. Der anfänglich sehr passive Reiter wird zunehmend aktiver, verlangt mehr Aufmerksamkeit, Gehorsam und Rittigkeit. Gerade gerichtet, ruhig vorwärts-abwärts, schwungvoll, aber nicht stürmend, so soll die Remonte in Gelände und Bahn gehen. Ist dieser seligmachende Zustand erreicht, naht meist auch das Ende der Grundschulzeit, das Pony ist ausgewachsen und körperlich und geistig bereit, intensiver ausgebildet zu werden, falls dies überhaupt angestrebt wird. Hier verlassen wir dieses Thema, denn die weitere Ausbildung gehört, so man nicht selbst ein überdurchschnittlich guter Reiter ist, unter der ständigen Aufsicht eines ausgebildeten Trainers durchgeführt. Es zahlt sich nie aus, bei der höheren Ausbildung zu sparen! Wer ein erstklassig gerittenes Pony möchte, der greife tief in die Tasche und leiste sich die besten Lehrer oder Bereiter, alles andere bleibt ein amateurhafter Ersatz mit unbefriedigenden Resultaten.

## Springen

Auch hier möchte ich nur kurz meine persönlichen Erfahrungen wiedergeben. Connemaras sind meist mit einem weit überdurchschnittlichen Springvermögen gesegnet, was ihre glücklichen Besitzer aber nicht davon enthebt, sie wie jedes andere Pferd im Springen auszubilden, denn Vermögen ist nicht mit Technik gleichzusetzen.

Fast jedes Pony wird unter einem geübten Reiter über ein einfaches, niedriges Hindernis hüpfen. Dabei sollte man es auch während der Grundschule bewenden lassen! Wichtig für die spätere Ausbildung ist jedoch, daß man über verschiedene Hindernisse an verschiedenen Stellen der Reitbahn übt, um eine Gewöhnung zu verhindern und das Pony mit allen möglichen Arten von Sprüngen vertraut zu machen. Einfache Ricks, Stangen auf alten Fässern, sogar Baumstämme und Strohballen, kurzum alles, was einfach und ungefährlich zu überwinden ist, sollte man benützen. In dieser Phase ist, da keine Kombinationen, enge Wendungen oder knifflige Distanzen geritten werden, ein allzu wissenschaftlicher Zugang nicht nötig. Pony und Reiter sollten einfach Spaß am Springen bekommen, auch über feste Hindernisse im Gelände. Hier lernt die Remonte zu unterscheiden, was fest im Gegensatz zu abwerfbar heißt und daß man im Gelände gefälligst die Beine zu heben hat. Connemaras nehmen allzu niedere Sprünge oft nicht ernst, auch Remonten krabbeln gelangweilt über Minijumps und geben sich oft sehr ungeschickt. Das ist kein Grund zur Sorge, denn dasselbe Pony wird über größere Höhen plötzlich zu einem aufmerksamen »Überflieger«, was wiederum nicht dazu verleiten darf, es zu überfordern. In dieser Phase wollen wir vom jungen Pony Aufmerksamkeit, ruhiges Angehen eines Hindernisses, flüssiges Springen und gehorsames Aufnehmen danach. Das Überwinden natürlicher Hindernisse, wie Gräben, Bäche, Hänge und Unterholz sollte mit einem erfahrenen Führpferd keine Probleme machen, allerdings haben Connemaras eine angeborene Abscheu vor sumpfigem Terrain.

Kein Pony sollte vor seinem fünften Lebensjahr in eine regelrechte Springausbildung genommen werden, da sonst Schäden an den Beinen entstehen können.

# Kapitel VIII

## Zur Schau gestellt

werden Ponys in den angelsächsischen Ländern, aber auch in Amerika und Australien mit großer Begeisterung. Neben den vielen und verschiedenartigen Bewerben für Reit- und Zuchtpferde jeder Art werden bei nahezu allen Veranstaltungen auch Ponyklassen abgehalten, die wiederum in diverse Sparten unterteilt sind und deren Bezeichnungen für Europäer meist unbekannt und unverständlich sind. Deshalb vorerst eine kurze Erläuterung der wichtigsten Fachausdrücke:

## Show

wird im Englischen ganz allgemein eine Veranstaltung genannt, bei der Tiere, in unserem Falle Pferde, ausgestellt oder in sportlichen Bewerben gezeigt werden. Die grundlegende Unterteilung der Klassen erfolgt danach, ob es sich um gerittene oder geführte Pferde handelt, die dann entweder als Ridden oder In-hand Class bezeichnet werden. In beiden Kategorien gibt es Bewerbe, die einzelnen Rassen oder Typen vorbehalten sind, z.B. Hunter, Show Pony oder Mountain & Moorland Pony, die ihrerseits jeweils wieder in Gruppen unterteilt sein können. Rasse, Größe, Geschlecht oder Alter können dabei als Kriterien gelten.

Connemaras nehmen im englischen Sprachraum, der hier als Vorbild dienen soll, meist an Mountain & Moorland Pony – Klassen teil. Diese Klassen, sowohl unter dem Sattel als an der Hand, sind den neun »heimischen« englischen Ponyrassen vorbehalten, zu denen auch das Connemara zählt. Daneben starten Connemaras manchmal auch in Bewerben für Working Hunter Ponies, also gerittene Jagdponys. Eine übliche Form der Ausschreibung bei einer größeren Show, die für Connemaras in Frage kommt, wäre:

**Mountain & Moorland, large breeds (Berg- und Moorponys, große Rassen)**
Yearling – Jährling
2/3-y-o. – Zwei- und Dreijährige
Broodmare – Zuchtstute;
weitere Unterteilung nach dem Alter
Gelding – Wallach
Stallion Class – Hengstklasse

**M & M** ridden, large breeds – gerittene, große Berg- und Moorponys

**WHP, 15 hh** – gerittene Jagdponys bis 152 cm

Soweit die etwas verwirrende Vielfalt bei den Iren und Engländern. Auf dem Kontinent steckt das Ausstellungswesen leider noch in den Kinderschuhen. Die Begeisterung der Ponybesitzer in unseren Breiten hat längst nicht das Ausmaß jener in den Ursprungsländern erreicht, man beschränkt sich zumeist auf kleinere Zuchtveranstaltungen oder Ausstellungen einzelner Rassen, selten findet man überregionale Vergleichsmöglichkeiten zwischen mehreren Rassen oder Zuchtpopulationen. Die Connemaras stellen eine gewisse Ausnahme dar, denn man hat allenthalben in den Nachzuchtländern versucht, zumindest einige wenige größere Zuchtschauen pro Jahr zu veranstalten. Die Zuchtorganisationen oder Interessenvertretungen sind meist für die Organisation verantwortlich, sie orientieren sich häufig am großen Vorbild der Clifden Show. Alljährlich wird im August das westirische Küstenstädtchen Clifden, die »heimliche Hauptstadt der Connemara«, zum Anziehungspunkt für Connemarazüchter und -freunde aus aller Welt. Die unbekümmerte Einstellung der Iren und ihre Ablehnung jeglichen Formalismus stehen im krassen Gegensatz zur betonten Professionalität der Engländer. In Europa finden wir meist eine Zwischenform, wobei selten das außergewöhnlich hohe Niveau Englands erreicht wird, aber auch nicht der geniale Schlendrian Irlands gepflegt wird.

## Showing,

also das Zeigen von Pferden auf Ausstellungen erfordert gewisse Fähigkeiten und die Beachtung einiger Grundsätze, wenn es von Erfolg gekrönt sein soll. Dabei spielt es nur eine geringe Rolle, ob man den vermutlichen Champion auf der Royal Windsor Show, einem Hauptereignis des englischen Show-Zirkus vorstellt, oder »bloß« eine Stute zur Stutbuchaufnahme bringt. In jedem Fall geht es darum, das Pferd in einem möglichst günstigen Licht zu präsentieren und seine Vorzüge zu betonen, seine Mängel aber weitestmöglich zu kaschieren. Das hat nichts mit falschem Ehrgeiz zu tun, sondern ist Ausdruck einer gewissen Achtung vor dem Tier. Es kann für sein Aussehen nichts und würde auch freiwillig nie in einen solchen Wettkampf treten.

Nachdem der Mensch es den strengen und nicht immer unfehlbaren Richtern oder Kommissionen vorführt, muß er auch dafür Sorge tragen, daß sein Pferd jede Chance einer positiven Beurteilung erhält. Übertriebener Ehrgeiz, der den Erfolg bei einer Wahl zum »Mr. Universum der Pferde« höher einstuft als die Kreatur selbst, ist falsch und höchst zweifelhaft. Das Tier darf nie zum bloßen Objekt degradiert werden, eine Ausstellung nicht zum Jahrmarkt der Eitelkeit verkommen.

## Technik

ist nicht alles, denn niemand kann mit ein paar Tricks aus einem häßlichen Entlein einen stolzen Schwan machen. Trotzdem können ein paar simple Maßnahmen oft über gutes oder schlechtes Abschneiden entscheiden, vor allem dann, wenn einige fast gleichwertige Tiere im Ring sind und den Beurteilern die Wahl schwerfällt.

Hier nun einige Grundregeln für ein erfolgreiches Showing:

# Sauberkeit und Futterzustand

Es versteht sich von selbst, daß Pony, Kleidung des Vorführers und jegliches Zubehör blitzblank sein müssen, denn die Sauberkeit zählt mit zum ersten Eindruck, der oft für eine spätere Plazierung entscheidend ist. Geputztes Halfter, saubere Hufe, gewaschener Schweif und ein von allen Flecken befreites Fell gehören einfach dazu! Schimmel sind natürlich besonders mühsam zu reinigen, man muß ihnen schon mal ein Vollbad verpassen, um sie wirklich sauber zu bekommen. Da Shampoos auch das Haarfett entfernen, wäscht man zwei Tage vor einer Schau, hält das Pony in einem sauberen Stall und entfernt etwaige Flecken mit pulverisierter Kreide oder Kohle kurz vor dem Auftritt.

Im angelsächsischen Raum wird bei der Fütterung vor Ausstellungen des Guten oft zuviel getan. Das hat seinen Grund nicht allein darin, daß man das Pony in optimaler Kondition vorstellen möchte (viele Tiere in show-condition sind so fett, daß sie schon wieder häßlich wirken), man kann dadurch auch Gebäudefehler vertuschen. Manche Richter haben aber wahre Röntgenaugen und sehen auch die unter der Fettschicht verborgenen Mängel. Der Mittelweg ist hier eindeutig der richtige. Das Pony soll wohlgenährt, glänzend und gesund aussehen, doch weder gemästet noch zu abtrainiert wirken. Als Faustregel kann gelten: Man soll die Rippen nicht sehen, aber gerade noch ertasten können.

Wenn man mit einem Pferd, das normalerweise eine ganz andere Aufgabe erfüllt, auf eine Show gehen will und

*Midnight Marcus, England 1992 (Foto: J. Buxton)*

sich dort ein gutes Abschneiden erhofft, so kann es notwendig werden, den »Zivilberuf« des Vierbeiners für eine Zeitlang zu streichen. Ein hageres Distanz-Pony in körperlicher Top-Kondition wird im Ausstellungsring mit Sicherheit schlechter abschneiden, als ein wohlgenährter Artgenosse gleicher Qualität.

Es wäre aber falsch, ein Pony schon Wochen vor einer Ausstellung mit Hafer vollzustopfen, sodaß es letztlich am großen Tag vor Übermut platzt und sich hektisch und ungehorsam zeigt. Es gibt ausgezeichnete Fertigfutter, die zwar leicht mästend wirken, aber nicht hitzig machen. Ich bevorzuge auch für Show-Ponys eine relativ proteinarme Ration, um Erkrankungen wie Rehe, Verschlag oder Kolik vorzubeugen. Ein Zusatz von 1/16 l Lebertran, einem Eßlöffel reinen Apfelessigs und ebensoviel Seetang-Granulat täglich bringt gute Kondition und schönen Fellglanz. Doch sollte niemals die Bedeutung von gutem Heu und Gras vergessen werden. Ein alter Stallbursche sagte mir vor vielen Jahren: »Das Kraftfutter ist ja wichtig, aber wirklich aufputzen kannst Du ein Pferd nur mit viel gutem Heu!«. Recht hatte er!

## Kleidung und Ausrüstung

Die Kleidung des Vorführers ist eine Geschmacksfrage. In Europa bevorzugt man weiße oder helle Hosen, Turnschuhe und Hemden, die mit einem kontrastierenden Pullover kombiniert werden. In England bleibt man klassisch, hier ist bei Männern das Tweed-Sakko in Kombination mit Flanellhose, Hut und festen Lederschuhen beliebt, Damen ziehen meist Tweedkostüme oder an die Herrenmode angelehnte Kombinationen vor. Auch saubere Jeans und ein Reitsakko mit Hemd, Krawatte und Tweedkappe wirken gut. Das Mitnehmen einer Gerte ist zu empfehlen, sie kann beim Antraben hilfreich sein, ebenso zum Abwehren anderer, aggressiver Ponys. In Zuchtklassen verwendet man entweder spezielle Vorführzäume mit Führzügel, die in Europa schwer erhältlich sind, oder Trensenzäume mit englischem Reithalfter und Zügeln. Wer nach Perfektion strebt, sollte sich über ein Fachgeschäft oder im Zuge eines Urlaubes in Großbritannien mit den Requisiten des Show-biz eindecken. Englische Vorführzäume und -trensen sind sehr attraktiv und verleihen einen gewissen professionellen Anstrich. Stallhalfter und Steiggebisse sind ungeeignet, da sie keine ausreichende Kontrolle ermöglichen. Bauchgurte mit Ausbindern werden in Ponyklassen selten verwendet; viele Richter lehnen sie ab, da der Gang und die Oberlinie des Pferdes verfälscht werden können. In den Mountain & Moorland-Klassen werden Mähne und Schweif grundsätzlich nicht eingeflochten oder verzogen, man zupft höchstens die überstehenden Haare aus und bringt die Linien auf gleich. Ebenso falsch wäre ein Kürzen oder Rasieren des Fesselbehanges, der völlig naturbelassen bleibt und nur gesäubert wird. Das Trimmen der Tast- und Schutzhaare an Maul und Ohren ist an einem Berg- und Heidepony ganz verwerflich, denn es soll ja einen Großteil seines Lebens im Freien verbringen (zumindest theoretisch) und braucht daher diese Haare.

Die Hufe dürfen beschlagen oder barfuß sein; man sollte jedoch nicht vergessen, daß eine gute Korrektur durch fachgerechtes Ausschneiden oder Beschlagen eventuelle leichte Stellungsfehler kaschieren kann. Es lohnt sich also, etwa ein bis zwei Wochen vor einer Show die Hufe in einen einwandfreien Zustand zu versetzen. Manche unbeschlagenen Ponys bewegen sich auf hartem Boden etwas klamm und können daher ihr Bewegungsvermögen nicht voll entfalten. In so einem Fall empfiehlt sich ein Beschlag – zumindest der Vorderhufe – mit leichten Eisen.

## Vorführen

will gelernt und geübt sein! Der Führer geht neben der linken Schulter des Ponys, das frei und willig neben ihm ausschreiten soll. Es wird stets rechtsum (auf der rechten Hand) gegangen, denn der Richter in der Mitte soll ja das Pferd ungehindert sehen können. Ausreichend Abstand zu Vorder- und

Hintermann ist wichtig, nicht nur aus Sicherheitsgründen. In einer dichten Gruppe von Pferden kann man die Vorzüge des einzelnen Tieres schlecht erkennen. Jeder Vorführer sollte also danach trachten, sein Pony stets so unverdeckt wie möglich zu präsentieren. Auch wenn andere Tiere begutachtet werden und man am Rande des Ringes steht, bleibt man besser auf Abstand und stellt sein Tier korrekt auf. Der Richter Augen schweifen oft unmerklich umher, so manche Klasse wurde gewonnen oder verloren, während man sich unbeobachtet glaubte. Als Grundsatz gelte: Man benehme sich und führe sein Pony stets so, als ob man dauernd vom Richter beobachtet würde. Viele Richter bedanken sich nach der individuellen Vorführung, dies ist zu erwidern, wenn irgend möglich mit einem freundlichen Lächeln auf den Lippen. Überhaupt macht ein zufriedener, freundlicher Gesichtsausdruck den besten Eindruck und wird meist auch von den Richtern positiv bemerkt, ein Schmollgesicht bringt gar nichts.
Das Vortraben kann entscheidend sein! Man will ein gehorsam und schwungvoll auf gerader Linie trabendes Pony sehen, das sich parieren und wenden läßt und ohne zu zögern erneut antrabt. Besonders auf Takt, Schwung und Raumgriff wird geachtet, Dinge, die nur durch häufiges Üben daheim optimal entwickelt werden können. Als Grundregel merke man sich: Im Schritt mit ganz leichtem Kontakt zum Ponymaul führen, im Trab etwas mehr Anlehnung bieten, im Halten nicht zupfen, das Pony soll ruhig und entspannt stehen.
Ich habe die Erfahrung gemacht, daß sich viele Ponys durch ihren Vorführer animieren lassen. Läuft dieser schwungvoll und taktrein mit großen Schritten, so fällt das Pony oft in den Takt ein und zeigt ebenfalls guten Gang. Als Vorführer sind deshalb jene Personen besonders geeignet, die körperlich in der Lage sind, einen »guten Trab« hinzulegen. Eventuell ist es notwendig, immer aber ratsam, selbst vor einer Ausstellung ein Lauf- und Konditionstraining zu absolvieren. Doch auch superfite Läufer dürfen das Pony nicht so stark animieren, daß es im Trab rast oder in Galopp fällt, ein schwungvoller Arbeitstrab mit gutem Raumgriff ist ideal.

## Manieren

sind bei Pony und Führer gefragt, rüpelhaftes Benehmen hat im Ring nichts verloren. Wer keine Nerven, oder noch schlimmer, keine Kinderstube hat, der sollte die Finger von Pferden lassen. Desgleichen sollte auch kein Pony, das dem Wildpferdestadium noch nicht entwachsen ist, auf eine Schau gehen. Ebenfalls zu den guten Manieren gehört rechtzeitiges Erscheinen im Ring und unverzügliches Einordnen in die Reihe der Ponys. Nichts ist störender als ein Nachzügler, der die ganze Klasse durcheinanderwirbelt. Während des Richtens tratscht, raucht und winkt man nicht, auch wenn gerade liebe Freunde am Ring eingetroffen sind. Fragen der Richter beantwortet man höflich, ohne ins Faseln zu kommen. Anweisungen der Stewards oder Richter befolgt man sofort und ohne Widerrede, eigenmächtige Aktionen sind nicht gefragt. Das Urteil ist endgültig, gewinnen kann immer nur einer. Zählt man nicht zu den glücklichen Siegern oder zufriedenen Plazierten, so sollte man mit Unmutsäußerungen warten, bis man außer Sicht- und Hörweite der Offiziellen ist. Wenn man absolut nicht mit dem Richterspruch einverstanden ist und die Begründung für die Reihung nicht ohnedies über den Lautsprecher oder das Protokoll angegeben wird, so kann man in einer Pause oder am Ende der Ausstellung mit dem Richter persönlich sprechen und seine Meinung erfragen. Dies hat in gemäßigter, zivilisierter Form zu erfolgen und dient allein der Information, keinesfalls um einen Streit vom Zaune zu brechen. Dieser wäre sinnlos, würde nichts am Resultat ändern und wirft auf den Aussteller ein denkbar schlechtes Licht, das auch seinen zukünftigen Erfolgen nicht zuträglich sein könnte.

## Reitklassen

Auch in den Klassen unter dem Sattel gilt für Futterzustand, Sauberkeit und Manieren oben Gesagtes. In der Ausrüstung von Pony und Reiter ergeben sich natürlich deutliche Unterschiede zu den Halfterklassen. Der Reiter trägt hier eine Reitkappe mit Kinnschutz, ein Reitsakko in grauem oder braunem Farbton, helle Breeches und Stiefel oder Jodhpurs und Stiefeletten. Hemd mit Krawatte, dunkle Handschuhe und Gerte, ev. auch Sporen vervollständigen den Anzug. Reiterinnen mit langem Haar werden dies zweckmäßig unter einem Haarnetz verstauen oder zu einem Zopf oder Dutt flechten.

Die Ausrüstung des Ponys ist einfach zu halten, von Hilfszügeln, Beinschutz

(Streifgamaschen, Sehnenschoner etc.), Schweifriemen und Vorderzeug ist unbedingt abzusehen. Schlicht, sauber und elegant ist die Devise. Schwarzes oder dunkelbraunes Lederzeug ist hellem vorzuziehen und sieht vor allem an Schimmeln viel besser aus. Die Satteluntertlage sollte so unauffällig wie möglich sein, also in Form und Farbe genau zum Sattel passen, nichts wirkt häßlicher, als eine große, bunte Unterlage im falschen Schnitt. Als Zäumung ist der einfache Trensenzaum, der Kandarenzaum oder eine Pelham-Zäumung zu wählen, je nach Ausbildungsstand des Ponys. Es hat wenig Sinn, ein junges Pony mit einem Hebelgebiß zu zeigen, wenn es mit dessen Wirkung noch nicht vertraut ist und sich dagegen wehrt. In so einem Fall wird die Vorstellung schlechter ausfallen, als mit einem Trensengebiß. Reitklassen sind keine Dressur- oder Springbewerbe im eigentlichen Sinn, deshalb ist eine turniermäßige Adjustierung nicht angebracht, obwohl dies in Europa oft zu sehen ist. Weiße Bree-

ches, Plastrons und Handschuhe in Kombination mit schwarzem Sakko sollten dem Dressurviereck vorbehalten bleiben, in den rustikaleren Pony-Reitklassen wirkt dies etwas übertrieben.
Auch in den Reitklassen für Berg- und Moorponys werden Mähne und Schweif natürlich belassen, die »echten Reitponys« werden hingegen eingeflochten vorgestellt.
Es gehört zum Reitertakt, kein ungehorsames, ungeschultes oder extrem schwieriges Pony vorzustellen, das andere Teilnehmer in Gefahr bringen könnte oder deren Vorstellung stört.

Abschließend sei gesagt, daß jede Ausstellung erfolgreich war, wenn Mensch und Tier gesund und ohne Pannen wieder nach Hause gekommen sind. Schönheit liegt im Auge des Betrachters, und auch Richter sind nur Menschen. Hat man diesmal nicht erfolgreich abgeschnitten, so gibt es immer noch ein nächstes Mal!

# Kapitel IX

## Die Helden des Sports

Im Laufe der Jahrzehnte konnten sich besonders im englisch-irischen Raum, aber auch in den USA und auf dem europäischen Kontinent einige Pferde sportlich hervortun, die teilweise oder zur Gänze Connemarablut führten. Sie waren im Falle der Partbreds nicht stutbuchmäßig erfaßt, aber ihre Abstammung ist in allen Fällen bekannt oder zumindest soweit gesichert, daß man ihre außerordentliche Leistungsfähigkeit getrost auf ihre irischen Vorfahren zurückführen kann.
Die genetisch fixierte Springveranlagung der Connemaras ist ja bekannt und tritt auch in Kreuzungsprodukten mit anderen Rassen zutage. Besonders in Kombination mit englischen Vollblütern erhält man mittelgroße, rittige Vielseitigkeitstypen mit gutem Galoppiervermögen und großer Sprungkraft.
Daß auch im Dressursport einige solcher Pferde Großes zu leisten imstande waren, liegt offenbar an der spanisch geprägten Blutführung der Rasse, durch die hohe Lernfähigkeit, Eleganz der Erscheinung und besonderes Flair verankert wurden.
Hier nun eine kurze Beschreibung der bekanntesten dieser auf sportlichem Gebiet besonders erfolgreichen Pferde:

## The Nugget

In der frühen Geschichte des internationalen Springsportes ragt ein irischer Vertreter der Rasse Connemara hervor. Es war dies der Wallach The Nugget, was soviel wie »Das Goldstück« bedeutet. Das Pony war im Besitz der irischen Pferdefreundin Mrs. Magee, die ihn als Mädchen von ihrem Vater zum Geschenk erhielt. Dieser hatte das junge Pferd zusammen mit vier weiteren Connemaras auf einem Pferdemarkt in Bray erstanden, für den späteren Star bezahlte er stolze acht Pfund! Das Pony wurde Nugget genannt, weil Mrs. Magees Bruder, der 1917 im Ersten Weltkrieg gefallen war, seine kleine Schwester stets »sein Goldstückchen« nannte. The Nugget erhielt etwa um dieselbe Zeit eine kurze Grundausbildung im Springen und nahm regelmäßig an Fuchsjagden teil, wobei sein phänomenales Springvermögen bald auffiel. In den folgenden elf Jahren errang er Siege in den größten Springprüfungen der damaligen Zeit und wurde zu einem der bekanntesten und beliebtesten Pferde des noch recht familiären internationalen Spring-Zirkus. Er startete allerdings ausschließlich in Irland und England.
Mit einer Lebendgewinnsumme von etwas über 4.000 Irischen Pfund hielt

er zu Lebzeiten den Rekord als größter »Geldverdiener«, sein wohl bedeutendster Erfolg war der Sieg in der Rekordhochsprung-Prüfung bei der Londoner Olympia Show, wo er unter Captain Cyril Harty die Höhe von 7 Fuß und 4 Inch überquerte (2,22 m). Als regelmäßiger Teilnehmer an der Dublin Horse Show wurde er zum Liebling der Zuschauer, die den kleinen Kämpfer mit dem unglaublichen Vermögen wie einen Nationalhelden verehrten. The Nugget brauchte nie trainiert zu werden, er war ein sogenannter »natural«, ein Naturtalent. Um ihn fit und aufmerksam zu erhalten, wurde er während seiner gesamten Laufbahn regelmäßig zur Jagd geritten, was ihm großen Spaß machte. The Nugget starb 1943 in hohem Alter.

## Little Model

England ist seit den Tagen des Herzogs von Newcastle, der im 17. Jahrhundert ein zwar erfolgreicher, aber bis heute recht umstrittener Reitmeister war, keine ausgesprochene Dressur-Nation. Erst etwa seit dem 2. Weltkrieg ist das Interesse an der klassischen Reitkunst wieder erwacht, und damals waren es besonders Oberst Williams und seine Frau Brenda, die das aufkeimende Pflänzchen hegten. Angeregt durch die Dressurprüfungen bei den Olympischen Spielen von London 1948 und die Freundschaft mit Oberst Alois Podhajsky, dem damaligen Leiter der Spanischen Reitschule zu Wien, wurden sie zu den Wegbereitern für diesen Sport.

*Dundrum (Foto: Independet Newspapers Ltd., Dublin)*

Der persönliche Verdienst von Brenda Williams lag in ihren Erfolgen mit dem Schimmel Little Model, einem Halb-Connemara von dem Vollblüter Little Heaven. Der nur etwa 155 cm Stockmaß große Wallach hatte seine Karriere als Zirkuspferd begonnen und war, als ihn Brenda Williams im Jahre 1958 kaufte, nicht unbedigt im Sinne der klassischen Dressur geschult. Nach nur zweijähriger Ausbildung, deren Erfolg im wesentlichen auf einem regen Briefwechsel mit Oberst Podhajsky beruhte, hatte der kleine Schimmel bereits Olympiareife erlangt und errang bei den Spielen von Rom 1960 den beachtlichen elften Platz. Die ursprünglichen Schwächen in der Trabarbeit waren soweit ausgemerzt, daß Reiterin und Pferd ein Jahr später, bei den Aachener Europameisterschaften, den hervorragenden dritten Platz hinter Josef Neckermann auf Asbach und Sergej Filatov auf Absent belegen konnten. 1963 konnte das Paar mit einem guten sechsten Platz bei den Kopenhagener Europameisterschaften erneut punkten, leider wurden damals für Welt- und Europameisterschaften noch keine Medaillen vergeben. Dafür erhielt Brenda Williams den Carven Cup als beste Reiterin.

## Dundrum

Der kleine Braune – sein Stockmaß betrug rund 155 cm – wurde in Recess, also mitten in der Connemara, geboren, von wo er nach County Tipperary verkauft wurde. Mr. James Wade erwarb den Jährling und so gelangte der spätere Superstar nach England. Auch er hatte Little Heaven zum Vater, seine Mutter war eine eingetragene Connemara Stute namens Evergood (Gil – Queen Maeve).

Es darf nicht weiter verwundern, daß beinahe alle sportlich erfolgreichen Partbreds von Little Heaven stammen, denn dieser Hengst war zwischen 1947 und 1951 offiziell für die »Verbesserung« der Ponystuten von der Society aufgestellt worden. Er durfte nur eine limitierte Anzahl von Stuten decken, allerdings dürften auch einige illegitime Kinder existiert haben. Er hinterließ keine nennenswerten Zuchtstuten, die meisten seiner Nachkommen wurden als Rennponys verwendet. Durch seinen Sohn Carna Dun ist er allerdings in die Annalen eingegangen.

Dundrum, der trotz seines unglaublichen Leistungsvermögens im Exterieur starke Ponymerkmale aufwies, entwickelte sich zu einem der besten Springpferde seiner Ära. Unter Tommy Wade errang er zahlreiche Siege in den schwersten Klassen, darunter auch den King George V. Gold Cup im Rahmen der Royal International Horse Show in London. Weiter war er Mitglied des siegreichen Nationenpreis-Teams von Dublin (Aga Khan Trophy) und gewann die Großen Preise von Brüssel und Amsterdam.

Sein Springstil war spektakulär und zeugte von überragendem Vermögen. Harvey Smith beschreibt ihn folgendermaßen: »Während Stroller seinen ganzen Körper benützte, sprang Dundrum wie ein Hirsch. Wenn er eine hohe Mauer von 2,15 m anging, sprang er schon vier Meter vorher ab. Das ist sehr weit, ein normales Pferd wäre nicht einmal bis zum Hindernis gekommen, aber er drückte weg und flog wie ein Hirsch. Auf der anderen Seite landete er wiederum so weit hinter dem Sprung. Ein Superpferd!«

## Korbous

Dieses Pferd war das Resultat einer der interessantesten Kreuzungen, die jemals vorgenommen wurde. Er war nicht nur deshalb so bemerkenswert, weil er einen Berberhengst zum Vater hatte, sondern auch, weil er durch vielfältige sportliche Einsätze beweisen konnte, daß die alte Blutsverwandtschaft zwischen Connemara und Berber wirklich Großes hervorzubringen vermochte.
Sein Vater war ein Berber namens Carlore, der während des 2. Weltkrieges als roher Vierjähriger mit einer Ladung Maultiere aus Marokko zum 4. Tragtierregiment nach Tunis gelangte. Das Regiment, das unter dem Befehl von Colonel Joe Hume Dudgeon, eines bekannten irischen Reiters, stand, brachte Nachschub zu den in den Bergen stationierten Truppen. Carlore wurde Stewart Murless zugeteilt, dem Bruder des berühmten irischen Rennpferdetrainers Noel Murless und erwies sich als hervorragendes Pferd. Gemeinsam versahen sie Dienst in Tunesien, Sizilien und Italien, bevor ihn Stewart nach Irland brachte und auf der Rennbahn Curragh einstellte.
Damals wurde ihm die Connemara-Stute einer Mrs. Brown aus Bagnalstown, Co. Carlow zugeführt und das daraus resultierende Fohlen wurde als Zweijähriger Colonel Dudgeon zum Geschenk gemacht. Er nannte den Falben Korbous, nach dem kleinen Ort, wo Carlore zu seiner Truppe gestoßen war und ritt ihn selbst zu. Später gelangte Korbous nach England, wo unter der bekannten Turnierreiterin Penny Moreton seine sportliche Karriere begann. Er wurde als Jagdpferd verwendet und in Springen und Dressur ausgebildet. Als Miss Moretons vorgesehenes Pferd für die große Vielseitigkeitsprüfung von Harewood überraschend nach Amerika verkauft wurde, ritt sie kurzentschlossen Korbous und errang den zweiten Platz hinter Sheila Willcox auf ihrem Superpferd High and Mighty. In besonderer Erinnerung blieb er aber dem englischen Publikum wegen seiner ungewöhnlichen Darbietungen bei diversen Großveranstaltungen (z. B. Horse of the Year Show). Dabei wurde er ohne Zaumzeug in schweren Dressurlektionen und über Sprünge ohne Fänge vorgestellt und demonstrierte damit die hervorragenden Charaktereigenschaften seiner Ausgangsrassen.

## Seldom Seen

Dieser Schimmelwallach war wohl das amerikanische Pendant zu Little Model, denn auch er erreichte nach einem eher wenig versprechenden Start höchste Perfektion in der Dressur.
Halb Vollblut, halb Connemara gezogen, blieb der nur 142 cm große Schimmel anfangs unter den in ihn gesetzten Erwartungen, man prophezeite ihm keine große Zukunft als Turniercrack. Seinem Lerneifer und dem reiterlichen Können seiner Besitzerin Lendon Gray ist es jedoch zu verdanken, daß er in den USA bis zum Champion der Klasse Grand Prix aufstieg. Im Laufe seiner langen Turnierkarriere wurde der schmucke Schimmel zum Liebling des Publikums, das ihn wegen seiner Kleinheit, aber auch wegen seiner geradezu »sichtbaren« Rittigkeit vergötterte. Falls noch eine Steigerung seiner Popularität möglich war, so

erreichte Seldom Seen diese mit einer ganz besonderen Darbietung beim Palm Beach Dressurderby 1989. Hier zeigten Lendon Gray auf dem Partbred Connemara und der bekannte Western-Champion Marc de Champlain auf einer Quarter Horse Stute erstmals jene spektakuläre Dressurkür, die sie später noch andernorts wiederholten. Damit demonstrierten sie, daß die beiden Reitweisen durchaus Parallelen aufweisen. Das Resultat waren reiterlich perfekte simultane Darbietungen der schwierigsten Lektionen, in einer Choreographie, die das Miteinander in den Mittelpunkt stellte. Ein Beispiel: während Seldom Seen fliegende Einerwechsel zeigte, wich die Quarter Stute Reining Queen Stirn an Stirn mit ihm im Rückwärtsgang zurück und das über die ganze Länge der Arena. Seldom Seen war damals bereits offiziell im Ruhestand, aber er trug durch seine Auftritte als Pensionist viel zur Verständigung zwischen den Lagern der Western- und Sportreiter bei.

## Shandygaff

Die Mehrzahl der im Spitzensport bekannten Connemaras oder Partbreds gelangten in den Disziplinen Springen, Vielseitigkeit und Dressur zu höheren Ehren. Es ist daher besonders befriedigend, zu wissen, daß auch in der extrem leistungsbetonten Disziplin des Distanzreitens Vertreter der Rasse ihr »Pony« stehen.
Die Amerikanerin Dr. Marian Molthan bewies dies auf eindrucksvolle Weise mit ihrem Hengst Springledge Irish Whiskey, der achtmal in ununterbrochener Reihenfolge den berühmt-berüchtigten Tevis Cup absolvierte, eine unglaubliche Leistung. Dr. Molthan und ihr Hengst brachten die kalifornische Connemarazüchterin Karen Cote auf den Geschmack, die daraufhin beschloß, mit einem selbstgezogenen und von ihr trainierten Pony den Tevis Cup zu reiten und dies auch durchführte. Man muß wissen, daß nur wenige Teilnehmer dieses 100 Meilen-Rennen über schwierigstes Terrain auf Anhieb schaffen. Meist braucht man vier oder fünf Anläufe, bis man den Bogen raus hat und die körperlichen und mentalen Voraussetzungen für diesen Pferdemarathon mitbringt.
1980 wurde im Gestüt von Mrs. Cote ein Stutfohlen namens Shandygaff geboren, das sich im Laufe der Zeit zu einem vielversprechenden Pony entwickelte. Bereits im Alter von fünf Jahren nahm sie unter ihrer Züchterin erfolgreich an je einem 50- und 65 Meilen – Rennen teil, als Vorbereitung auf den härtesten Ausdauertest für Pferde, den oben erwähnten Tevis Cup.
Das Rennen beginnt in Squaw Valley, führt über 100 Meilen (160 km) zerklüftetes Bergland und beinhaltet Höhenunterschiede von über 1300 Meter. Diese kräftezehrende Strecke ist in 22 Stunden zurückzulegen, zwei einstündige Pausen und vier Vet-Checks sind die wenigen Unterbrechungen in einem Kampf gegen Erschöpfung, natürliche Hindernisse und die Zeit.
Als sich Mrs. Cote und Shandy diesem unglaublichen Test im Juli 1985 stellten, war die Stute fünfjährig und damit gerade erwachsen. Sie absolvierten den Ritt in der vorgeschriebenen Zeit ohne wesentliche Probleme und mit ausgezeichneten Werten bei den Vet-

Checks. Damit war nicht nur der persönliche Ehrgeiz der Reiterin und Züchterin von Shandy befriedigt, sondern auch bewiesen, daß Connemaras zu den ausdauerndsten und leistungsfähigsten Rassen gehören.

Milton und der im nächsten Unterkapitel besprochene Stroller sind insofern Ausnahmen, als ihre Abstammung in der offiziellen Lesart entweder nicht auf ein Connemara Pony zurückgeht oder – bei Stroller – unbekannt ist. Ich möchte ihnen trotzdem einige Zeilen widmen, denn wenn meine Vermutungen stimmen und die beiden tatsächlich Connemarablut führ(t)en, so wäre eine Auslassung unverzeihlich. Stimmt jedoch die offizielle Abstammung, bzw. war kein Connemara unter ihren Vorfahren, so gehören die beiden immerhin zu den besten Sportpferden unseres Jahrhunderts und es kann somit nicht schaden, etwas mehr über sie zu wissen.

## Milton

Der Schimmelwallach zählte über eine Reihe von Jahren zu den absoluten Spitzenpferden des internationalen Springsportes. Unter seinem ständigen Reiter John Whitaker errang er bis 1993 vierzehn Siege in Grand-Prix – Prüfungen, sowie einmal den Titel des Europameisters und zweimal den eines World Cup-Siegers. Zahlreiche weitere Siege und hohe Plazierungen in schwersten Springprüfungen und Qualifikationsspringen erbrachten bis Herbst 1992 eine Gesamtgewinnsumme von rund drei Mio. DM oder 20 Mio. österreichische Schillinge.
Milton wird offiziell als Sohn des holländischen Warmblüters Marius geführt, auch seine Eigentümer Tom und Doreen Bradley halten an dieser Version fest. Es ist leider bis heute nicht möglich gewesen, die häufig und von durchaus kompetenter Seite geäußerten Zweifel an der Vaterschaft Marius´ zu bestätigen, da jegliche Äußerung in dieser Richtung von den Personen um Milton entweder unbeantwortet bleibt oder abgestritten wird.
Wie kam es nun zu den Behauptungen, Milton sei nicht ein Warmblüter im technischen Sinne, sondern vielmehr ein Halb-Connemara?
Milton wurde 1977 als erstes Fohlen der Stute Aston Answer im Gestüt von John Harding-Rolls geboren. Zu dieser Zeit befand sich dort auch ein Connemarahengst namens Celtic Truska Prince als Probierhengst. Der auf den Spitznamen Mick hörende Schimmel war im Mutterleib aus Irland importiert worden und ein Sohn des Clonkeehan Auratum. Nach einer ziemlich bewegten Jugend war der bei Züchtern relativ unbekannte Hengst als Kinderreitpferd und »teaser« in Oxfordshire gelandet. Seine phänomenale Springveranlagung hatte er zuvor im Turniersport und beim Überwinden von Koppelzäunen sattsam bewiesen – angeblich waren 1,8 m und höher kein Problem für den nur 145 cm großen Burschen. Die in Reiterkreisen kolportierte Version des »Fehltrittes« lautet, daß der Hengstwärter, zugleich Besitzer von Mick, kein allzu großes Vertrauen in die Vererberqualitäten von Marius hatte und Aston Answer mit dem Probierhengst deckte, um nach eigenen Worten »wenigstens ein brauchbares Reitpferd zu erhalten«. Weitere Nachforschungen oder wis-

senschaftliche Untersuchungen wären zwar möglich, denn Mick lebt noch und erfreut sich guter Gesundheit. Allerdings ist sein ehemaliger Eigentümer unbekannten Aufenthaltes und die Beobachtungen von Pferdekennern bezüglich der Ähnlichkeit zwischen offiziellem und vermeintlichem Vater und Sohn dürfen nicht wissenschaftlich überprüft werden. Milton ist somit wahrscheinlich das erfolgreichste Partbred-Connemara aller Zeiten, das ihn umgebende Geheimnis wird aber wohl nie endgültig gelüftet werden. Seine Erfolge wären eine unerhörte Reklame für die Leistungsfähigkeit der Connemaras, er wird aber mit ziemlicher Sicherheit eine »graue Eminenz« bleiben. Wir müssen uns damit begnügen, daß Exterieur und Springmanier des Wunderschimmels auch von neutralen Beobachtern als gänzlich verschieden zu denen seiner offiziellen Geschwister bezeichnet werden. Die Konsequenz, mit der diese Beobachtungen als falsch dargestellt werden, ohne daß ein Gegenbeweis erfolgt, läßt den Schluß zu, daß man an einer Klärung der Causa Milton nicht interessiert ist und ein überraschendes Resultat befürchtet.

## Stroller

Dieses Pony wird von diversen Autoren immer wieder als Partbred-Connemara bezeichnet, obwohl seine vollständige Abstammung unbekannt ist. Mit Sicherheit war jedoch Little Heaven sein Vater und das deutet darauf hin, daß er ein Halb-Connemara gewesen sein könnte.
Little Heaven war von 1947 bis 1951 in der Connemara aufgestellt, 1949 war er bei Jack Bolger in Oughterard unter-

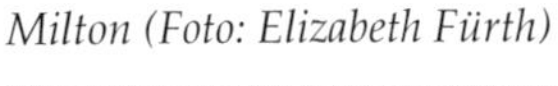
*Milton (Foto: Elizabeth Fürth)*

gebracht und wurde während der Decksaison wöchentlich nach Clifden gebracht, um dort zu decken. Mit großer Wahrscheinlichkeit stammt sein Sohn Stroller somit entweder aus einer Connemara-Stute oder zumindest einer Partbred-Stute.
Stroller kam mit einem Sammeltransport junger Ponys nach England und wurde von Len Carter zugeritten und an ein Mädchen namens Sally Cripps verkauft. Sie hatte mit dem 148 cm großen Braunen zahlreiche Erfolge in Juniorenklassen und Ponybewerben. Nach einigen Jahren wechselte Sally zu Großpferden und Ralph Coakes, ein Farmer und Pferdehändler aus dem New Forest in Südengland, kaufte Stroller für seine Tochter Marion. Damit begann eine über 12 Jahre andauernde gemeinsame Karriere, die von außergewöhnlichen Erfolgen gekrönt war.
Nach einigen Ponybewerben, in denen Stroller wegen seines langen Galoppsprunges Probleme hatte, gelang es dem Paar, bei den Europameisterschaften für Junioren 1962 in Berlin zwei Nullfehlerritte zu absolvieren. Damit war der Startschuß zu einer unglaublichen Erfolgsserie in internationalen Großereignissen gefallen. Schon 1965 gewann der kleine, elegante Braune mit seiner 18-jährigen Reiterin die Ladies´ World Championships, im selben Jahr den Queen-Elizabeth II-Cup (1971 nochmals), 1967 das Hickstead Derby und 1968 unter schwierigen Bedingungen die Einzel-Silbermedaille bei den Olympischen Spielen von Mexiko. Stroller litt dort unter starken Zahnschmerzen und seine Leistung – er war ja stets das kleinste Pferd im Starterfeld – muß deshalb als besonders groß herausgestellt werden. Insgesamt absolvierte er 12 Saisons unter Marion Coakes, ohne jemals einen Tag lahm gewesen zu sein, gewann über 25.000,– Pfund Sterling allein in England und beendete seine Laufbahn bei bester Gesundheit als 21-Jähriger. Stroller war ein Naturtalent, dessen Vermögen scheinbar keine Grenzen kannte. Sein einziges Handicap war wohl seine geringe Größe, durch die er stets mehr kämpfen mußte, als seine hochgewachsenen Konkurrenten. Dies tat er mit dem Mut eines Löwen und einer ungeheuren Leistungsbereitschaft, die nie erlahmte. Stroller verbrachte seinen Lebensabend auf der Farm der Familie Coakes und starb 1986 im Alter von 36 Jahren.

# Kapitel X

## Die Zucht

der Connemaras ist wegen der relativ geringen Gesamtpopulation und der bis tief in das gegenwärtige Jahrhundert ausschließlichen Konzentration im Mutterland überschaubar geblieben. Noch heute lassen sich alle Hengstlinien und viele Stutenfamilien auf ihre irischen Begründertiere zurückführen. Der internationale Meinungs- und Informationsaustausch unter Züchtern und Zuchtorganisationen ist gut, man kann also relativ leicht die Herkunft und Geschichte eines Ponys rekonstruieren. Ein gewisses Manko stellt dabei die Tatsache dar, daß in Irland selbst das Stutbuch lange Zeit offen war und korrekte Tiere ohne gesicherte Abstammung Aufnahme fanden. Man muß in solchen Fällen davon ausgehen, daß sie in Typ und Qualität entsprachen und der örtlichen Population entstammten, also keineswegs als minderwertig anzusehen sind. Taucht weiter hinten in einem Pedigree also der lapidare Querstrich (unbekannt) auf, so stellt dies noch lange keinen Grund für eine Ablehnung oder für Zweifel an der Reinrassigkeit des Ponys dar. Die Zucht- und Eigenleistung des Tieres sprechen ohnedies für sich.
Verallgemeinernd gesagt, baut die Connemarazucht weltweit auf fünf originären Hengstlinien auf sowie auf je einer weiteren Linie der Rassen Englisches Vollblut und Araber. Diese wurden jeweils wieder nur durch einen Hengst begründet, sodaß insgesamt sieben Hengste als Linienbegründer bezeichnet werden können. Alle heutigen Hengste gehen auf diese zurück, was die Betrachtung vereinfacht.
Bei den Stutenfamilien sieht die Sache etwas komplexer aus, da sich neben Töchtern und weiteren weiblichen Nachkommen der erwähnten Stempelhengste auch solche anderer Hengste finden, darunter von Irish Draught- und Vollbluthengsten, die keine Linien begründeten, sondern nur im Stutenstamm weiterleben. Auch hier haben einige Stuten herausragende Leistungen erbracht und wertvolle Dynastien begründet. Sie alle zu besprechen, würde den Rahmen dieses Buches sprengen, deshalb seien nur einige im Laufe des Kapitels erwähnt.
Die in Klammer neben den Pferdenamen angeführten Ziffern stellen die Eintragungsnummern in das irische Stutbuch dar. Nummern anderer Länder sind durch die internationalen Kürzel gekennzeichnet. Der Ausdruck »gekört« bedeutet »nach den Regeln des betreffenden Landes als Deckhengst aufgenommen«.

# Die Hengstlinien

**Linie 1** (Cannon Ball)
Der Begründer der weitverzweigten und erfolgreichen Linie 1 war der legendäre Hengst Cannon Ball, der im irischen Stutbuch die Nummer 1 trägt. Cannon Ball war ein Sohn des Hengstes Dynamite und somit ein Enkel des Welsh-Cob-Hengstes Prince Llewellyn. Sowohl Dynamite als auch Cannon Ball waren aus Connemara-Stuten und diese Anpaarungen können als die bedeutendsten und erfolgreichsten Resultate der Zuchtpolitik des CDB. bezeichnet werden.
Cannon Ball war nach zeitgenössischen Fotografien ein kräftiger, typvoller Hengst, nach heutigen Begriffen wohl etwas derb und mit keinem besonders ansprechenden Kopf ausgestattet. Er war jedoch ein ausgezeichneter Vererber und von einer sagenhaften Robustheit, Ausdauer und Verläßlichkeit. Sein Besitzer Henri Toole verwendete ihn als Arbeitspferd und seine Zugkraft und -festigkeit waren legendär, einmal soll er einen Karren mit einer Tonne Steine einen steilen Feldweg rückwärts hinauf geschoben haben. Wöchentlich einmal zog er einen Wagen von Oughterard, seinem Heimatort, nach Athenry. Die Gesamtstrecke betrug immerhin 95 Kilometer und wurde in einem Tag bewältigt. Die Fahrt wurde dazu noch durch häufige Aufenthalte in Dorfschenken unterbrochen sowie durch die am Straßenrand wartenden Farmer

*Oben: Rebel*

*Mitte: Carna Bobby*

*Unten: Killyreagh Kim (alle Archiv CPBS)*

mit ihren Stuten. Diese wurden dem Hengst »en passant« zugeführt, man spannte ihn nur kurz aus und ließ ihn seine Liebesdienste verrichten, dann ging es gleich weiter zum nächsten Stelldichein.
Als Rennpferd leistete der unermüdliche Hengst ebenfalls Hervorragendes, er blieb in sämtlichen Rennen der Ponyklasse ungeschlagen. Seine Stärke lag in der Ausdauer und dem Siegeswillen, mit denen er seine Gegner zermürbte und trotz mangelnder Grundschnelligkeit besiegte. Man darf nicht vergessen, daß es sich bei diesen Flapper genannten ländlichen Rennen um sehr rauhe Wettkämpfe handelte, die über eine nur mangelhaft oder gar nicht vorbereitete Strecke gingen und enorme Anforderungen an die Trittsicherheit und den Kampfgeist der Teilnehmer stellten. Wir haben in diesem Hengst also das Urbild eines vielseitig verwendbaren, vitalen und nervlich belastbaren Leistungspferdes vor uns, das zudem unter kargen Verhältnissen gedieh.
Cannon Balls Vermächtnis an seine Rasse lag in seinem Sohn Rebel (7) sowie in einer nicht mehr bestimmbaren Anzahl von Stuten, die mit Sicherheit auch züchterisch genützt wurden, aber mangels genauer Aufzeichnungen unerwähnt bleiben müssen.
Rebel zeugte sieben gekörte Söhne, von denen Inishgoill Laddie (21) und Lavalley Rebel (24) die Linie weiterführten. I. Laddie zeugte mit Gil (43) den Vater des großen Carna Bobby, L. Rebel mit Inver Rebel (93) den Vater des bedeutenden Rebel Wind.

**Carna Bobby** (79) stammte aus der Stute Carna Dolly und wurde 1946 geboren. Er wurde von der CPBS. als Fohlen auf dem Markt von Maam Cross angekauft und mit anderen Hoffnungsträgern aufgezogen. Als Zweijähriger kam er in die Zucht und verbrachte die nächsten 13 Jahre in fünf verschiedenen Orten in der Connemara, wo er Hervorragendes leistete. Fünfmal gewann er die Hengstklasse bei der jährlichen Zuchtschau, dreimal war er Zweiter. 1961 wurde er nach Gort, im Süden der Provinz Galway, verkauft, wo er noch zwölf Jahre bei dem bekannten Züchter Paddy Lally zubrachte. Im Laufe seiner Karriere zeugte er zwölf gekörte Söhne, von denen einige in Irland verblieben und mehr oder weniger erfolgreich wirkten, andere in Europa und Übersee zum Einsatz kamen und sich dort bewährten. Daneben zeugte Carna Bobby eine relativ große Zahl guter Stuten, die sich heute ebenfalls in vielen Pedigrees wiederfinden. Die Bedeutung des Hengstes für die Zucht war sehr groß, in seiner Beliebtheit lag aber auch die Wurzel eines zukünftigen Problems. Es ist in der modernen Connemarazucht relativ schwierig, Zuchttiere ohne Blutanteil dieses Hengstes zu finden. Er zählt mit den Hengsten Carna Dun und Clonkeehan Auratum zu den drei Vatertieren, für deren Nachkommen man nicht immer geeignete Anpaarungen findet, ohne eine Anhäufung gleicher Gene zu erhalten. Derzeit finden sich sechs Söhne Carna Bobbys auf der Hengstliste der CPBS.

**Rebel Wind** (127) wurde 1960 in Screebe von Inver Rebel aus der Stute Windy (782) geboren. Windy stammte von Heather Bell (15), einem Enkel des famosen Connemara Boy (9), der mit Dun Heath auch den Vater des bedeu-

tenden Dun Lorenzo zeugte.
Sein Vater Inver Rebel war ein kräftiger, sehr typvoller Hengst, der zehn Jahre lang erfolgreich deckte und eine Vielzahl guter Nachkommen hinterließ. Rebel Wind setzte diese Tradition fort und lieferte der irischen Zucht und auch anderen Zuchten wertvolle Tiere. Sein Einfluß ist beispielsweise in Holland besonders weitreichend, aber auch in England, Dänemark und Schweden ist er stark vertreten.
Leider erlangten seine Söhne in Deutschland nicht die Bedeutung, die dieser wertvollen Linie gebühren würde. Island Baron (327) führte sie über seine Söhne Curry, Iltschi und Ikarus kurze Zeit weiter und Arenbosch Kevin (GER 101) ist ein Enkel, der von Holland nach Deutschland kam.
Die Ponys dieser Seitenlinie der Linie 1 haben viel Ursprüngliches in sich, zeigen sich hart und sehr nützlich und repräsentieren somit jene Eigenschaften, die an der Rasse stets geschätzt wurden. Die irische Hengstliste weist heute nur mehr zwei Rebel Wind-Söhne auf. Ein anderer Rebel Wind-Sohn, Marble, stellte einen der bedeutendsten Hengste der dänischen Zucht dar.

**Coosheen Finn** (381) und Leam Bobby Finn (297) waren Vollbrüder von Carna Bobby aus der Finola of Leam, die aus England zu Zuchtzwecken nach Irland zurückkehrte. Beide waren erstklassige Hengste mit unzähligen Erfolgen im Showring und beide zeugten eine große Anzahl hervorragender Nachkommen. C. Finn brachte etliche gekörte Hengste und bedeutende Stuten, die sich daheim und weltweit bewährten, obwohl er im Süden Irlands aufgestellt war, wo er heute seine Pension verbringt. L. Bobby Finn beeinflußte die englische Zucht maßgeblich und war einer der populärsten und durchschlagendsten Vererber jenseits der Irischen See.

**Tantallon Bobby** (626), von C. Bobby aus der Breath of Spring war über viele Jahre ein äußerst nützlicher Hengst, der zwar nur jeweils einen Sohn in Irland, England und Deutschland stellte, aber durch viele überdurchschnittlich gute Töchter Einfluß auf die Zucht nahm.

**Killyreagh Kim** (308), von C. Bobby aus der Ballydonagh Kate konnte seinen Einfluß nach Frankreich, England und Holland ausdehnen und hat auch in Irland durch seine Söhne Loobeen Larry, Sarsfield und Windy Day die Linie erfolgreich halten können. Er verstarb 1992.

**Island King** (122), von C. Bobby aus der Doon Lass wurde der Begründer der australischen Connemara-Zucht und hatte über seine 15 Söhne und zahlreichenTöchter großen Einfluß auf die Population des fünften Kontinents. Viele der vorzüglichen Ponys des Gestütes Connemara Park führen ihn im Pedigree.

**Linie 2** (Black Paddy)
Diese Linie ist nahezu ausgestorben und nur mehr in wenigen Stutenfamilien präsent. Ihr Begründer Black Paddy (8) wurde 1916 geboren und erst 1925 inspiziert. Nur zwei von neun vorgestellten Hengsten wurden aufgenommen, darunter auch er, und im Jahr darauf kaufte die CPBS. den Hengst. Er wurde 1930 nach einer wenig erfolgreichen Karriere wieder abgestoßen und bald darauf kastriert.

*Noble Star (Archiv Brooks)*

Black Paddy war ein Rappe von 135 cm, mit einem Stern und zwei weißen Fesseln.
Die Gründe für das rasche Erlöschen dieser Linie sind heute nicht mehr rekonstruierbar. Black Paddy brachte nur zwei registrierte Nachkommen, den Hengst Noble Star und die Stute Patricia.

**Noble Star** (17) konnte eine ganze Anzahl recht guter Nachkommen stellen, doch waren manche Züchter nicht restlos von seinen Vererberqualitäten überzeugt. Auf der weiblichen Seite überlebt die Linie in England und Irland bis heute und etliche Noble Star-Töchter brachten hervorragende Nachzucht.
Noble Star wurde 1928 geboren, seine Mutter ist unbekannt. Man weiß nur, daß sie verkauft wurde und Clifden verließ, als ihr Sohn vier Monate alt war. Er wurde halbwild aufgezogen und erst vierjährig inspiziert und von der CPBS. angekauft. Er entwickelte sich sehr gut und gewann die Hengstklasse nicht weniger als sieben Mal. Obwohl er sich äußerst regen Zuspruchs erfreute und elf gekörte Söhne und 85 Töchter im Stutbuch aufweisen kann, war es ihm dennoch versagt, die Linie fortzuführen. Nahezu alle seine männlichen Nachkommen wurden in andere Gegenden Irlands verkauft, wo sie sich nicht besonders hervortun konnten. Lavalley Star (25) und Clough Droighneann (67) waren aus guten Stuten und hatten einige registrierte Nachkommen. Noble Star selbst wurde 1944 an eine Privatperson verkauft, die sich später wohlwollend über ihn geäußert haben soll.
Unter seinen Töchtern findet man so bekannte Namen wie Heather´s Own, die in England ein erfolgreiches Pony war; Nora, die Mutter des berühmten Mac Namara; Doon Lily, mehrfache Showsiegerin und Mutter des Hengstes Doon Paddy (95); Lily of the Valley, Showsiegerin und Mutter des Hengstes Man of Barna (73). Man sieht also, daß die Stärke dieser Linie auf der weiblichen Seite zu suchen ist. Warum sie im Mannesstamm nicht überlebte, bleibt unklar. Möglicherweise bekamen die Söhne Noble Stars nicht genügend viele oder ausreichend gute Stuten zugeführt, um eine Weiterführung zu ermöglichen. Es darf angesichts solch vergeudeter Chancen nicht verwundern, wenn die Blutbasis der Rasse um die Mitte unseres Jh. so eng wurde, daß man zu Fremdbluteinkreuzungen greifen mußte. Doch wird Pferdezucht in Irland nicht immer nach für andere Europäer nachvollziehbaren Gesichtspunkten betrieben, es bleibt hier oft ein mystisches oder mysteriöses Element, das ich gerne auf das noch immer unterschwellig vorhandene Keltentum zurückführe.

Manche Hengste standen eben unter keinem guten Stern, und keine Macht der Welt wird herausfinden, warum.

**Linie 3** (Connemara Boy)
Dieses Pony wurde 1922 geboren und 1925 als Hengst registriert. Er erhielt die Nummer (9) im Hengstregister und wurde von der CPBS. angekauft. Sein erster Besitzer oder Züchter war Mr. O´Neil, ein Viehhändler aus Clifden, der damals eine stattliche Herde Connemaras besaß. Connemara Boy war ein kompakter Bursche mit forschem Charakter, der viel Härte und Ausdauer an seine Nachkommen weitergab. In den Jahren 1926, 1930 und 1931 gewann er die Hengstklasse der jährlichen Show. Er war zehn Jahre lang auf der Hengstliste der Society, 1938 wurde er in den Süden Galways verkauft und starb zwei Jahre später an Tetanus. Von seinen sechs gekörten Söhnen erlangte nur einer, Heather Bell, große Bedeutung, unter den Töchtern finden sich hervorragende Mutterstuten.

**Heather Bell** (15) aus der Gentle Annie wurde 1929 geboren und als Fohlen von der Society angekauft. Seine Mutter gehörte einem Gemischtwarenhändler, dessen Verkaufswagen sie jahrelang über weite Strecken zog. Daneben gewann sie auf Ausstellungen und fohlte im 15. Lebensjahr ihren bedeutenden Sohn Heather Bell. Dieser wäre an sich nicht so bemerkenswert, brachte er doch neben einigen wenigen guten Stuten wiederum nur einen herausragenden Sohn. Er selbst war neun Jahre lang in der Connemara aufgestellt, neben seinen Beschälerpflichten wurde er auch als Arbeitspferd verwendet. Doch das wertvolle Blut seiner Eltern, die besonders harte und typische Ponys waren, floß auch in ihm und er gab es getreu an seinen Sohn Dun Heath weiter. Dieser ist das große Vermächtnis Heather Bells an seine Rasse.

**Dun Heath** (31) stammte aus einer kleinen Stute namens Winnie Nee und wurde 1936 nahe Clifden geboren. 1938 wurde er registriert und 1939 - 1940 stand er den Züchtern zur Verfügung, bevor man ihn verkaufte. Es bleibt etwas unverständlich, warum die CPBS. sich oft leichtfertig von Hengsten mit wertvoller Blutführung trennte, während sie an manch anderen mit weit weniger attraktivem Pedigree mit großer Begeisterung festhielt. Das hat sich seit damals nicht geändert. Dun Heath war jedenfalls ein recht qualitätvoller Hengst, dem Zeitgenossen gute Vererberqualitäten bescheinigen. Seine Fohlen gewannen auch etliche Preise auf Ausstellungen, er selbst soll ein attraktives und ausdauerndes Pony gewesen sein. Seine überragende Bedeutung für die Zucht lag allerdings in zwei Nachkommen, einem Hengst namens Dun Lorenzo und einer Stute namens Double Dun. Wir werden sie später als Mutter des berühmten Beschälers Carna Dun wiederfinden. Dun Heath konnte also während seines allzu kurzen Einsatzes der Rasse zwei ihrer wertvollsten Vertreter liefern.

**Dun Lorenzo** (55) stammte aus der guten Stute Droighnean Donn (280). Sie brachte 1940 nach Lavalley Rebel in Rebel Kate (736) eine bedeutende Tochter und im Jahr darauf mit ihrem Sohn Dun Lorenzo einen der All-time-greats.

Dieser Hengst gewann bereits als Jährling seine Klasse bei der Show von Carna und wurde als Zweijähriger von der CPBS. gekauft. Er verbrachte 16 Jahre im Dienste derselben, stand in sechs verschiedenen Regionen und hinterließ rund 140 registrierte Nachkommen. 1945 gewann er die Hengstklasse, und man sagt von ihm, daß er kein einziges schlechtes Fohlen gezeugt habe.
Dun Lorenzo war bis in vorgerückte Jahre ein sehr schnelles und ausdauerndes Pony, ganz in der Tradition seiner Familie. Berühmt wurde seine samstägliche Deck-Runde, die er neben dem Fahrrad des bekannten Hengstwärters Josie Conroy zurücklegte. Sie führte über satte 58 Meilen (= rund 95 km) und wurde trotz häufiger amouröser Unterbrechungen mühelos bewältigt. Dun Lorenzo zeugte neben vielen guten Stuten auch sieben spätere Deckhengste, von denen aber wiederum nur zwei zu großer Bedeutung gelangten. Es scheint das Schicksal dieser Linie gewesen zu sein, daß sie anfänglich stets nur durch wenige Hengste am Leben erhalten wurde. Durch Dun Lorenzos Söhne Mac Dara und Dun Aengus wurde sie jedoch bald zu einer weltweit bedeutenden Dynastie.

*Mac Dara (Archiv Irwin)*

**Mac Dara** (91) kann ohne Zweifel als einer der wichtigsten Hengste der Rasse bezeichnet werden; seine Mutter war Dolan Rose (1132) von Lavalley Rebel. Er kam 1949 zur Welt, wurde als Jährling von der CPBS. gekauft und verblieb 20 Jahre auf der Hengstliste. Während dieser Zeit zeugte er rund 40 spätere Deckhengste und eine große Zahl erstklassiger Stuten. Viele seiner Söhne gelangten in anderen Ländern zu großer Bedeutung, z. B. Lambay Rebel – Dänemark, Bantry Oak – Deutschland, Treeyews Lindisfarne – England, Gael Linn – USA u.v.a. Wir werden einige von ihnen noch näher kennenlernen.
Mac Dara war ein kräftiger, mittelgroßer Falbe von ungeheurer Ausstrahlung und Vitalität. Er führte kein Fremdblut, was ihn als Outcross-Hengst auf Stuten mit Carna Bobby, Carna Dun und Clonkheehan Auratum im Pedigree ideal erscheinen ließ. Er verbuchte drei Siege in den Hengstklassen der jährlichen CPBS.-Show, 1954, 1956 und 1958; in diesen Jahren war Carna Bobby nicht zugelassen.
Heute finden wir in Irland mit Ormond Oliver (653) einen Sohn und mit Commanding Hero (609) einen Enkel.

**Murrisk** (217) war der Sohn von Mac Dara und Grey Girl, einer zweifachen Siegerin bei der Royal Dublin Show. Er wurde 1965 geboren und von Lord Revelstoke für sein bekanntes Gestüt auf Lambay Island gekauft, wo er zehn

Jahre als Beschäler wirkte. 1975 wurde er nach Frankreich verkauft, wo er nur mehr ein Jahr deckte, aber zwei Söhne hinterließ. Murrisk, selber ein recht elegantes Pony, zeugte etliche Söhne, die weit kräftiger waren als er. Big Ben deckte in Deutschland, Lismore Sobranie und Spinway Playboy in England und Lambay Lord in Irland, Deutschland und Österreich. Mit Little Beauty hat er eine hervoragende Tochter in der BRD.

**Mac Namara** (GB 4259), von Mac Dara a. d. Nora,wurde 1960 in Irland geboren und kam als Jährling nach England. Dort entwickelte er sich zu einem bedeutenden Vererber, der neben vielen ausgezeichneten Ponys mit dem Rosenaharley-Präfix auch anderen Gestüten wertvolle Nachzucht lieferte, insgesamt über 200. Heute ist er bei den Hengsten nur mehr durch Finchampstead Curtain Call vertreten.

**Atlantic Sentinel** (GB 4864) war ein brauner Sohn Mac Daras aus der Calla Brown und Stammhengst des bekannten Shipton-Gestütes in England. Er brachte sehr viele harte und leistungsbetonte Ponys, darunter befanden sich auch Showsieger und gute Mütter und in Shipton Zenith finden wir einen Beschäler für Holland.

**Ben Lettery** (133) war über Gael Linn ein Enkel Mac Daras, er findet hier als Vater des für Deutschland so bedeutenden Golden Dan Erwähnung. Er

*Oben: Dun Aengus (Archiv Petch)*

*Mitte: Kimble (Archiv CBPS)*

*Unten: Abbeyleix Owen*

war 12 Jahre lang als Hengst aufgestellt und lieferte nützliche Nachzucht.

**Dun Aengus** (120), von Dun Lorenzo aus der Rose of Killola (1365) war ein knapp mittelgroßer, nicht besonders attraktiver Falbhengst, der aber viel ursprünglichen Typ hatte. Er steht häufig im Schatten seines großen Bruders Mac Dara, möglicherweise zu Unrecht. Seine Mutter war eine Tochter des Vollblüters Winter, der nur wenig Einfluß auf die Zucht nahm. Sie war ein extrem hartes Pony, wurde 34 Jahre alt und gewann zahlreiche Rennen.
Dun Aengus wurde 1958 geboren und stand 15 Jahre im Dienste der Society. Welch guter Vererber dieser unterschätzte Hengst war, zeigt sich darin, daß er seine Linie in viele Länder erfolgreich ausdehnen konnte. Atlantic Curragh begründete in Holland eine Hengstlinie; MacDuff schickte in Carrabaun Boy einen Sohn nach Deutschland, der wiederum drei Hengste stellt; Maam Hill (728) deckt nach wie vor in Irland und hat einen gekörten Sohn. Doch der große Wurf gelang Dun Aengus mit seinem Sohn Kimble.

**Kimble** (227) aus der Inver Coleen wurde 1965 geboren und war ein sehr ansprechender Falbhengst. 1971 gewann er das Championat in Clifden und wurde anschließend nach Schweden verkauft. Dort deckte er bis 1986 nur relativ wenige Stuten und es scheint, als ob die schwedischen Züchter diesen Hengst unterschätzten. Er konnte jedoch zuvor seiner Heimat in Abbeyleix Owen und The Fugitive zwei bedeutende Hengste stellen. Ein weiterer Sohn, MacDuff, ist für die deutsche und französische Zucht bedeutsam. Er hat in Frankreich, wohin er als Zehnjähriger exportiert wurde, drei Söhne.

**Abbeyleix Owen** (496), von Kimble aus der Queen of Diamonds ist heute mit 23 Jahren nicht nur der zweitälteste der Society-Hengste, sondern auch zweifellos einer der besten Vererber Irlands. Er ist selbst ein vielfacher Sieger auf den größten Ausstellungen und stellt mit schöner Regelmäßigkeit Siegerponys aller Altersklassen. Sein guter Sohn Cuchullain (789) verstarb leider allzu früh, hinterließ aber nicht weniger als vier gekörte Söhne. Owen selbst hat immerhin derzeit fünf Söhne auf der Hengstliste. Unter diesen ragt Callowfeenish Mairtin (846) heraus.

**The Fugitive** (368), von Kimble aus der Loobeen Lily wurde 1968 geboren und gewann als Zweijähriger seine Klasse in Clifden. Danach wurde er von Mrs. Claire Studdert gekauft und stand zwei Jahrzehnte in County Meath, wo er eine relativ große Zahl Stuten deckte und gute Nachzucht hinterließ. Mit Atlantic Swirl kam ein sehr guter Sohn nach England, der dort hervorragende Nachzucht zeugt; daneben finden wir den jungen Canal Pirate ebenfalls in England.
In Irland hat er fünf gekörte Söhne, die unterschiedlich alt sind und in verschiedenen Gegenden stehen, seine Linie scheint also gesichert. Mit Crockaun Connemara (674) gelangte einer seiner Söhne sogar nach Afrika, wo er in Lesotho zur Verbesserung der heimischen Basuto Ponys verwendet wird. Mit Boden Park Joey aus der Kingstown (Mutter des Island Baron – BRD) hat er einen erfolgreichen Sohn in Frankreich.

**Linie 4** (John Quirke)
Diese Linie ist, ebenso wie die Linien 2 und 5, nicht sehr groß geworden und hat kaum überregionale Bedeutung. John Quirke (13) war ein kräftiger, großer Hengst, der etwas »pferdig« wirkte. Er wurde 1923 geboren, 1928 als Deckhengst registriert und 1930 von der CPBS. gekauft. Er blieb bis 1938 auf der Liste, dann wurde er an einen Privatzüchter verkauft. Sein Einfluß blieb gering, ein einziger Sohn, über dessen Abstammung aber ein Fragezeichen schwebt, erlangte eine gewisse Bedeutung. Dies war

**Silver Pearl** (18) aus der Bess (201). Er wurde 1931 geboren und verbrachte arbeitsreiche, aber gute Jahre mit seinem Besitzer Stephen Walsh. Dieser war ein ambitionierter junger Farmer und mit Recht stolz auf seinen Hengst. Als er ihn 1940 auf einer Ausstellung in Carna präsentierte, erhielt er in dem

*Silver Pearl (Archiv Brooks/Irwin)*

kleinen, überfüllten Ring einen Huftritt, an dessen Folgen er starb. Man machte Silver Pearl dafür verantwortlich, was aber unbewiesen ist. 1941 wurde Silver Pearl verkauft, gewann für seinen nunmehrigen Besitzer Jack

*John Quirke (Archiv Brooks/Irwin)*

Bolger zweimal die Hengstklasse und fand schließlich 1949 in County Wexford ein neues Zuhause. Er konnte zwar rund 60 eingetragene Stuten, darunter Tiere bester Güte, hinterlassen, aber ein Sohn wurde nicht gekört. Dieser harte und typvolle Hengst war eine weitere verlorene Chance, möglicherweise gutes Erbmaterial zu erhalten.

**Linie 5** (Mountain Lad)
Es ist erstaunlich, wie spät man sich in Irland den Kopf darüber zerbrach, ob die genetische Basis der Rasse zu eng werden könnte. Diese Tatsache schien erst um die Mitte dieses Jahrhunderts in ihrer vollen Bedeutung klar zu werden.
1938 wurde endlich noch einmal ein Hengst gefunden, der offenbar aus einer halbwilden Herde stammte und mit keinem anderen Linienbegründer verwandt war.
Mountain Lad (32) kam 1938 als Zehnjähriger auf dem Viehmarkt von Galway zum Verkauf und wurde dort von Jack Bolger erworben. Kurz darauf kaufte ihn die Society und 1939 wurde er in die Hengstliste aufgenommen. Natürlich hatte er schon zuvor in den Bergen gedeckt, als er noch mit den

Stuten seines Züchters Michael Wallace frei lief. Er war ein extrem harter und freiheitsliebender Hengst, der schon nach einem Jahr in der Gefangenschaft starb. Sein Schicksal ist ein weiteres Zeugnis für die relativ unbekümmerte Weise, in der man vorging. Er hinterließ ganze sieben registrierte Nachkommen, von denen drei aber auf Grund des Geburtsdatums nicht von ihm stammen können. Doch Mountain Lad hatte glücklicherweise »vorgearbeitet«.

**Tully Lad** (48) stammte aus der Tully Beauty (379) und wurde 1938 geboren. Er wuchs in dem selben Bergland auf wie sein Vater und wurde 1943 registriert. Er war ein Dunkelbrauner von großer Vitalität. 1949 wurde er von der Society gekauft und brachte trotz vieler widriger Umstände 48 registrierte Nachkommen, darunter fünf Deckhengste. Die Stärke dieser Linie liegt in den Hengsten, nur wenige Stuten waren von überdurchschnittlicher Qualität.

**Tully Nigger** (81) wurde 1946 geboren, als Fohlen von Michael O´Malley gekauft und gehörte später für kurze Zeit der Society. O´Malley kaufte ihn zurück und verkaufte ihn in die USA, wo er in Laxfield Gil Tully einen Sohn hat. Sein weiteres Schicksal ist unbekannt.

**Tully Grey** (110) wurde 1957 geboren und stammte aus der Cait ni Dhnibit (1428). Er war ein sehr hartes, schnelles und ausdauerndes Pony, das sich in den verschiedensten Disziplinen hervortat. Er verbrachte sein Leben in County Longford in Zentralirland und wurde züchterisch wenig genützt. Grey Dawn deckt in der Connemara. Dale Haze erlangte über Hazy Dawn große Bedeutung für die dänische Zucht. Tully Grey muß als eine weitere verpaßte Chance bezeichnet werden.

**Thunder** (113) endlich konnte die Linie zu neuer Popularität führen. Er war ein Sohn Tully Lads aus der Saint Kathleen (1435), die nach seiner Geburt verkauft wurde. Thunder war ein ziemlich gewöhnlich aussehender Hengst, der sich in Privatbesitz befand. Einer seiner vier Besitzer, John Brennan aus Galway, hatte in Irene Grey (1899) eine Stute, die hervorragend zu ihm paßte. Mit ihr zeugte er seinen berühmten Sohn Thunderbolt.

**Thunderbolt** (178) wurde 1963 geboren, als Sechsjähriger von der Society gekauft und nur für drei Jahre verwendet, dann wurde er Probierhengst in Limerick. Als 18-Jähriger wurde er 1981 zurückgeholt und weitere drei Saisons eingesetzt. Sein Wirken in der Connemara war wechselvoll, er konnte einige sehr gute Stuten und ganz wenige überdurchschnittliche Hengste zeugen. 1984 wurde er an ein englisches Syndikat verkauft. Seine Söhne Spinway Comet und Cocum Camelot genießen in England große Achtung. Mit Thunderburst hat er einen Sohn in Deutschland, zwei Söhne stehen in den USA. Einen Sohn Thunderstorm finden wir in Irland, aber außerhalb der Connemara, wo dieser Hengst nie sonderlich geschätzt wurde.

**Linie 6** (Little Heaven xx)
Der kleine Vollblüter Little Heaven wurde 1946 von der Society gekauft und blieb bis 1951 einer beschränkten

Anzahl von Stuten vorbehalten. Von seinen zehn registrierten Töchtern wurde keine zu einer bedeutenden Mutterstute. Sein Sohn Carna Dun konnte sich jedoch unter die großen Beschäler einreihen und wurde ein bedeutender Stutenmacher. Besonders erfolgreich waren einige seiner Produkte im Sport, es seien hier nur Dundrum und Little Model genannt, die wir in einem anderen Kapitel wiederfinden.

**Carba Dun** (89), geboren 1948 aus der Double Dun (803), wuchs auf der Insel Birr auf und gewann als Zweijähriger völlig unvorbereitet seine Klasse auf der jährlichen Schau. Die CPBS. kaufte ihn und er blieb bis 1966 in ihren Diensten. 1952 gewann er die Hengstklasse in Clifden, 1953 und 1956 war er Zweiter. Er war ein hartes und nützliches kleines Pferd, das seinen Vollblutanteil nicht verleugnen konnte. Dennoch bewährte er sich in der Anpaarung mit kräftigen Stuten ausgezeichnet und lieferte neben einigen guten Hengsten eine große Zahl erstklassiger Zuchtstuten. Nach seiner Zeit in der Connemara wurde er noch bis zu seinem Tode 1973 als Privathengst verwendet. Über seine Nachkommen, besonders die weiblichen, nahm dieser Hengst Einfluß auf viele Länder. In Deutschland fanden sich drei Söhne, Paddy of Caherlistrane, Lord Dun Carna und Diamonds Dandy.

**Doon Paddy** (95) aus der Doon Lily war ein nützlicher Hengst, der 15 Jahre für die Society tätig war, danach nochmal sieben in Privatbesitz. Er zeugte vier gekörte Söhne und eine ganze Reihe guter Stuten. Über seinen Sohn Silver Rocket und dessen drei

*Little Heaven (Archiv Brooks)*

Söhne (Seafield Silver Rogue, Gloves Duke und Gorteen Boy) wird die Linie bis heute fortgesetzt. Ein weiterer Sohn Doon Paddys, Glyntown Paddy (259), hat in Ardravinna Andy und Ard. Finnian zwei gekoerte Söhne.

**Little Joe** (165) ist heute mit 31 Jahren der Senior der Society-Hengste. Seine Mutter war Cregg Lassie (1737), er

*Little Joe (Archiv CPBS)*

selbst verbrachte sein bisheriges Leben in County Mayo. Der kleine Falbhengst brachte einige sehr nützliche Nachkommen. Mit Clonfert Boy steht ein Sohn in Ballinasloe in West-Galway.

**Sean of Leam** (GB 3732) war ein für die frühe englische Zucht bedeutender Hengst. Er stammte aus der Gurteen Beach und kam als Jährling nach England, wo er sich als Hengstmacher hervortat. Der kräftige Dunkelfalbe brachte aus der Teresa of Leam den guten Hengst Keirin of Leam. Dieser wurde nach Afrika exportiert, hinterließ aber in Laurel und Leam Doonican zwei gute Söhne und einige erstklassige Töchter.

**Camlin Cicada** (119) aus der Camlin Cilla verbrachte einige Jahre in der Connemara, ohne sich als Beschäler besonders zu profilieren. Unter vier Söhnen haben Checkpoint Charlie und Clonkheehan Nimbus einige Bedeutung, denn sie führten die Linie weiter. Mit ihren Söhnen Ballydonagh Cassanova, Skryne Dark Cloud und Skryne Bright Cloud bleibt ihr Blut erhalten.

**Linie 7** (Naseel ox)
Der Vollblut-Araber Naseel war ein sehr erfolgreicher und beliebter Beschäler, der in England und auch Irland in der Reitponyzucht eingesetzt wurde. Er wurde 1936 geboren und stammte von Raftan aus der Naxina. Er wurde jedoch nicht in der Connemara aufgestellt oder für eine größere Anzahl von Connemarastuten zugelassen. Man muß der Society zugute halten, daß sie die Beimengung arabischen Blutes sehr vorsichtig und dosiert vornahm. 1953 ließ die Züchterin Frances L. Norman ihre Stute Western Lily (1522) von Naseel decken und das resultierende Hengstfohlen wurde von der Society für einen Rekordpreis von I£ 115,– gekauft.

*Naseel (Archiv Irwin)*

Western Lily hatte Inishgoill Laddie zum Vater und mit Western Echo eine Tochter von Paddy zur Mutter. Sie war also bodenständig gezogen und konnte in der Anpaarung mit einem Veredlerhengst ein durchaus gutes Produkt bringen. Ihr Fohlen Clonkheehan Auratum wurde zu einem erfolgreichen Beschäler. Neben ihm wurden noch vier Stuten von Naseel aus verschiedenen Connemarastuten in das Stutbuch aufgenommen, von denen eine später Hengstmutter wurde. Dies war Mervyn Nasim und ihr Sohn hieß Mervyn Pookhaun.

**Clonkheehan Auratum** (104)
Der kompakte Falbe wurde 1956 als Zweijähriger aufgestellt und auf 20 Stuten limitiert. Auch hier finden wir das vorsichtige Vorgehen der Society.

Nach zwei Jahren wurde das Limit aufgehoben. Bis 1964 blieb er in der Connemara, dann wurde er an Thomas Whelan in Ardrahan, südlich Galways verpachtet, wo er bis zu seinem Tode als 22-Jähriger verblieb. Während seiner Zeit in der Connemara wurde er sehr intensiv genützt, danach deckte er hauptsächlich Stuten aus der Gegend östlich von Galway.
Auratum gewann die Hengstklasse in den Jahren 1959 und 1961, einige seiner Produkte waren ab 1960 ebenfalls sehr erfolgreich. Er war ein kompakter, mittelgroßer Hengst, der etwas vom orientalischen Schmelz seines Vaters mitbekommen hatte, aber nicht zuviel. Auch seine Nachkommen blieben trotz des mitunter erkennbaren Edelblut-Einflusses deutlicher im Ponytyp als die Nachkommen der Englischen Vollblüter. Von seinen 16 gekörten Söhnen seien hier nur diejenigen erwähnt, die Bedeutung erlangten.

**Clonjoy** (117) stammte von Auratum aus der Joyce Grey (933), einer Tochter von Silver Pearl. Er war wohl der populärste Hengst dieser Linie und befand sich zehn Jahre lang auf der Hengstliste der CPBS.
Von seinen 20 gekörten Söhnen erlangte Island Duke, der wiederum drei Hengste stellte und einer der wichtigeren Vererber der dortigen Zucht wurde, inEngland große Bedeutung. Rosmuck Master gehörte für kurze Zeit der Society, Clare Lad kam nach England zu Mrs. Anne Rolinson, Count of Moycullen wurde von Gräfin Oxenstierna für Schweden angekauft. Auch über seinen Sohn Errigal Prince und dessen Sohn Abbeyleix Rí wurde die Linie weitergeführt. Dieser Zweig

*Ashfield Alex (Foto: Blockburn)*

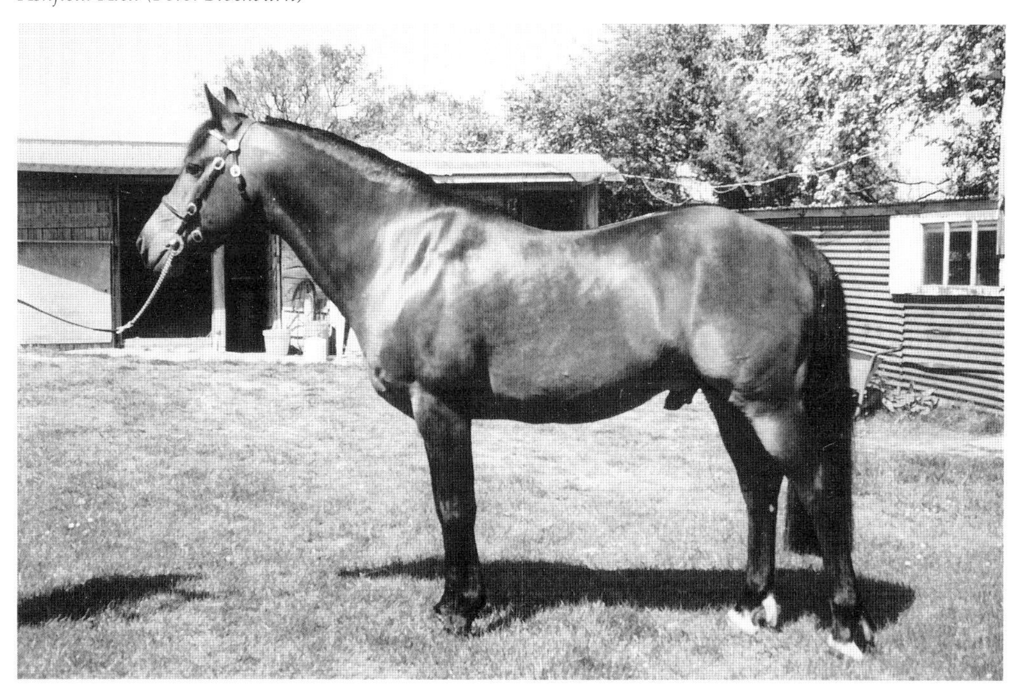

hat heute in Westside Frank (Irl. und BRD) und dessen Sohn Smokey Duncan gute Vertreter. Clonjoy hat nur mehr einen Sohn auf der Liste.

**Ashfield Alex** (711) aus der Lambay Starry Eyes (3248) von Carna Dun ist ein attraktiver Brauner, der sich offenbar begrenzter Beliebtheit erfreute, obwohl er einige gute Stuten hinterließ. Sein Züchter ist der bekannte Mr. James Jones aus County Carlow. Ashfield Alex wurde vor wenigen Jahren um eine geringe Summe nach England verkauft, wo er heute auf dem Lanburn Stud steht. Trotz der offensichtlich zwiespältigen Einstellung der irischen Züchter zu den orientalisierten Ponys findet man Ashfield Alex relativ häufig in den Pedigrees von Stuten, denen er oft seine braune Farbe mitgab. Eine Zeit lang stand mit Cornelius ein Sohn als Beschäler, allerdings außerhalb der Connemara.

**Flashy Lad** (196) führte über seine Mutter Flash Girl auch Vollblut, war ein attraktiver Hengst und Vollbruder zu dem recht beliebten Ballydoogan Clondagoff. Er kam nach Deutschland und brachte in Flagrant, Flaneur und Franco drei Deckhengste; er verstarb 1981.

**Celtic Truska Prince** (GB. 4444) kam als Fohlen mit seiner Mutter Rebel Colleen nach England. Er wurde zweijährig gekört und führte ein sehr wechselvolles Leben. Nur wenige Züchter hatten Zugang zu ihm, er verbrachte auch etliche Jahre als Probierhengst auf dem Gestüt, wo der berühmte Milton geboren wurde, ziemlich glaubhaften Gerüchten zufolge ist er der Vater des Wunderschimmels. Er selbst hatte enormes Springvermögen und gab dieses auch getreu weiter. Über Rustle of Spring und Midnite Marcus wird diese wertvolle Linie erhalten. C.T. Prince verbringt seinen Lebensabend in Südengland.

## Weitere Beschäler

anderer Rassen, die zwar keine Hengstlinien gründen konnten, aber in den Stutenfamilien weiterleben, waren die Vollblüter Thistleton, Winter und Buckna und die Irish Draughts May Boy, Hillside Rover und Skibbereen.

**Thistleton** xx war der erste Vollblut-Beschäler, der einen nachhaltigen Einfluß auf die Zucht nahm. Er stand bis 1935 in der Connemara und hatte ein erstklassiges Pedigree. Durch seinen Sohn Adventure (11) aus der Galway Rose (78) gelangte sein Blut in 31 registrierte Stuten, von denen Golden Gleam eine bedeutende Hengstmutter wurde (Gil und Keehaune Laddie). Kein Hengst aus seiner direkten Linie wurde aufgestellt. Die Nachzucht war ausgezeichnet, dennoch wurde Adventure 14-jährig nach Ballina verkauft.

**Winter** xx wurde der Society 1941 geschenkt, er war ein gut gezogener Schimmel mit genügend Substanz. Von seinen Töchtern wurde Rose of Killola mit Dun Lorenzo gepaart und brachte den guten Beschäler Dun Aengus. Durch seinen Sohn Creganna Winter (63) aus der Cr. Peggy (741) wurde die Linie im Mannesstamm eine Zeit lang weitergeführt. Cr. Winter hatte sieben gekörte Söhne, die alle erfolglos blieben. Die Linie – falls man überhaupt von einer sprechen kann – war somit keine erfolgreiche.

**Buckna** xx war ein ehemaliges Rennpferd, das in den 30-er Jahren in die Connemara gelangte. Man erhoffte sich von ihm ein paar Siege in Provinzrennen, als Beschäler war er nicht vorgesehen. Mehr oder weniger zufällig deckte er die gute Stute Colleen Bawn (159) und brachte mit ihr die hervorragende Carna Dolly (442). Sie wurde zu einer der erfolgreichsten Stuten überhaupt und brachte nach Gil den berühmten Hengst Carna Bobby.

**May Boy** ID. hinterließ als einziger der Draught-Hengste einen bleibenden Eindruck. Rund 20 Nachkommen wurden registriert, er hatte in Farravane Boy (71) einen gekörten Sohn. Dieser wurde zum Vater der Irene Grey, der Mutter von Thunderbolt. Farravane Boy war fünf Jahre lang Society-Hengst, wurde dann in die USA exportiert und dort zur Nr. 1 im Stutbuch. May Boy und sein Sohn hatten je eine bedeutende Tochter in England. Dies waren May Retreat, die spätere Rosenaharley May Millis, und Cushatrough Lass, die zu Stammstuten wurden.

## Connemara-Hengste,

die keine Linien begründeten, aber dennoch für die Zucht von Bedeutung waren, finden wir in den Anfängen der Tätigkeit der Society. Neben einigen unbedeutenden Hengsten, die keine oder nur wenige registrierte Nachkommen hinterließen, verdienen drei eine Erwähnung.

*Charlie (Archiv Irwin)*

**Charlie** (2) war ein kleiner, stichelhaariger Hengst. Er brachte etliche gute Stuten, war zehn Jahre lang auf der Hengstliste und verstarb 1935 an Kolik. Seine Nachzucht war durchaus befriedigend und es bleibt ein Rätsel, warum er keinen gekörten Sohn hatte. Seine Töchter Winnie und Calla Roan wurden Hengstmütter.

**Tommy** (14), geboren 1922, war ein Privathengst, vermutlich ein Sohn Cannon Balls. Der kleine Schimmel hinterließ zwei registrierte Stuten und wahrscheinlich eine größere Dunkelziffer nicht registrierter Tiere. Er wurde 1935 verkauft.

**Paddy** (28) wurde 1933 geboren, war ein kräftiger Falbhengst und gehörte demselben Besitzer wie Tommy. Er brachte zwischen 1938 und 1946 einige gute Stuten. In diesem Jahr wurde er nach England an Miss Spottiswoode verkauft und dort als Cama of Calla aufgestellt. Nach vier Jahren mußte er getötet werden, die Linie starb aus.

Es war mir aus Platzgründen nicht möglich, alle, oder auch nur einen größeren Teil der Nachkommen der bedeutendsten Hengste zu behandeln. Diese kleine Auswahl soll einen Überblick über einige der wichtigsten Vererber geben und erhebt keinen Anspruch auf Vollständigkeit.

Eine qualitative Wertung vorzunehmen, steht wohl niemandem zu, der nicht das einzelne Tier selbst und die Mehrzahl seiner Nachkommen gut kannte. Ich kann nur aus der Verbreitung der Linien und den Erfolgen ihrer Vertreter gewisse Rückschlüsse ziehen. Die Grundvoraussetzungen waren für die Hengste so unterschiedlich, daß sie keinerlei allgemein gültige Erkenntnisse zulassen. Was hätten Noble Star, Silver Pearl und andere wohl zu leisten vermocht, wenn ihnen ähnlich viele und gute Stuten über lange Zeiträume zugeführt worden wären, wie dies anderen Hengsten vergönnt war?

# Dank

Mein Dank für die Mithilfe an diesem Buch durch Bereitstellung von Informationen, Informationsmaterial und/oder Bildern etc. gilt folgenden Personen oder Körperschaften:
Herrn Jasper Nissen, der mich an seinem großen Wissen teilhaben ließ; Herrn Dr. Michael Schäfer, der ein geduldiger Gesprächspartner war; Frau Beatrice Milleder von der IG Connemara in Deutschland; Herrn Robert Schröder für diverse Informationen; Frau Stephanie Brooks, Frau Elizabeth Petch und Frau Garnet Irwin für wertvolles Bildmaterial; Frau Ursula Melcher und Frau Doris Unseld für Material über Frankreich und die Schweiz; Lady Anne Hemphill, Frau Sarah Hodgkins und Frau Elizabeth Beckett sowie Herrn Palmer für ihre Zeit und Hilfe; Herrn Ronnie Constant von der National Pony Society und Herrn Clive Richardson für die Hilfe bei der Bildbeschaffung; Frau Susanne Gad Knak in Dänemark; Frau Susanne Lehmann und Frau Nicole Klostermeyer; Dr. Johannes-Wolfgang Neugebauer für Bilder und Informationen.
Der CPS. danke ich für die Möglichkeit, ihr Archiv zu verwenden und Frau Sally Anne Thompson und ihrem Bruder John für Bildmaterial. Herrn Univ. Prof. Dr. Manfred Maier für sein Vorwort.
Allen Personen, die mir Material über ihre Ponys, Gestüte oder die Rasse freundlicherweise zur Verfügung stellten. Meinem Vater und Schwiegervater für die Hilfe beim Redigieren. Meiner Frau Christa und besonders unserer Tochter Eileen, denen ich weniger Zeit widmen konnte, als ich es gerne getan hätte, und nicht zuletzt unseren Ponys, denen ich viel Freude und Inspiration verdanke.

# Quellenangaben

Adametz, Die Hamiten..., Wien, 1920
d' Andrade/Cordeiro, diverse Publ., Lissabon, 1926 - 1945
Braider, The Life, History and Magic of the Horse, New York, 1973
Bruns, Connemara - Pferdeland am Meer, Zürich, 1969
Dent, A History of Horsebreeding, London, 1977
Durant, Kulturgeschichte der Menschheit, München, 1950
Ebhardt, Diverse in »Säugetierkundliche Mitteilungen«, 1958 und 1962
Edwards, Pferde,...«, Zürich, 1988
Goodall/Dent, British Native Ponies, London, 1963
Goodall, Pferde der Welt, Heidenheim, 1966
Herm, Die Kelten, Wien/Düsseldorf, 1975
Hinton, British Native Ponies..., London, 1971
Howlett, Ponies, London, 1986
Isenbart, Das Königreich des Pferdes, Augsburg, 1990
Kapitzke, Wildlebende Pferde, Berlin/Hamburg, 1973
Lewis, Horse Breeding in Ireland, London, 1980
Loch, The Royal Horse of Europe, London, 1986
Lyne, Shrouded in Mist, Eigenverlag, 1984
Lyne, Out of the Mist, Eigenverlag, 1990
Merian, 8/XLIII, Hamburg, 1990
O´Malley, Briefe, 1986 neu aufgelegt
O´Sullivan, The Connemara Pony, Aufsatz in Vesey-Fitzgerald, The Book of the Horse, London-Brüssel, 1947
Paul, Deutschlands beste Ponys, Friedberg, 1988
Reader/Gurch, Aufstieg des Lebens, Hamburg, 1987
Reader´s Digest, Everyday Life through the Ages, London 1992
Reiterjournal Baden-Württemberg, 6/88
Ryder, The High Stepper, London, 1979
Schäfer, Großponys und Kleinpferde, München, 1972
Schäfer, Die Sprache des Pferdes, Stuttgart, 1993
Seth-Smith, The Horse, London, 1979
Solinski, Reiter, Reiten, Reiterei, Hildesheim, 1983
Somerville/Ross, Irish Memories, London, 1917
Summerhays, Horses and Ponies, London, 1968
Ziegler, Irland, Köln, 1986

Sowie diverse Veröffentlichungen der Zuchtverbände und Vereine für Connemarazüchter in Irland, England, Frankreich, Deutschland, Holland und Dänemark.

# Appendix

Adressen der Zuchtorganisationen,
bzw. Kontaktpersonen:

**Afrika (Süd-):**
Janine Jordan
PO Box 615
Fourways, 2055
Rep. of South-Africa

**Amerika:**
American Connemara Pony Soc.
32600 Fairmount Boulevard
Pepper Pike
Ohio 44124

**Australien:**
Mrs. V. Plummer
PO Box 19
Morphett Vale
S.A. 5162

**Belgien:**
Nicole Blontrock-Vandenbussche
Bergeikenstraat 6
8800 Rumbeke

**Dänemark:**
Birgit Jörgensen
Hellumveg 50
93 20 Hjallerup

**Deutschland:**
IG-Connemara
Beatrice Milleder
Am Brombeerschlag 3
81375 München

Connemarapony-Zuchtverband
Deutschland
Robert Schröder
Jung-Stilling-Str. 16
67633 Kaiserslautern

**England:**
Mrs. M. Newman
2, The Leys
Salford, Chipping Norton
Oxon. OX7 5FD

**Finnland:**
T. Pyöriä
Kyllikintie 6 as 20
SF-45140 Kuovola

**Frankreich:**
Mon. J.F. Marès
L´Aulne Montgenard
53470 Martingné-sur-Mayenne

**Holland:**
Marjolijn de Rooy
Knoevenoordstraat
6971 LG Brummen

**Irland:**
The CPBS.
Marian Turley, Secretary
Hospital Road
Clifden, Co. Galway

**Italien:**
Signora Anne Landau
Poggiarello di Cerbaia
53018 Sovilille, SIENA

**Kanada:**
Mrs. A. Wingate
Box 38, Site 4RR2
Stony Plain
Alta Toe 2GO.

**Neuseeland:**
Sheila Ramsay
c/o Hawarden Dairy
Hawarden, R.D.,
North Canterbury

**Österreich:**
Helga Auerbach
Zagl 2, Öd in Bergen
4081 Hartkirchen

**Schweden:**
Dan-Axel Danielsson
Valhallas 12
532 34 Skara

**Schweiz:**
Doris Unseld
Ponyhof Schwarzenberg
5728 Gontenschwil